LA

DAME DE MONSOREAU

———

TROISIÈME PARTIE

ÉMILE COLIN — IMPRIMERIE DE LAGNY

LA
DAME DE MONSOREAU

PAR

ALEXANDRE DUMAS

ÉDITION ILLUSTRÉE PAR J.-A. BEAUCÉ

TROISIÈME PARTIE

PARIS

CALMANN LÉVY, ÉDITEUR

ANCIENNE MAISON MICHEL LÉVY FRÈRES

3, RUE AUBER, 3

1897

LA DAME DE MONSOREAU

PAR

ALEXANDRE DUMAS

TROISIÈME PARTIE

CHAPITRE PREMIER

CE QUE VENAIT ANNONCER M. LE COMTE DE MONSOREAU.

onsoreau marchait de surprise en surprise : le mur de Méridor rencontré comme par enchantement, ce cheval caressant le cheval qui l'avait amené, comme s'il eût été de sa plus intime connaissance, il y avait certes là de quoi faire réfléchir les moins soupçonneux. En s'approchant, et l'on devine si M. de Monsoreau s'approcha vivement; en s'approchant, il remarqua la dégradation du mur à cet endroit; c'était une véritable échelle, qui menaçait de devenir une brèche; les pieds semblaient s'être creusé des échelons dans la pierre, et les ronces, arrachées fraîchement, pendaient à leurs branches meurtries.

Le comte embrassa tout l'ensemble d'un coup d'œil, puis, de l'ensemble, il passa aux détails.

Le cheval méritait le premier rang, il l'obtint.

L'indiscret animal portait une selle garnie d'une housse brodée d'argent. Dans un des coins était un double F, entrelaçant un double A.

C'était, à n'en pas douter, un cheval des écuries du prince, puisque le chiffre faisait : François d'Anjou.

Les soupçons du comte, à cette vue, devinrent de véritables alarmes. Le duc était donc venu de ce côté ; il y venait donc souvent, puisque, outre le cheval attaché, il y en avait un second qui savait le chemin.

Monsoreau conclut, puisque le hasard l'avait mis sur cette piste, qu'il fallait suivre cette piste jusqu'au bout.

C'était d'abord dans ses habitudes de grand veneur et de mari jaloux.

Mais, tant qu'il resterait de ce côté du mur, il était évident qu'il ne verrait rien.

En conséquence, il attacha son cheval près du cheval voisin, et commença bravement l'escalade.

C'était chose facile : un pied appelait l'autre, la main avait ses places toutes faites pour se poser, la courbe du bras était dessinée sur les pierres à la surface de la crête du mur, et l'on avait soigneusement élagué, avec un couteau de chasse, un chêne, dont, à cet endroit, les rameaux embarrassaient la vue et empêchaient le geste.

Tant d'efforts furent couronnés d'un entier succès. M. de Monsoreau ne fut pas plutôt établi à son observatoire, qu'il aperçut, au pied d'un arbre, une mantille bleue et un manteau de velours noir. La mantille appartenait sans conteste à une femme, et le manteau noir à un homme ; d'ailleurs, il n'y avait point à chercher bien loin, l'homme et la femme se promenaient à cinquante pas de là, les bras enlacés, tournant le dos au mur, et cachés d'ailleurs par le feuillage du buisson.

Malheureusement pour M. de Monsoreau, qui n'avait pas habitué le mur à ses violences, un moellon se détacha du chaperon et tomba, brisant les branches, jusque sur l'herbe : là, il retentit avec un écho mugissant.

A ce bruit, il parait que les personnages dont le buisson cachait les traits à M. de Monsoreau se retournèrent et l'aperçurent, car un cri de femme aigu et significatif se fit entendre, puis un frôlement dans le feuillage avertit le comte qu'ils se sauvaient comme deux chevreuils effrayés.

Au cri de la femme, Monsoreau avait senti la sueur de l'angoisse lui monter au front : il avait reconnu la voix de Diane.

Incapable dès lors de résister au mouvement de fureur qui l'emportait, il s'élança du haut du mur, et, son épée à la main, se mit à fendre buissons et rameaux pour suivre les fugitifs.

Mais tout avait disparu, rien ne troublait plus le silence du parc ; pas une ombre au fond des allées, pas une trace dans les chemins, pas un bruit dans les massifs, si ce n'est le chant des rossignols et des fauvettes, qui, habitués à voir les deux amants, n'avaient pu être effrayés par eux.

Que faire en présence de la solitude ? que résoudre ? où courir ? Le parc était grand ; on pouvait, en poursuivant ceux qu'on cherchait, rencontrer ceux que l'on ne cherchait pas.

M. de Monsoreau songea que la découverte qu'il avait faite suffisait pour le moment ; d'ailleurs, il se sentait lui-même sous l'empire d'un sentiment trop violent pour agir avec la prudence qu'il convenait de déployer vis-à-vis d'un rival aussi redoutable que l'était François ; car il ne doutait pas que ce rival ne fût le prince. Puis, si, par hasard, ce n'était pas lui, il avait près du duc d'Anjou une mission pressée à accomplir ; d'ailleurs, il verrait bien, en se retrouvant près du prince, ce qu'il devait penser de sa culpabilité ou de son innocence.

Puis, une idée sublime lui vint. C'était de franchir le mur à l'endroit même où il l'avait déjà escaladé, et d'enlever avec le sien le cheval de l'intrus surpris par lui dans le parc.

Ce projet vengeur lui donna des forces ; il reprit sa course et arriva au pied du mur, haletant et couvert de sueur.

Alors, s'aidant de chaque branche, il parvint au faîte et retomba de l'autre côté ; mais, de l'autre côté, plus de cheval, ou, pour mieux dire, plus de chevaux. L'idée qu'il avait eue était si bonne, qu'avant de lui venir, à lui, elle était venue à son ennemi, et que son ennemi en avait profité.

M. de Monsoreau, accablé, laissa échapper un rugissement de rage, montrant le poing à ce démon malicieux, qui, bien certainement, riait de lui dans l'ombre déjà épaisse du bois ; mais, comme chez lui la volonté n'était pas facilement vaincue, il réagit contre les fatalités successives qui semblaient prendre à tâche de l'accabler : en s'orientant à l'instant même, malgré la nuit qui descendait rapidement, il réunit toutes ses forces et regagna Angers par un chemin de traverse qu'il connaissait depuis son enfance.

Deux heures et demie après, il arrivait à la porte de la ville, mourant de soif, de chaleur et de fatigue : mais l'exaltation de la pensée avait donné des forces au corps, et c'était toujours le même homme volontaire et violent à la fois.

D'ailleurs, une idée le soutenait : il interrogerait la sentinelle, ou plutôt les sentinelles ; il irait de porte en porte, ; il saurait par quelle porte un homme était entré avec deux chevaux ; il viderait sa bourse, il ferait des promesses d'or, et il connaîtrait le signalement de cet homme. Alors, quel qu'il fût, prochainement ou plus tard, cet homme lui payerait sa dette.

Il interrogea la sentinelle ; mais la sentinelle venait d'être placée et ne savait rien. Il entra au corps de garde et s'informa ; le milicien qui descendait de garde avait vu, il y avait deux heures à peu près, rentrer un cheval sans maître, qui avait repris tout seul le chemin du palais.

Il avait alors pensé qu'il était arrivé quelque accident au cavalier, et que le cheval intelligent avait regagné seul le logis.

Monsoreau se frappa le front : il était décidé qu'il ne saurait rien.

Alors il s'achemina à son tour vers le château ducal.

Là, grande vie, grand bruit, grande joie ; les fenêtres resplendissaient comme des soleils, et les cuisines reluisaient comme des fours embrasés, envoyant par leurs soupiraux des parfums de venaison et de girofle capables de faire oublier à l'estomac qu'il est voisin du cœur.

Mais les grilles étaient fermées, et là une difficulté se présenta : il fallait se les faire ouvrir.

Monsoreau appela le concierge et se nomma ; mais le concierge ne voulut point le reconnaître.

— Vous étiez droit, et vous êtes voûté, lui dit-il.

— C'est la fatigue.

— Vous étiez pâle, et vous êtes rouge.

— C'est la chaleur.

— Vous étiez à cheval, et vous rentrez sans cheval.

— C'est que mon cheval a eu peur, a fait un écart, m'a désarçonné et est rentré sans cavalier. N'avez-vous pas vu mon cheval ?

— Ah ! si fait, dit le concierge.

— En tout cas, allez prévenir le majordome.

Le concierge, enchanté de cette ouverture qui le déchargeait de toute responsabilité, envoya prévenir M. Remy.

M. Remy arriva, et reconnut parfaitement Monsoreau.

— Et d'où venez-vous, mon Dieu ! dans un pareil état ? lui demanda-t-il.

Monsoreau répéta la même fable qu'il avait déjà faite au concierge.

— En effet, dit le majordome, nous avons été fort inquiets, quand nous avons vu arriver le cheval sans cavalier ; monseigneur surtout, que j'avais eu l'honneur de prévenir de votre arrivée.

— Ah ! monseigneur a paru inquiet ? fit Monsoreau.

— Fort inquiet.

— Et qu'a-t-il dit ?

— Qu'on vous introduisît près de lui aussitôt votre arrivée.

— Bien ! le temps de passer à l'écurie seulement, voir s'il n'est rien arrivé au cheval de Son Altesse.

Et Monsoreau passa à l'écurie, et reconnut, à la place où il l'avait pris, l'intelligent animal, qui mangeait en cheval qui sent le besoin de réparer ses forces.

Puis, sans même prendre le soin de changer de costume, — Monsoreau pensait que l'importance de la nouvelle qu'il apportait devait l'emporter sur l'étiquette, — sans même changer, disons-nous, le grand veneur se dirigea vers la salle à manger.

Tous les gentilshommes du prince, et Son Altesse elle-même, réunis autour d'une table magnifiquement servie et splendidement éclairée, attaquaient les pâtés de faisans, les grillades fraîches de sanglier et les entremets épicés, qu'ils arrosaient de ce vin noir de Cahors si généreux et si velouté, ou de ce perfide, suave et petillant vin d'Anjou, dont les fumées s'extravasent dans la tête avant que les topazes qu'il distille dans le verre soient tout à fait épuisées.

— La cour est au grand complet, disait Antraguet, rose comme une jeune fille et déjà ivre comme un vieux reître ; au complet comme la cave de Votre Altesse.

— Non pas, non pas, dit Ribérac, il nous manque un grand veneur. Il est, en vérité, honteux que nous mangions le dîner de Son Altesse, et que nous ne le prenions pas nous-mêmes.

— Moi, je vote pour un grand veneur quelconque, dit Livarot ; peu importe lequel, fût-ce M. de Monsoreau.

Le duc sourit, il savait seul l'arrivée du comte.

Livarot achevait à peine sa phrase et le prince

son sourire que la porte s'ouvrit et que M. de Monsoreau entra.

Le duc fit, en l'apercevant, une exclamation d'autant plus bruyante, qu'elle retentit au milieu du silence général.

— Eh bien! le voici, dit-il, vous voyez que nous sommes favorisés du ciel, messieurs, puisque le ciel nous envoie à l'instant ce que nous désirons.

Monsoreau, décontenancé de cet aplomb du prince, qui, dans les cas pareils, n'était pas habituel à Son Altesse, salua d'un air assez embarrassé et détourna la tête, ébloui comme un hibou tout à coup transporté de l'obscurité au grand soleil.

— Asseyez-vous là et soupez, dit le duc en montrant à M. de Monsoreau une place en face de lui.

— Monseigneur, répondit Monsoreau, j'ai bien soif, j'ai bien faim, je suis bien las; mais je ne boirai, je ne mangerai, je ne m'assoirai qu'après m'être acquitté près de Votre Altesse d'un message de la plus haute importance.

— Vous venez de Paris, n'est-ce pas?

— En toute hâte, monseigneur.

— Eh bien! j'écoute, dit le duc.

Monsoreau s'approcha de François, et, le sourire sur les lèvres, la haine dans le cœur, il lui dit tout bas :

— Monseigneur, madame la reine mère s'avance à grandes journées; elle vient voir Votre Altesse.

Le duc, sur qui chacun avait les yeux fixés, laissa percer une joie soudaine.

— C'est bien, dit-il, merci. Monsieur de Monsoreau, aujourd'hui comme toujours, je vous trouve fidèle serviteur; continuons de souper, messieurs.

Et il rapprocha de la table son fauteuil qu'il avait éloigné un instant pour écouter M. de Monsoreau.

Le festin recommença; le grand veneur, placé entre Livarot et Ribérac, n'eut pas plutôt goûté les douceurs d'un bon siège, et ne se fut pas plutôt trouvé en face d'un repas copieux, qu'il perdit tout à coup l'appétit.

L'esprit reprenait le dessus sur la matière.

L'esprit, entraîné dans de tristes pensées, retournait au parc de Méridor, et, faisant de nouveau le voyage que le corps brisé venait d'accomplir, repassait, comme un pèlerin attentif, par ce chemin fleuri qui l'avait conduit à la muraille.

Il revoyait le cheval hennissant; il revoyait le mur dégradé; il revoyait les deux ombres amoureuses et fuyantes; il entendait le cri de Diane, ce cri qui avait retenti au plus profond de son cœur.

Alors, indifférent au bruit, à la lumière, au repas même, oubliant à côté de qui et en face de qui il se trouvait, il s'ensevelissait dans sa propre pensée, laissant son front se couvrir peu à peu de nuages, et chassant de sa poitrine un sourd gémissement qui attirait l'attention des convives étonnés.

— Vous tombez de lassitude, monsieur le grand veneur, dit le prince; en vérité, vous feriez bien d'aller vous coucher.

— Ma foi, oui, dit Livarot, le conseil est bon, et, si vous ne le suivez pas, vous courez grand risque de vous endormir dans votre assiette.

— Pardon, monseigneur, dit Monsoreau en relevant la tête; en effet, je suis écrasé de fatigue.

— Enivrez-vous, comte, dit Antraguet, rien ne délasse comme cela.

— Et puis, murmura Monsoreau, en s'enivrant on oublie.

— Bah! dit Livarot, il n'y a pas moyen; voyez, messieurs, son verre est encore plein.

— A votre santé, comte, dit Ribérac en levant son verre.

Monsoreau fut forcé de faire raison au gentilhomme, et vida le sien d'un seul trait.

— Il boit cependant très-bien; voyez, monseigneur, dit Antraguet.

— Oui, répondit le prince, qui essayait de lire dans le cœur du comte; oui, à merveille.

— Il faudra cependant que vous nous fassiez faire une belle chasse, comte, dit Ribérac; vous connaissez le pays.

— Vous y avez des équipages, des bois, dit Livarot.

— Et même une femme, ajouta Antraguet.

— Oui, répéta machinalement le comte, oui, des équipages, des bois et madame de Monsoreau, oui, messieurs, oui.

— Faites-nous chasser un sanglier, comte, dit le prince.

— Je tâcherai, monseigneur.

— Eh! pardieu, dit un des gentilshommes angevins, vous tâcherez, voilà une belle réponse! le bois en foisonne, de sangliers. Si je chassais au vieux taillis, je voudrais, au bout de cinq minutes, en avoir fait lever dix.

Monsoreau pâlit malgré lui; le vieux taillis était justement cette partie du bois où Roland venait de le conduire.

Livarot.

— Ah! oui, oui, demain, demain! s'écrièrent en chœur les gentilshommes.

— Voulez-vous demain, Monsoreau? demanda le duc.

— Je suis toujours aux ordres de Votre Altesse, répondit Monsoreau ; mais cependant, comme monseigneur daignait le remarquer il n'y a qu'un instant, je suis bien fatigué pour conduire une chasse demain. Puis, j'ai besoin de visiter les environs et de savoir où en sont nos bois.

— Et puis, enfin, laissez-lui voir sa femme, que diable! dit le duc avec une bonhomie qui convainquit le pauvre mari que le duc était son rival.

— Accordé! accordé! crièrent les jeunes gens avec gaieté. Nous donnons vingt-quatre heures à M. de Monsoreau pour faire, dans ses bois, tout ce qu'il a à y faire.

— Oui, messieurs, donnez-les-moi, dit le comte, et je vous promets de les bien employer.

— Maintenant, notre grand veneur, dit le duc, je vous permets d'aller trouver votre lit. Que l'on conduise M. de Monsoreau à son appartement !

M. de Monsoreau salua et sortit, soulagé d'un grand fardeau, la contrainte.

Les gens affligés aiment la solitude plus encore que les amants heureux.

CHAPITRE II

COMMENT LE ROI HENRI III APPRIT LA FUITE DE SON FRÈRE BIEN-AIMÉ LE DUC D'ANJOU, ET DE CE QUI S'ENSUIVIT.

ne fois le grand veneur sorti de la salle à manger, le repas continua plus gai, plus joyeux, plus libre que jamais.

La figure sombre du Monsoreau n'avait pas peu contribué à maintenir les jeunes gentilshommes ; car, sous le prétexte et même sous la réalité de la fatigue, ils avaient démêlé cette continuelle préoccupation de sujets lugubres qui imprimait au front du comte cette tache de tristesse mortelle qui faisait le caractère particulier de sa physionomie.

Lorsqu'il fut parti, et que le prince, toujours gêné en sa présence, eut repris son air tranquille :

— Voyons, Livarot, dit le duc, tu avais, lorsque est entré notre grand veneur, commencé de nous raconter votre fuite de Paris. Continue.

Et Livarot continua.

Mais, comme notre titre d'historien nous donne le privilége de savoir mieux que Livarot lui-même ce qui s'était passé, nous substituerons notre récit à celui du jeune homme. Peut-être y perdra-t-il comme couleur, mais il y gagnera comme étendue, puisque nous savons ce que Livarot ne pouvait savoir, c'est-à-dire ce qui s'était passé au Louvre.

Vers le milieu de la nuit, Henri III fut réveillé par un bruit inaccoutumé qui retentissait dans le palais, où cependant, le roi une fois couché, le silence le plus profond était prescrit.

C'étaient des jurons, des coups de hallebarde contre les murailles, des courses rapides dans les galeries, des imprécations à faire ouvrir la terre ; et, au milieu de tous ces bruits, de tous ces chocs, de tous ces blasphèmes, ces mots répétés par des milliers d'échos :

— Que dira le roi ? que dira le roi ?

Henri se dressa sur son lit et regarda Chicot, qui, après avoir soupé avec Sa Majesté, s'était laissé aller au sommeil dans un grand fauteuil, les jambes enlacées à sa rapière.

Les rumeurs redoublaient.

Henri sauta en bas de son lit, tout luisant de pommade, en criant :

— Chicot ! Chicot !

Chicot ouvrit un œil. C'était un garçon prudent qui appréciait fort le sommeil et qui ne se réveillait jamais tout à fait du premier coup.

— Ah ! tu as eu tort de m'appeler, Henri, dit-il. Je rêvais que tu avais un fils.

— Écoute ! dit Henri, écoute !

— Que veux-tu que j'écoute ? Il me semble cependant que tu me dis bien assez de sottises comme cela pendant le jour, sans prendre encore sur mes nuits.

— Mais tu n'entends donc pas ? dit le roi en étendant la main dans la direction du bruit.

— Oh! oh! s'écria Chicot; en effet, j'entends des cris.

— Que dira le roi? que dira le roi? répéta Henri. Entends-tu?

— Il y a deux choses à soupçonner: ou ton lévrier Narcisse est malade, ou les huguenots prennent leur revanche et font une Saint-Barthélemy de catholiques.

— Aide-moi à m'habiller, Chicot.

— Je le veux bien; mais aide-moi à me lever, Henri.

— Quel malheur! quel malheur! répétait-on dans les antichambres.

— Diable! ceci devient sérieux, dit Chicot.

— Nous ferons bien de nous armer, dit le roi.

— Nous ferons mieux encore, dit Chicot, de nous dépêcher de sortir par la petite porte, afin de voir et de juger par nous-mêmes le malheur, au lieu de nous le laisser raconter.

Presque aussitôt, suivant le conseil de Chicot, Henri sortit par la porte dérobée et se trouva dans le corridor qui conduisait aux appartements du duc d'Anjou.

C'est là qu'il vit des bras levés au ciel et qu'il entendit les exclamations les plus désespérées.

— Oh! oh! dit Chicot, je devine: ton malheureux prisonnier se sera étranglé dans sa prison. Ventre-de-biche! Henri, je te fais mon compliment, tu es un plus grand politique que je ne croyais.

— Eh! non, malheureux! s'écria Henri, ce ne peut être cela.

— Tant pis, dit Chicot.

— Viens, viens.

Et Henri entraîna le Gascon dans la chambre du duc.

La fenêtre était ouverte et garnie d'une foule de curieux entassés les uns sur les autres pour contempler l'échelle de corde accrochée aux trèfles de fer du balcon.

Henri devint pâle comme la mort.

— Eh! eh! mon fils, dit Chicot, tu n'es pas encore si fort blasé que je le croyais.

— Enfui! évadé! cria Henri d'une voix si retentissante, que tous les gentilshommes se retournèrent.

Il y avait des éclairs dans les yeux du roi; sa main serrait convulsivement la poignée de sa miséricorde.

Schomberg s'arrachait les cheveux, Quélus se bourrait le visage de coups de poing, et Maugiron frappait, comme un bélier, de la tête dans la cloison.

Quant à d'Épernon, il avait disparu sous le spécieux prétexte de courir après M. le duc d'Anjou.

La vue du martyre que, dans leur désespoir, s'infligeaient ses favoris calma tout à coup le roi.

— Hé là! doucement, mon fils, dit-il en retenant Maugiron par le milieu du corps.

— Non, mordieu! j'en crèverai, ou le diable m'emporte! dit le jeune homme en prenant du champ pour se briser la tête non plus sur la cloison, mais sur le mur.

— Holà! aidez-moi donc à le retenir, cria Henri.

— Eh! compère, dit Chicot, il y a une mort plus douce: passez-vous tout bonnement votre épée au travers du ventre.

— Veux-tu te taire, bourreau! dit Henri les larmes aux yeux.

Pendant ce temps, Quélus se meurtrissait les joues.

— Oh! Quélus, mon enfant, dit Henri, tu vas ressembler à Schomberg quand il a été trempé dans le bleu de Prusse! Tu seras affreux, mon ami!

Quélus s'arrêta.

Schomberg seul continuait à se dépouiller les tempes; il en pleurait de rage.

— Schomberg! Schomberg! mon mignon, cria Henri, un peu de raison, je t'en prie!

— J'en deviendrai fou.

— Bah! dit Chicot.

— Le fait est, dit Henri, que c'est un affreux malheur, et voilà pourquoi il faut que tu gardes ta raison, Schomberg. Oui, c'est un affreux malheur. Je suis perdu! Voilà la guerre civile dans mon royaume... Ah! qui a fait ce coup-là? qui a fourni l'échelle? Par la mordieu! je ferai pendre toute la ville.

Une profonde terreur s'empara des assistants.

— Qui est le coupable? continua Henri; où est le coupable? Dix mille écus à qui me dira son nom! cent mille écus à qui me le livrera mort ou vif!

— Qui voulez-vous que ce soit, s'écria Maugiron, sinon quelque Angevin?

— Pardieu! tu as raison, s'écria Henri. Ah! les Angevins, mordieu! les Angevins, ils me le payeront!

Et, comme si cette parole eût été une étincelle communiquant le feu à une traînée de poudre, une effroyable explosion de cris et de menaces retentit contre les Angevins.

Ma mère, on me brave. — Page 9.

— Oh! oui, les Angevins! cria Quélus.

— Où sont-ils? hurla Schomberg.

— Qu'on les éventre! vociféra Maugiron.

— Cent potences pour cent Angevins! reprit le roi.

Chicot ne pouvait rester muet dans cette fureur universelle : il tira son épée avec un geste de taille-bras, et, s'escrimant du plat à droite et à gauche, il rossa les mignons et battit les murs en répétant avec des yeux farouches :

— Oh! ventre-de-biche! oh! mâle-rage! ah! damnation! les Angevins, mordieu! mort aux Angevins!

Ce cri : Mort aux Angevins! fut entendu de toute la ville comme le cri des mères israélites fut entendu par tout Rama.

Cependant Henri avait disparu.

Il avait songé à sa mère, et, se glissant hors de la chambre sans mot dire, il était allé trouver Catherine, un peu négligée depuis quelque temps, et qui, renfermée dans son indifférence affectée, attendait, avec sa pénétration florentine, une bonne occasion de voir surnager sa politique.

Lorsque Henri entra, elle était à demi couchée, pensive, dans un grand fauteuil, et elle ressemblait plus, avec ses joues grasses, mais un peu jaunâtres, avec ses yeux brillants, mais fixes, avec ses mains potelées, mais pâles, à une statue de cire exprimant la méditation qu'à un être animé qui pense.

Mais, à la nouvelle de l'évasion de François, nouvelle que Henri donna, au reste, sans ménagement aucun, tout embrasé qu'il était de colère et de haine, la statue parut se réveiller tout à coup, quoique le geste qui annonçait ce réveil se bornât, pour elle, à s'enfoncer davantage encore dans son fauteuil et à secouer la tête sans rien dire.

— Eh! ma mère, dit Henri, vous ne vous écriez pas?

— Pourquoi faire, mon fils? demanda Catherine.

— Comment! cette évasion de votre fils ne vous paraît pas criminelle, menaçante, digne des plus grands châtiments?

— Mon cher fils, la liberté vaut bien une couronne, et rappelez-vous que je vous ai, à vous-même, conseillé de fuir quand vous pouviez atteindre cette couronne.

— Ma mère, on m'outrage.

Catherine haussa les épaules.

— Ma mère, on me brave.

— Eh! non, dit Catherine, on se sauve, voilà tout.

— Ah! dit Henri, voilà comme vous prenez mon parti!

— Que voulez-vous dire, mon fils?

— Je dis qu'avec l'âge les sentiments s'émoussent; je dis...

Il s'arrêta.

— Que dites-vous? reprit Catherine avec son calme habituel.

— Je dis que vous ne m'aimez plus comme autrefois.

— Vous vous trompez, dit Catherine avec une froideur croissante. Vous êtes mon fils bien-aimé, Henri; mais celui dont vous vous plaignez est aussi mon fils.

— Ah! trêve à la morale maternelle, madame, dit Henri furieux; nous connaissons ce que cela vaut.

— Eh! vous devez le connaître mieux que personne, mon fils; car, vis-à-vis de vous, ma morale a toujours été de la faiblesse.

— Et, comme vous en êtes aux repentirs, vous vous repentez.

— Je sentais bien que nous en viendrions là, mon fils, dit Catherine; voilà pourquoi je gardais le silence.

— Adieu, madame, adieu, dit Henri; je sais ce qu'il me reste à faire, puisque, chez ma mère même, il n'y a plus de compassion pour moi. Je trouverai des conseillers capables de seconder mon ressentiment et de m'éclairer dans cette rencontre.

— Allez, mon fils, dit tranquillement la Florentine, et que l'esprit de Dieu soit avec ces conseillers, car ils en auront bien besoin pour vous tirer d'embarras.

Et elle le laissa s'éloigner sans faire un geste, sans dire un mot pour le retenir.

— Adieu, madame, répéta Henri.

Mais, près de la porte, il s'arrêta.

— Henri, adieu, dit la reine; seulement encore un mot. Je ne prétends pas vous donner un conseil, mon fils; vous n'avez pas besoin de moi, je le sais; mais priez vos conseillers de bien réfléchir avant d'émettre leur avis, et de bien réfléchir encore avant de mettre cet avis à exécution.

— Oh! oui, dit Henri, se rattachant à ce mot de sa mère et en profitant pour ne pas aller plus loin, car la circonstance est difficile, n'est-ce pas, madame?

— Grave, dit lentement Catherine en levant les yeux et les mains au ciel, bien grave, Henri.

Le roi, frappé de cette expression de terreur qu'il croyait lire dans les yeux de sa mère, revint près d'elle.

— Quels sont ceux qui l'ont enlevé? en avez-vous quelque idée, ma mère?

Catherine ne répondit point.

— Moi, dit Henri, je pense que ce sont les Angevins.

Catherine sourit avec cette finesse qui montrait toujours en elle un esprit supérieur veillant pour terrasser et confondre l'esprit d'autrui.

— Les Angevins? répéta-t-elle.

— Vous ne le croyez pas, dit Henri, tout le monde le croit.

Catherine fit encore un mouvement d'épaules.

— Que les autres croient cela, bien, dit-elle; mais vous, mon fils, enfin!

— Quoi donc! madame!... Que voulez-vous dire?... Expliquez-vous, je vous en supplie.

— A quoi bon m'expliquer?

— Votre explication m'éclairera.

— Vous éclairera! Allons donc! Henri, je ne suis qu'une femme vieille et radoteuse; ma seule influence est dans mon repentir et dans mes prières.

— Non, parlez, parlez, ma mère, je vous écoute. Oh! vous êtes encore, vous serez toujours notre âme à nous tous. Parlez.

— Inutile; je n'ai que des idées de l'autre siècle, et la défiance fait tout l'esprit des vieillards. La vieille Catherine! donner, à son âge, un conseil qui vaille encore quelque chose! Allons donc! mon fils, impossible!

— Eh bien! soit, ma mère, dit Henri; refusez-moi votre secours, privez-moi de votre aide. Mais, dans une heure, voyez-vous, que ce soit votre avis ou non, et je le saurai alors, j'aurai fait pendre tous les Angevins qui sont à Paris.

— Faire pendre tous les Angevins! s'écria Catherine avec cet étonnement qu'éprouvent les esprits supérieurs lorsqu'on dit devant eux quelque énormité.

— Oui, oui, pendre, massacrer, assassiner, brûler. A l'heure qu'il est, mes amis courent déjà la ville pour rompre les os à ces maudits, à ces brigands, à ces rebelles!...

— Qu'ils s'en gardent, malheureux, s'écria Catherine emportée par le sérieux de la situation; ils se perdraient eux-mêmes, ce qui ne serait rien; mais ils vous perdraient avec eux.

— Comment cela?

— Aveugle! murmura Catherine; les rois auront donc éternellement des yeux pour ne pas voir!

Et elle joignit les mains.

— Les rois ne sont rois qu'à la condition qu'ils vengeront les injures qu'on leur fait, car alors leur vengeance est une justice, et, dans ce cas surtout, tout mon royaume se lèvera pour me défendre.

— Fou, insensé, enfant, murmura la Florentine.

— Mais pourquoi cela, comment cela?

— Pensez-vous qu'on égorgera, qu'on brûlera, qu'on pendra des hommes comme Bussy, comme Antraguet, comme Livarot, comme Ribérac, sans faire couler des flots de sang?

— Qu'importe! pourvu qu'on les égorge.

— Oui, sans doute, si on les égorge; montrez-les-moi morts, et, par Notre-Dame! je vous dirai que vous avez bien fait. Mais on ne les égorgera pas; mais on aura levé pour eux l'étendard de la révolte; mais on leur aura mis nue à la main l'épée qu'ils n'eussent jamais osé tirer du fourreau pour un maître comme François. Tandis qu'au contraire, dans ce cas-là, par votre imprudence, ils dégaîneront pour défendre leur vie; et votre royaume se soulèvera, non pas pour vous, mais contre vous.

— Mais, si je ne me venge pas, j'ai peur, je recule, s'écria Henri.

— A-t-on jamais dit que j'avais peur? dit Catherine en fronçant le sourcil et en pressant ses dents de ses lèvres minces et rougies avec du carmin.

— Cependant, si c'étaient les Angevins, ils mériteraient une punition, ma mère.

— Oui, si c'étaient eux, mais ce ne sont pas eux.

— Qui est-ce donc, si ce ne sont pas les amis de mon frère?

— Ce ne sont pas les amis de votre frère, car votre frère n'a pas d'amis.

— Mais qui est-ce donc?

— Ce sont vos ennemis à vous, ou plutôt votre ennemi.

— Quel ennemi?

— Eh! mon fils, vous savez bien que vous n'en avez jamais eu qu'un, comme votre frère Charles n'en a jamais eu qu'un, comme moi-même je n'en ai jamais eu qu'un, le même toujours, incessamment.

— Henri de Navarre, vous voulez dire?

— Eh! oui, Henri de Navarre.

— Il n'est pas à Paris!

— Eh! savez-vous qui est à Paris ou qui n'y est pas? savez-vous quelque chose? avez-vous des yeux et des oreilles? avez-vous autour de vous des gens qui voient et qui entendent? Non, vous êtes tous sourds, vous êtes tous aveugles.

— Henri de Navarre! répéta Henri.

— Mon fils, à chaque désappointement qui vous arrivera, à chaque malheur qui vous arrivera, à chaque catastrophe qui vous arrivera et dont l'auteur vous restera inconnu, ne cherchez pas, n'hésitez pas, ne vous enquérez pas, c'est inutile. Écriez-vous, Henri : « C'est Henri de Navarre, » et vous serez sûr d'avoir dit vrai... Frappez du côté où il sera, et vous serez sûr d'avoir frappé juste... Oh! cet homme!... cet homme! voyez-vous, c'est l'épée que Dieu a suspendue au-dessus de la maison de Valois.

— Vous êtes donc d'avis que je donne contre-ordre à l'endroit des Angevins?

— A l'instant même, s'écria Catherine, sans perdre une minute, sans perdre une seconde.

Hâtez-vous, peut-être est-il déjà trop tard; courez, révoquez ces ordres; allez, ou vous êtes perdu.

Et, saisissant son fils par le bras, elle le poussa vers la porte avec une force et une énergie incroyables. Henri s'élança hors du Louvre, cherchant à rallier ses amis.

Mais il ne trouva que Chicot, assis sur une pierre et dessinant des figures géographiques sur le sable.

CHAPITRE III

COMMENT, CHICOT ET LA REINE MÈRE SE TROUVANT ÊTRE DU MÊME AVIS, LE ROI SE RANGEA À L'AVIS DE CHICOT ET DE LA REINE MÈRE.

enri s'assura que c'était bien le Gascon, qui, non moins attentif qu'Archimède, ne paraissait pas décidé à se retourner, Paris fût-il pris d'assaut.

— Ah! malheureux, s'écria-t-il d'une voix tonnante, voilà donc comme tu défends ton roi?

— Je le défends à ma manière, et je crois que c'est la bonne.

— La bonne! s'écria le roi la bonne, paresseux!

— Je le maintiens et je le prouve.

— Je suis curieux de voir cette preuve.

— C'est facile : d'abord, nous avons fait une grande bêtise, mon roi; nous avons fait une immense bêtise.

— En quoi faisant?

— En faisant ce que nous avons fait.

— Ah! ah! fit Henri frappé de la corrélation de ces deux esprits éminemment subtils, et qui n'avaient pu se concerter pour en venir au même résultat.

— Oui, répondit Chicot, tes amis, en criant par la ville : Mort aux Angevins! et, maintenant que j'y réfléchis, il ne m'est pas bien prouvé que ce soient les Angevins qui aient fait le coup; tes amis, dis-je, en criant par la ville : Mort aux Angevins! font tout simplement cette petite guerre civile que MM. de Guise n'ont pu faire, et

dont ils ont si grand besoin; et, vois-tu, à l'heure qu'il est, Henri, ou tes amis sont parfaitement morts, ce qui ne me déplairait pas, je l'avoue, mais ce qui t'affligerait, toi; ou ils ont chassé les Angevins de la ville, ce qui te déplairait fort, à toi, mais ce qui, en échange, réjouirait énormément ce cher M. d'Anjou.

— Mordieu! s'écria le roi, crois-tu donc que les choses sont déjà si avancées que tu dis là?

— Si elles ne le sont pas davantage.

— Mais tout cela ne m'explique pas ce que tu fais assis sur cette pierre.

— Je fais une besogne excessivement pressée, mon fils.

— Laquelle?

— Je trace la configuration des provinces que ton frère va faire révolter contre nous, et je suppute le nombre d'hommes que chacune d'elles pourra fournir à la révolte.

— Chicot! Chicot! s'écria le roi, je n'ai donc autour de moi que des oiseaux de mauvais augure!

— Le hibou chante pendant la nuit, mon fils, répondit Chicot, car il chante à son heure. Or le temps est sombre, Henriquet, si sombre, en vérité, qu'on peut prendre le jour pour la nuit, et je te chante ce que tu dois entendre. Regarde!

— Quoi!

— Regarde ma carte géographique, et juge. Voici d'abord l'Anjou, qui ressemble assez à une tartelette; tu vois? c'est là que ton frère s'est réfugié; aussi je lui ai donné la première place, hum! L'Anjou, bien mené, bien conduit, comme vont le mener et le conduire ton grand veneur Monsoreau et ton ami Bussy, l'Anjou, à lui seul, peut nous fournir, quand je dis nous, c'est à ton frère, l'Anjou peut fournir à ton frère dix mille combattants.

— Tu crois?

— C'est le minimum. Passons à la Guyenne. La Guyenne, tu la vois, n'est-ce pas? la voici : c'est cette figure qui ressemble à un veau marchant sur une patte. Ah! dame! la Guyenne, il ne faut pas t'étonner de trouver là quelques mécontents; c'est un vieux foyer de révolte, et à peine les Anglais en sont-ils partis. La Guyenne sera donc enchantée de se soulever, non pas contre toi, mais contre la France. Il faut compter sur la Guyenne pour huit mille soldats. C'est peu! mais ils seront bien aguerris, bien éprouvés, sois tranquille. Puis, à gauche de la Guyenne, nous avons le Béarn et la Navarre, tu vois? ces deux compartiments qui ressemblent à un singe sur le dos d'un éléphant. On a fort rogné la Navarre, sans doute; mais, avec le Béarn, il lui reste encore une population de trois ou quatre cent mille hommes. Suppose que le Béarn et la Navarre, très-pressés, bien poussés, bien pressurés par Henriot, fournissent à la Ligue cinq du cent de la population, c'est seize mille hommes. Récapitulons donc : dix mille pour l'Anjou.

Et Chicot continua de tracer des figures sur le sable avec sa baguette.

Ci.	10,000
Huit mille pour la Guyenne, ci. .	8,000
Seize mille pour le Béarn et la Navarre, ci	16,000
Total. . .	34,000

— Tu crois donc, dit Henri, que le roi de Navarre fera alliance avec mon frère?

— Pardieu!

— Tu crois donc qu'il est pour quelque chose dans sa fuite?

Chicot regarda Henri fixement.

— Henriquet, dit-il, voilà une idée qui n'est pas de toi.

— Pourquoi cela?

— Parce qu'elle est trop forte, mon fils.

— N'importe de qui elle est; je t'interroge, réponds. Crois-tu que Henri de Navarre soit pour quelque chose dans la fuite de mon frère?

— Eh! fit Chicot, j'ai entendu du côté de la rue de la Ferronnerie un Ventre-saint-gris! qui, aujourd'hui que j'y pense, me paraît assez concluant.

— Tu as entendu un Ventre-saint-gris! s'écria le roi.

— Ma foi, oui, répondit Chicot, je m'en souviens aujourd'hui seulement.

— Il était donc à Paris?

— Je le crois.

— Et qui peut te le faire croire?

— Mes yeux.

— Tu as vu Henri de Navarre?

— Oui.

— Et tu n'es pas venu me dire que mon ennemi était venu me braver jusque dans ma capitale!

— On est gentilhomme ou on ne l'est pas, fit Chicot.

— Après?

— Eh bien! si l'on est gentilhomme, on n'est pas espion, voilà tout.

Henri demeura pensif.

— Ainsi, dit-il, l'Anjou et le Béarn! mon frère François et mon cousin Henri!

— Sans compter les trois Guise, bien entendu.

— Comment! tu crois qu'ils feront alliance ensemble?

— Trente-quatre mille hommes d'une part, dit Chicot en comptant sur ses doigts : dix mille pour l'Anjou, huit mille pour la Guyenne, seize mille pour le Béarn; plus vingt ou vingt-cinq mille sous les ordres de M. de Guise, comme lieutenant général de tes armées; total, cinquante-neuf mille hommes; réduisons-les à cinquante mille, à cause des gouttes, des rhumatismes, des sciatiques et autres maladies. C'est encore, comme tu le vois, mon fils, un assez joli total.

— Mais Henri de Navarre et le duc de Guise sont ennemis.

— Ce qui ne les empêchera pas de se réunir contre toi, quitte à s'exterminer entre eux quand ils t'auront exterminé toi-même.

— Tu as raison, Chicot, ma mère a raison, vous avez raison tous deux; il faut empêcher un esclandre; aide-moi à réunir les Suisses.

— Ah bien oui, les Suisses! Quélus les a emmenés.

— Mes gardes.

— Schomberg les a pris.

— Les gens de mon service au moins.

— Ils sont partis avec Maugiron.

— Comment!... s'écria Henri, et sans mon ordre!

— Et depuis quand donnes-tu des ordres, Henri? Ah! s'il s'agissait de processions ou de flagellations, je ne dis pas; on te laisse sur ta peau, et même sur la peau des autres, puissance entière. Mais, quand il s'agit de guerre, quand il s'agit de gouvernement! mais ceci regarde M. de Schomberg, M. de Quélus et M. de Maugiron. Quant à d'Épernon, je n'en dis rien, puisqu'il se cache.

— Mordieu! s'écria Henri, est-ce donc ainsi que cela se passe?

— Permets-moi de te dire, mon fils, reprit Chicot, que tu t'aperçois bien tard que tu n'es que le septième ou huitième roi de ton royaume.

Henri se mordit les lèvres en frappant du pied.

— Eh! fit Chicot en cherchant à distinguer dans l'obscurité.

— Qu'y a-t-il? demanda le roi.

— Ventre-de-biche! ce sont eux; tiens, Henri, voilà tes hommes.

Et il montra effectivement au roi trois ou quatre cavaliers qui accouraient, suivis à distance de quelques autres hommes à cheval et de beaucoup d'hommes à pied.

Les cavaliers allaient rentrer au Louvre, n'apercevant pas ces deux hommes debout près des fossés et à demi perdus dans l'obscurité.

— Schomberg! cria le roi, Schomberg, par ici!

— Holà, dit Schomberg, qui m'appelle?

— Viens toujours, mon enfant, viens!

Schomberg crut reconnaître la voix et s'approcha.

— Eh! dit-il, Dieu me damne, c'est le roi.

— Moi-même, qui courais après vous, et qui, ne sachant où vous rejoindre, vous attendais avec impatience; qu'avez-vous fait?

— Ce que nous avons fait? dit un second cavalier en s'approchant.

— Ah! viens, Quélus, viens aussi, dit le roi, et surtout ne pars plus ainsi sans ma permission.

— Il n'en est plus besoin, dit un troisième que le roi reconnut pour Maugiron, puisque tout est fini.

— Tout est fini? répéta le roi.

— Dieu soit loué, dit d'Épernon, apparaissant tout à coup sans que l'on sût d'où il sortait.

— Hosanna! cria Chicot en levant les deux mains au ciel.

— Alors vous les avez tués? dit le roi.

Mais il ajouta tout bas:

— Au bout du compte, les morts ne reviennent pas.

— Vous les avez tués? dit Chicot; ah! si vous les avez tués, il n'y a rien à dire.

— Nous n'avons pas eu cette peine, répondit Schomberg, les lâches se sont enfuis comme une volée de pigeons; à peine si nous avons pu croiser le fer avec eux.

Henri pâlit.

— Et avec lequel avez-vous croisé le fer? demanda-t-il.

— Avec Antraguet.

— Au moins celui-là est demeuré sur le carreau?

— Tout au contraire, il a tué un laquais de Quélus.

— Ils étaient donc sur leur garde? demanda le roi.

— Parbleu! je le crois bien, s'écria Chicot, qu'ils y étaient; vous hurlez: « Mort aux Angevins! » vous remuez les canons, vous sonnez les cloches, vous faites trembler toute la ferraille de Paris, et vous voulez que ces honnêtes gens soient plus sourds que vous n'êtes bêtes.

— Enfin, enfin, murmura sourdement le roi, voilà une guerre civile allumée.

Ces mots firent tressaillir Quélus.

— Diable! fit-il, c'est vrai.

— Ah! vous commencez à vous en apercevoir, dit Chicot: c'est heureux! Voici MM. de Schomberg et de Maugiron qui ne s'en doutent pas encore.

— Nous nous réservons, répondit Schomberg, pour défendre la personne et la couronne de Sa Majesté.

— Eh! pardieu, dit Chicot, pour cela nous avons M. de Crillon, qui crie moins haut que vous et qui vaut bien autant.

— Mais enfin, dit Quélus, vous qui nous gourmandez à tort et à travers, monsieur Chicot, vous pensiez comme nous, il y a deux heures; ou tout au moins, si vous ne pensiez pas comme nous, vous criiez comme nous.

— Moi! dit Chicot.

— Certainement, et même vous vous escrimiez contre les murailles en criant: « Mort aux Angevins! »

— Mais moi, dit Chicot, c'est bien autre chose; moi, je suis fou, chacun le sait; mais vous qui êtes tous des gens d'esprit...

— Allons, messieurs, dit Henri, la paix; tout à l'heure nous aurons bien assez la guerre.

— Qu'ordonne Votre Majesté? dit Quélus.

— Que vous employiez la même ardeur à calmer le peuple que vous avez mise à l'émouvoir; que vous rameniez au Louvre les Suisses, les gardes, les gens de ma maison, et que l'on ferme les portes, afin que demain les bourgeois prennent ce qui s'est passé pour une échauffourée de gens ivres.

Les jeunes gens s'éloignèrent l'oreille basse, transmettant les ordres du roi aux officiers qui les avaient accompagnés dans leur équipée.

Quant à Henri, il revint chez sa mère, qui, active, mais anxieuse et assombrie, donnait des ordres à ses gens.

— Eh bien! dit-elle, que s'est-il passé?

— Eh bien! ma mère, il s'est passé ce que vous avez prévu.

— Ils sont en fuite?

— Hélas! oui.

— Ah! dit-elle, et après?

— Après, voilà tout, et il me semble que c'est bien assez.

— La ville?

— La ville est en rumeur; mais ce n'est pas ce qui m'inquiète, je la tiens sous ma main.

— Oui, dit Catherine, ce sont les provinces.

— Qui vont se révolter, se soulever, continua Henri.

— Que comptez-vous faire?

— Je ne vois qu'un moyen.

— Lequel?

— C'est d'accepter franchement la position.

— De quelle manière?

— Je donne le mot aux colonels, à mes gardes, je fais armer mes milices, je retire l'armée de devant la Charité, et je marche sur l'Anjou.

— Et M. de Guise?

— Eh! M. de Guise! M. de Guise! je le fais arrêter, s'il est besoin.

— Ah! oui, avec cela que les mesures de rigueur vous réussissent.

— Que faire alors?

Catherine inclina sa tête sur sa poitrine, et réfléchit un instant.

— Tout ce que vous projetez est impossible, mon fils, dit-elle.

— Ah! s'écria Henri avec un dépit profond, je suis donc bien mal inspiré aujourd'hui!

— Non, mais vous êtes troublé; remettez-vous d'abord, et ensuite nous verrons.

— Alors, ma mère, ayez des idées pour moi; faisons quelque chose, remuons-nous.

— Vous le voyez, mon fils, je donnais des ordres.

— Pour quoi faire?

— Pour le départ d'un ambassadeur.

— Et à qui le députerons-nous?

— A votre frère.

— Un ambassadeur à ce traître! Vous m'humiliez, ma mère.

— Ce n'est pas le moment d'être fier, fit sévèrement Catherine.

— Un ambassadeur qui demandera la paix?

— Qui l'achètera, s'il le faut.

— Pour quels avantages, mon Dieu?

— Eh! mon fils, dit la Florentine, quand cela ne serait que pour pouvoir faire prendre en toute sécurité, après la paix faite, ceux qui se sont sauvés pour vous faire la guerre. Ne disiez-vous pas tout à l'heure que vous voudriez les tenir.

— Oh! je donnerais quatre provinces de mon royaume pour cela; une par homme.

— Eh bien! qui veut la fin veut les moyens, reprit Catherine d'une voix pénétrante qui alla remuer jusqu'au fond du cœur de Henri la haine et la vengeance.

— Je crois que vous avez raison, ma mère, dit-il; mais qui leur enverrons-nous?

— Cherchez parmi tous vos amis.

— Ma mère, j'ai beau chercher, je ne vois pas un homme à qui je puisse confier une pareille mission.

— Confiez-la à une femme alors.

— A une femme, ma mère? est-ce que vous consentiriez?

— Mon fils, je suis bien vieille, bien lasse, la mort m'attend peut-être à mon retour; mais je veux faire ce voyage si rapidement, que j'arriverai à Angers avant que les amis de votre frère lui-même n'aient eu le temps de comprendre toute leur puissance.

— Oh! ma mère! ma bonne mère! s'écria Henri avec effusion en baisant les mains de Catherine, vous êtes toujours mon soutien, ma bienfaitrice, ma Providence!

— C'est-à-dire que je suis toujours reine de France, murmura Catherine en attachant sur son fils un regard dans lequel entrait pour le moins autant de pitié que de tendresse.

CHAPITRE IV

OÙ IL EST PROUVÉ QUE LA RECONNAISSANCE ÉTAIT UNE DES VERTUS DE M. DE SAINT-LUC.

e lendemain du jour où M. de Monsoreau avait fait, à la table de M. le duc d'Anjou, cette piteuse mine qui lui avait valu la permission de s'aller coucher avant la fin du repas, le gentilhomme se leva de grand matin, et descendit dans la cour du palais.

Il s'agissait de retrouver le palefrenier à qui il avait déjà eu affaire, et, s'il était possible, de tirer de lui quelques renseignements sur les habitudes de Roland.

Le comte réussit à son gré. Il entra sous un vaste hangar, où quarante chevaux magnifiques grugeaient, à faire plaisir, la paille et l'avoine des Angevins.

Le premier coup d'œil du comte fut pour chercher Roland; Roland était à sa place, et faisait merveille parmi les plus beaux mangeurs.

Le second fut pour chercher le palefrenier.

Il le reconnut debout, les bras croisés, regardant, selon l'habitude de tout bon palefrenier, de quelle façon, plus ou moins avide, les chevaux de son maître mangeaient leur provende habituelle.

— Eh! l'ami, dit le comte, est-ce donc l'habitude des chevaux de monseigneur de revenir à l'écurie tout seuls, et les dresse-t-on à ce manége-là?

— Non, monsieur le comte, répondit le palefrenier. A quel propos Votre Seigneurie me demande-t-elle cela?

— A propos de Roland.

— Ah! oui, qui est venu seul hier; oh! cela ne m'étonne pas de la part de Roland, c'est un cheval très-intelligent.

— Oui, dit Monsoreau, je m'en suis aperçu; la chose lui était-elle donc déjà arrivée?

— Non, monsieur; d'ordinaire il est monté par monseigneur le duc d'Anjou, qui est excellent cavalier, et qu'on ne jette point facilement à terre.

— Roland ne m'a point jeté à terre, mon ami, dit le comte, piqué qu'un homme, cet homme fût-il un palefrenier, pût croire que lui, le grand veneur de France, avait vidé les arçons; car, sans être de la force de M. le duc d'Anjou, je suis assez bon écuyer. Non, je l'avais attaché au pied d'un arbre pour entrer dans une maison. A mon retour, il était disparu; j'ai cru, ou qu'on l'avait volé, ou que quelque seigneur, passant par les chemins, m'avait fait la méchante plaisanterie de le ramener, voilà pourquoi je vous demandais qui l'avait fait rentrer à l'écurie.

— Il est rentré seul, comme le majordome a eu l'honneur de le dire hier à monsieur le comte.

— C'est étrange, dit Monsoreau.

Il resta un moment pensif, puis, changeant de conversation:

— Monseigneur monte souvent ce cheval, dis-tu?

— Il le montait presque tous les jours, avant que ses équipages ne fussent arrivés.

— Son Altesse est rentrée tard hier?

— Une heure avant vous, à peu près, monsieur le comte.

— Et quel cheval montait le duc? n'était-ce pas un cheval bai-brun, avec les quatre pieds blancs et une étoile au front?

— Non, monsieur, dit le palefrenier; hier Son Altesse montait Isolin, que voici.

— Et, dans l'escorte du prince, il n'y avait pas un gentilhomme montant un cheval tel que celui dont je te donne le signalement?

— Je ne connais personne ayant un pareil cheval.

— C'est bien, dit Monsoreau avec une certaine impatience d'avancer si lentement dans ses recherches. C'est bien! merci! Selle-moi Roland.

— Monsieur le comte désire Roland?

— Oui. Le prince t'aurait-il donné l'ordre de me le refuser?

— Non, monseigneur, l'écuyer de Son Altesse m'a dit, au contraire, de mettre toutes les écuries à votre disposition.

Il n'y avait pas moyen de se fâcher contre un prince qui avait de pareilles prévenances.

M. de Monsoreau fit de la tête un signe au palefrenier, lequel se mit à seller le cheval.

Lorsque cette première opération fut finie, le palefrenier détacha Roland de la mangeoire, lui passa la bride, et l'amena au comte.

— Écoute, lui dit celui-ci en lui prenant la bride des mains, et réponds-moi.

— Je ne demande pas mieux, dit le palefrenier.

— Combien gagnes-tu par an?

— Vingt écus, monsieur.

— Veux-tu gagner dix années de tes gages d'un seul coup?

— Pardieu! fit l'homme. Mais comment les gagnerai-je?

— Informe-toi qui montait hier un cheval bai-brun, avec les quatre pieds blancs et une étoile au milieu du front.

— Ah! monsieur, dit le palefrenier, ce que vous me demandez là est bien difficile; il y a tant de seigneurs qui viennent rendre visite à Son Altesse.

— Oui; mais deux cents écus, c'est un assez joli denier pour qu'on risque de prendre quelque peine à les gagner.

— Sans doute, monsieur le comte, aussi je ne refuse pas de chercher, tant s'en faut.

— Allons, dit le comte, ta bonne volonté me plaît. Voici d'abord dix écus pour te mettre en train; tu vois que tu n'auras point tout perdu.

— Merci, mon gentilhomme.

— C'est bien; tu diras au prince que je suis allé reconnaître le bois pour la chasse qu'il m'a commandée.

Le comte achevait à peine ces mots, que la paille cria derrière lui sous les pas d'un nouvel arrivant.

Il se retourna

— Monsieur de Bussy! s'écria le comte.

— Eh! bonjour, monsieur de Monsoreau, dit Bussy; vous à Angers, quel miracle!

— Et vous, monsieur, qu'on disait malade!

— Je le suis, en effet, dit Bussy; aussi mon médecin m'ordonne-t-il un repos absolu; il y a huit jours que je ne suis sorti de la ville. Ah!

ah! vous allez monter Roland, à ce qu'il paraît? C'est une bête que j'ai vendue à M. le duc d'Anjou, et dont il est si content qu'il la monte presque tous les jours.

Monsoreau pâlit.

— Oui, dit-il, je comprends cela, c'est un excellent animal.

— Vous n'avez pas eu la main malheureuse de le choisir ainsi du premier coup, dit Bussy.

— Oh! ce n'est point d'aujourd'hui que nous faisons connaissance, répliqua le comte, je l'ai monté hier.

— Ce qui vous a donné l'envie de le monter encore aujourd'hui?

— Oui, dit le comte.

— Pardon, reprit Bussy, vous parliez de nous préparer une chasse?

— Le prince désire courir un cerf.

— Il y en a beaucoup, à ce que je me suis laissé dire, dans les environs.

— Beaucoup.

— Et de quel côté allez-vous détourner l'animal?

— Du côté de Méridor.

— Ah! très-bien, dit Bussy en pâlissant à son tour malgré lui.

— Voulez-vous m'accompagner? demanda Monsoreau.

— Non, mille grâces, répondit Bussy. Je vais me coucher. Je sens la fièvre qui me reprend.

— Allons, bien, s'écria du seuil de l'écurie une voix sonore, voilà encore M. de Bussy levé sans ma permission.

— Le Haudoin, dit Bussy; bon, me voilà sûr d'être grondé. Adieu, comte. Je vous recommande Roland.

— Soyez tranquille.

Bussy s'éloigna, et M. de Monsoreau sauta en selle.

— Qu'avez-vous donc? demanda le Haudoin; vous êtes si pâle, que je crois presque moi-même que vous êtes malade.

— Sais-tu où il va? demanda Bussy.

— Non.

— Il va à Méridor.

— Eh bien! aviez-vous espéré qu'il passerait à côté?

— Que va-t-il arriver, mon Dieu! après ce qui s'est passé hier?

— Madame de Monsoreau niera.

— Mais il a vu.

— Elle lui soutiendra qu'il avait la berlue.

— Diane n'aura pas cette force-là.

Le palefrenier détacha Roland et l'amena. — Page 16.

— Oh! monsieur de Bussy, est-il possible que vous ne connaissiez pas mieux les femmes!

— Remy, je me sens très-mal.

— Je crois bien. Rentrez chez vous. Je vous prescris, pour ce matin...

— Quoi?

— Une daube de poularde, une tranche de jambon, et une bisque aux écrevisses.

— Eh! je n'ai pas faim.

— Raison de plus pour que je vous ordonne de manger.

— Remy, j'ai le pressentiment que ce bour-reau va faire quelque scène tragique à Méridor. En vérité, j'eusse dû accepter de l'accompagner quand il me l'a proposé.

— Pour quoi faire?

— Pour soutenir Diane.

— Madame Diane se soutiendra bien toute seule, je vous l'ai déjà dit et je vous le répète; et, comme il faut que nous en fassions autant, venez, je vous prie. D'ailleurs, il ne faut pas qu'on vous voie debout. Pourquoi êtes-vous sorti mal-gré mon ordonnance?

— J'étais trop inquiet, je n'ai pu y tenir.

Remy haussa les épaules, emmena Bussy, et l'installa, portes closes, devant une bonne table, tandis que M. de Monsoreau sortait d'Angers par la même porte que la veille.

Le comte avait eu ses raisons pour redemander Roland, il avait voulu s'assurer si c'était par hasard ou par habitude que cet animal, dont chacun vantait l'intelligence, l'avait conduit au pied du mur du parc. En conséquence, en sortant du palais, il lui avait mis la bride sur le cou.

Roland n'avait pas manqué à ce que son cavalier attendait de lui. A peine hors de la porte, il avait pris à gauche; M. de Monsoreau l'avait laissé faire; puis à droite, et M. de Monsoreau l'avait laissé faire encore.

Tous deux s'étaient donc engagés dans le charmant sentier fleuri, puis dans les taillis, puis dans les hautes futaies. Comme la veille, à mesure que Roland approchait de Méridor, son trot s'allongeait; enfin son trot se changea en galop, et, au bout de quarante ou cinquante minutes, M. de Monsoreau se trouva en vue du mur, juste au même endroit que la veille.

Seulement, le lieu était solitaire et silencieux; aucun hennissement ne s'était fait entendre; aucun cheval n'apparaissait attaché ni errant.

M. de Monsoreau mit pied à terre; mais, cette fois, pour ne pas courir la chance de revenir à pied, il passa la bride de Roland dans son bras et se mit à escalader la muraille.

Mais tout était solitaire au dedans comme au dehors du parc. Les longues allées se déroulaient à perte de vue, et quelques chevreuils bondissants animaient seuls le gazon désert des vastes pelouses.

Le comte jugea qu'il était inutile de perdre son temps à guetter des gens prévenus, qui, sans doute effrayés par son apparition de la veille, avaient interrompu leurs rendez-vous ou choisi un autre endroit. Il remonta à cheval, longea un petit sentier, et, après un quart d'heure de marche, dans laquelle il avait été obligé de retenir Roland, il était arrivé à la grille.

Le baron était occupé à faire fouetter ses chiens pour les tenir en haleine, lorsque le comte passa le pont-levis. Il aperçut son gendre et vint cérémonieusement au-devant de lui.

Diane, assise sous un magnifique sycomore, lisait les poésies de Marot. Gertrude, sa fidèle suivante, brodait à ses côtés.

Le comte, après avoir salué le baron, aperçut les deux femmes. Il mit pied à terre et s'approcha d'elles.

Diane se leva, s'avança de trois pas au-devant du comte et lui fit une grave révérence.

— Quel calme, ou plutôt quelle perfidie! murmura le comte; comme je vais faire lever la tempête du sein de ces eaux dormantes!

Un laquais s'approcha; le grand veneur lui jeta la bride de son cheval; puis, se tournant vers Diane:

— Madame, dit-il, veuillez, je vous prie, m'accorder un moment d'entretien.

— Volontiers, monsieur, répondit Diane.

— Nous faites-vous l'honneur de demeurer au château, monsieur le comte? demanda le baron.

— Oui, monsieur; jusqu'à demain, du moins.

Le baron s'éloigna pour veiller lui-même à ce que la chambre de son gendre fût préparée selon toutes les lois de l'hospitalité.

Monsoreau indiqua à Diane la chaise qu'elle venait de quitter, et lui-même s'assit sur celle de Gertrude, en couvant Diane d'un regard qui eût intimidé l'homme le plus résolu.

— Madame, dit-il, qui donc était avec vous dans le parc hier soir?

Diane leva sur son mari un clair et limpide regard.

— A quelle heure, monsieur? demanda-t-elle d'une voix dont, à force de volonté sur elle-même, elle était parvenue à chasser toute émotion.

— A six heures.

— De quel côté?

— Du côté du vieux taillis.

— Ce devait être quelque femme de mes amies, et non moi, qui se promenait de ce côté-là.

— C'était vous, madame, affirma Monsoreau.

— Qu'en savez-vous? dit Diane.

Monsoreau, stupéfait, ne trouva pas un mot à répondre; mais la colère prit bientôt la place de cette stupéfaction.

— Le nom de cet homme? dites-le-moi.

— De quel homme?

— De celui qui se promenait avec vous.

— Je ne puis vous le dire, si ce n'était pas moi qui me promenais.

— C'était vous, vous dis-je! s'écria Monsoreau en frappant la terre du pied.

— Vous vous trompez, monsieur, répondit froidement Diane.

— Comment osez-vous nier que je vous aie vue?

— Ah! c'est vous-même, monsieur?

— Oui, madame, c'est moi-même. Comment donc osez-vous nier que ce soit vous, puisqu'il n'y a pas d'autre femme que vous à Méridor?

— Voilà encore une erreur, monsieur, car Jeanne de Brissac est ici.

— Madame de Saint-Luc?

— Oui, madame de Saint-Luc, mon amie.

— Et M. de Saint-Luc?...

— Ne quitte pas sa femme, comme vous le savez. Leur mariage, à eux, est un mariage d'amour. C'est M. et madame de Saint-Luc que vous avez vus.

— Ce n'était pas M. de Saint-Luc; ce n'était pas madame de Saint-Luc. C'était vous, que j'ai parfaitement reconnue, avec un homme que je ne connais pas, lui, mais que je connaîtrai, je vous le jure.

— Vous persistez donc à dire que c'était moi, monsieur?

— Mais je vous dis que je vous ai reconnue, je vous dis que j'ai entendu le cri que vous avez poussé.

— Quand vous serez dans votre bon sens, monsieur, dit Diane, je consentirai à vous entendre; mais, dans ce moment, je crois qu'il vaut mieux que je me retire.

— Non, madame, dit Monsoreau en retenant Diane par le bras, vous resterez.

— Monsieur, dit Diane, voici M. et madame de Saint-Luc. J'espère que vous vous contiendrez devant eux.

En effet, Saint-Luc et sa femme venaient d'apparaître au bout d'une allée, appelés par la cloche du dîner, qui venait d'entrer en branle, comme si l'on n'eût attendu que M. de Monsoreau pour se mettre à table.

Tous deux reconnurent le comte; et, devinant qu'ils allaient sans doute, par leur présence, tirer Diane d'un grand embarras, ils s'approchèrent vivement.

Madame de Saint-Luc fit une grande révérence à M. de Monsoreau; Saint-Luc lui tendit cordialement la main. Tous trois échangèrent quelques compliments; puis Saint-Luc, poussant sa femme au bras du comte, prit celui de Diane.

On s'achemina vers la maison.

On dînait à neuf heures, au manoir de Méridor: c'était une vieille coutume du temps du bon roi Louis XII, qu'avait conservée le baron dans toute son intégrité.

M. de Monsoreau se trouva placé entre Saint-Luc et sa femme; Diane, éloignée de son mari par une habile manœuvre de son amie, était placée, elle, entre Saint-Luc et le baron.

La conversation fut générale. Elle roula tout naturellement sur l'arrivée du frère du roi à Angers et sur le mouvement que cette arrivée allait opérer dans la province.

Monsoreau eût bien voulu la conduire sur d'autres sujets; mais il avait affaire à des convives rétifs: il en fut pour ses frais.

Ce n'est pas que Saint-Luc refusât le moins du monde de lui répondre; tout au contraire. Il cajolait le mari furieux avec un charmant esprit, et Diane, qui, grâce au bavardage de Saint-Luc, pouvait garder le silence, remerciait son ami par des regards éloquents.

— Ce Saint-Luc est un sot, qui bavarde comme un geai, se dit le comte; voilà l'homme duquel j'extirperai le secret que je désire savoir, et cela par un moyen ou par un autre.

M. de Monsoreau ne connaissait pas Saint-Luc, étant entré à la cour juste comme celui-ci en sortait.

Et, sur cette conviction, il se mit à répondre au jeune homme de façon à doubler la joie de Diane et à ramener la tranquillité sur tous les points.

D'ailleurs, Saint-Luc faisait de l'œil des signes à madame de Monsoreau, et ces signes voulaient visiblement dire:

— Soyez tranquille, madame, je mûris un projet.

Nous verrons dans le chapitre suivant quel était le projet de M. de Saint-Luc.

CHAPITRE V

LE PROJET DE M. DE SAINT-LUC.

L e repas fini, Monsoreau prit son nouvel ami par le bras, et, l'emmenant hors du château :

— Savez-vous, lui dit-il, que je suis on ne peut plus heureux de vous avoir trouvé ici, moi que la solitude de Méridor effrayait d'avance !

— Bon ! dit Saint-Luc, n'avez-vous pas votre femme ? Quant à moi, avec une pareille compagne, il me semble que je trouverais un désert trop peuplé.

— Je ne dis pas non, répondit Monsoreau en se mordant les lèvres. Cependant...

— Cependant quoi ?

— Cependant je suis fort aise de vous avoir rencontré ici.

— Monsieur, dit Saint-Luc en se nettoyant les dents avec une petite épée d'or, vous êtes, en vérité, fort poli ; car je ne croirai jamais que vous ayez un seul instant pu craindre l'ennui avec une pareille femme et en face d'une si riche nature.

— Bah ! dit Monsoreau, j'ai passé la moitié de ma vie dans les bois.

— Raison de plus pour ne pas vous y ennuyer, dit Saint-Luc ; il me semble que plus on habite les bois, plus on les aime. Voyez donc quel admirable parc. Je sais bien, moi, que je serai désespéré lorsqu'il me faudra le quitter. Malheureusement j'ai peur que ce ne soit bientôt.

— Pourquoi le quitteriez-vous ?

— Eh ! monsieur, l'homme est-il maître de sa destinée ? C'est la feuille de l'arbre que le vent détache et promène par la plaine et par les vallons, sans qu'il sache lui-même où il va. Vous êtes heureux, vous.

— Heureux, de quoi ?

— De demeurer sous ces magnifiques ombrages.

— Oh ! dit Monsoreau, je n'y demeurerai probablement pas longtemps non plus.

— Bah ! qui peut dire cela ? Je crois que vous vous trompez, moi.

— Non, fit Monsoreau ; non, oh ! je ne suis pas si fanatique que vous de la belle nature, et je me défie, moi, de ce parc que vous trouvez si beau.

— Plaît-il ? fit Saint-Luc.

— Oui, répéta Monsoreau.

— Vous vous défiez de ce parc, avez-vous dit ; et à quel propos ?

— Parce qu'il ne me paraît pas sûr.

— Pas sûr ! en vérité ! dit Saint-Luc étonné. Ah ! je comprends : à cause de l'isolement, voulez-vous dire.

— Non. Ce n'est point précisément à cause de cela ; car je présume que vous voyez du monde à Méridor ?

— Ma foi non ! dit Saint-Luc avec une naïveté parfaite, pas une âme.

— Ah ! vraiment ?

— C'est comme j'ai l'honneur de vous le dire.

— Comment, de temps en temps, vous ne recevez pas quelque visite ?

— Pas depuis que j'y suis, du moins.

— De cette belle cour qui est à Angers, pas un gentilhomme ne se détache de temps en temps ?

— Pas un.

— C'est impossible !

— C'est comme cela cependant.

— Ah ! fi donc, vous calomniez les gentilshommes angevins.

— Je ne sais pas si je les calomnie ; mais le diable m'emporte si j'ai aperçu la plume d'un seul.

Vous êtes affreux à voir comme cela, mon cher monsieur de Monsoreau. — Page 23.

— Alors, j'ai tort sur ce point.

— Oui, parfaitement tort. Revenons donc à ce que vous disiez d'abord, que le parc n'était pas sûr. Est-ce qu'il y a des ours ?

— Oh ! non pas

— Des loups ?

— Non plus.

— Des voleurs ?

— Peut-être. Dites-moi, mon cher monsieur, madame de Saint-Luc est fort jolie, à ce qu'il m'a paru.

— Mais oui.

— Est-ce qu'elle se promène souvent dans le parc ?

— Souvent ; elle est comme moi, elle adore la campagne. Mais pourquoi me faites-vous cette question ?

— Pour rien ; et, lorsqu'elle se promène, vous l'accompagnez ?

— Toujours, dit Saint-Luc.

— Presque toujours ? continua le comte.

— Mais où diable voulez-vous en venir ?

— Eh mon Dieu! à rien, cher monsieur de Saint-Luc, ou presque à rien du moins.

— J'écoute

— C'est qu'on me disait...

— Que vous disait-on? Parlez.

— Vous ne vous fâcherez pas°

— Jamais je ne me fâche.

— D'ailleurs, entre maris, ces confidences-là se font; c'est qu'on me disait que l'on avait vu rôder un homme dans le parc.

— Un homme?

— Oui.

— Qui venait pour ma femme?

— Oh! je ne dis point cela.

— Vous auriez parfaitement tort de ne pas le dire, cher monsieur de Monsoreau; c'est on ne peut plus intéressant; et qui donc a vu cela? je vous prie.

— A quoi bon?

—- Dites toujours. Nous causons, n'est-ce pas? Eh bien! autant causer de cela que d'autre chose. Vous dites donc que cet homme venait pour madame de Saint-Luc. Tiens! tiens! tiens!

— Écoutez, s'il faut tout vous avouer; eh bien! non, je ne crois pas que ce soit pour madame de Saint-Luc.

— Et pour qui donc?

— Je crains, au contraire, que ce ne soit pour Diane.

— Ah bah! fit Saint-Luc, j'aimerais mieux cela.

— Comment! vous aimeriez mieux cela?

— Sans doute. Vous le savez, il n'y a pas de race plus égoïste que les maris. Chacun pour soi, Dieu pour tous! Le diable plutôt! ajouta Saint-Luc.

— Ainsi donc, vous croyez qu'un homme est entré?

— Je fais mieux que de le croire, j'ai vu.

— Vous avez vu un homme dans le parc?

— Oui, dit Saint-Luc.

— Seul?

— Avec madame de Monsoreau.

— Quand cela? demanda le comte.

— Hier.

— Où donc?

— Mais ici, à gauche, tenez

Et, comme Monsoreau avait dirigé sa promenade et celle de Saint-Luc du côté du vieux taillis, il put, d'où il était, montrer la place à son compagnon.

—Ah! dit Saint-Luc, en effet, voici un mur en bien mauvais état; il faudra que je prévienne le baron qu'on lui dégrade ses clôtures.

— Et qui soupçonnez-vous?

— Moi! qui je soupçonne?

— Oui, dit le comte.

— De quoi?

— De franchir la muraille pour venir dans le parc causer avec ma femme.

Saint-Luc parut se plonger dans une méditation profonde dont M. de Monsoreau attendit avec anxiété le résultat.

— Eh bien! dit-il.

— Dame! fit Saint-Luc, je ne vois guère que...

— Que.... qui?.... demanda vivement le comte.

— Que... vous... dit Saint-Luc en se découvrant le visage.

— Plaisantez-vous, mon cher monsieur de Saint-Luc? dit le comte pétrifié.

— Ma foi! non. Moi, dans le commencement de mon mariage, je faisais de ces choses-là; pourquoi n'en feriez-vous pas, vous?

— Allons, vous ne voulez pas me répondre; avouez cela, cher ami; mais ne craignez rien... Voyons, aidez-moi, cherchez: c'est un énorme service que j'attends de vous.

Saint-Luc se gratta l'oreille.

— Je ne vois toujours que vous, dit-il.

—- Trêve de railleries; prenez la chose gravement, monsieur, car, je vous en préviens, elle est de conséquence.

— Vous croyez?

—- Mais je vous dis que j'en suis sûr.

— C'est autre chose alors; et comment vient cet homme? le savez-vous?

— Il vient à la dérobée, parbleu.

— Souvent?

— Je le crois bien : ses pieds sont imprimés dans la pierre molle du mur, regardez plutôt.

— En effet.

— Ne vous êtes-vous donc jamais aperçu de ce que je viens de vous dire?

— Oh! fit Saint-Luc, je m'en doutais bien un peu.

— Ah! voyez-vous, fit le comte haletant; après?

— Après, je ne m'en suis pas inquiété; j'ai cru que c'était vous.

— Mais quand je vous dis que non.

— Je vous crois, mon cher monsieur.

— Vous me croyez?

— Oui.

— Eh bien! alors...

— Alors c'est quelque autre.

Le grand veneur regarda d'un œil presque menaçant Saint-Luc, qui déployait sa plus coquette et sa plus suave nonchalance.

— Ah! fit-il d'un air si courroucé, que le jeune homme leva la tête.

— J'ai encore une idée, dit Saint-Luc.

— Allons donc!

— Si c'était...

— Si c'était?

— Non.

— Non?

— Mais si.

— Parlez.

— Si c'était M. le duc d'Anjou.

— J'y avais bien pensé, reprit Monsoreau; mais j'ai pris des renseignements : ce ne pouvait être lui.

— Eh! eh! le duc est bien fin.

— Oui, mais ce n'est pas lui.

— Vous me dites toujours que cela n'est pas, dit Saint-Luc, et vous voulez que je vous dise, moi, que cela est.

— Sans doute; vous qui habitez le château, vous devez savoir...

— Attendez! s'écria Saint-Luc.

— Y êtes-vous?

— J'ai encore une idée. Si ce n'était ni vous ni le duc, c'était sans doute moi.

— Vous, Saint-Luc?

— Pourquoi pas?

— Vous, qui venez à cheval par le dehors du parc, quand vous pouvez venir par le dedans?

— Eh! mon Dieu! je suis un être si capricieux, dit Saint-Luc.

— Vous, qui eussiez pris la fuite en me voyant apparaître au haut du mur?

— Dame! on la prendrait à moins.

— Vous raisiez donc mal alors? dit le comte qui commençait à n'être plus maître de son irritation.

— Je ne dis pas non.

— Mais vous vous moquez de moi, à la fin! s'écria le comte pâlissant, et voilà un quart d'heure de cela.

— Vous vous trompez, monsieur, dit Saint-Luc en tirant sa montre et en regardant Monsoreau avec une fixité qui fit frissonner celui-ci malgré son courage féroce; il y a vingt minutes.

— Mais vous m'insultez, monsieur, dit le comte.

— Est-ce que vous croyez que vous ne m'insultez pas, vous, monsieur, avec toutes vos questions de sbire?

— Ah! j'y vois clair maintenant.

— Le beau miracle! à dix heures du matin. Et que voyez-vous? dites.

— Je vois que vous vous entendez avec le traître, avec le lâche que j'ai failli tuer hier.

— Pardieu! fit Saint-Luc, c'est mon ami.

— Alors, s'il en est ainsi, je vous tuerai à sa place.

— Bah! dans votre maison! comme cela, tout à coup! sans dire gare!

— Croyez-vous donc que je me gênerai pour punir un misérable? s'écria le comte exaspéré.

— Ah! monsieur de Monsoreau, répliqua Saint-Luc, que vous êtes donc mal élevé! et que la fréquentation des bêtes fauves a détérioré vos mœurs! Fi!...

— Mais vous ne voyez donc pas que je suis furieux! hurla le comte en se plaçant devant Saint-Luc, les bras croisés et le visage bouleversé par l'expression effrayante du désespoir qui le mordait au cœur.

— Si, mordieu! je le vois; et, vrai, la fureur ne vous va pas le moins du monde; vous êtes affreux à voir comme cela, mon cher monsieur de Monsoreau.

Le comte, hors de lui, mit la main à son épée.

— Ah! faites attention, dit Saint-Luc, c'est vous qui me provoquez... Je vous prends vous-même à témoin que je suis parfaitement calme.

— Oui, muguet, dit Monsoreau, oui, mignon de couchette, je te provoque.

— Donnez-vous donc la peine de passer de l'autre côté du mur, monsieur de Monsoreau; de l'autre côté du mur, nous serons sur un terrain neutre.

— Que m'importe? s'écria le comte.

— Il m'importe à moi, dit Saint-Luc; je ne veux pas vous tuer chez vous.

— A la bonne heure! dit Monsoreau en se hâtant de franchir la brèche.

— Prenez garde! allez doucement, comte! Il y a une pierre qui ne tient pas bien; il faut qu'elle ait été fort ébranlée. N'allez pas vous blesser, au moins; en vérité, je ne m'en consolerais pas.

Et Saint-Luc se mit à franchir la muraille à son tour.

Regardez bien cette touffe de coquelicots et de pi senlits. — Page 25.

— Allons! allons! hâte-toi, dit le comte en dégaînant.

— Et moi qui viens à la campagne pour mon agrément! dit Saint-Luc se parlant à lui-même; ma foi, je me serai bien amusé.

Et il sauta de l'autre côté du mur.

CHAPITRE VI

COMMENT M. DE SAINT-LUC MONTRA A M. DE MONSOREAU LE COUP QUE LE ROI LUI AVAIT MONTRÉ.

onsieur de Monsoreau attendait Saint-Luc l'épée à la main, et en faisant des appels furieux avec le pied.

— Y es-tu? dit le comte.

— Tiens! fit Saint-ous n'avez pas pris la plus mauvaise place, le dos au soleil; ne vous gênez pas.

Monsoreau fit un quart de conversion.

— A la bonne heure! dit Saint-Luc, de cette façon je verrai clair à ce que je fais.

— Ne me ménages pas, dit Monsoreau, car j'irai franchement.

— Ah çà! dit Saint-Luc, vous voulez donc me tuer absolument?

— Si je le veux!... oh! oui... je le veux!

— L'homme propose et Dieu dispose! dit Saint-Luc en tirant son épée à son tour.

— Tu dis...

— Je dis... Regardez bien cette touffe de coquelicots et de pissenlits.

— Eh bien?

— Eh bien, je dis que je vais vous coucher dessus.

Et il se mit en garde, toujours riant.

Monsoreau engagea le fer avec rage, et porta avec une incroyable agilité à Saint-Luc deux ou trois coups que celui-ci para avec une agilité égale.

— Pardieu! monsieur de Monsoreau, dit-il tout en jouant avec le fer de son ennemi, vous tirez fort agréablement l'épée, et tout autre que moi ou Bussy eût été tué par votre dernier dégagement.

Monsoreau pâlit, voyant à quel homme il avait affaire.

— Vous êtes peut-être étonné, dit Saint-Luc, de me trouver si convenablement l'épée dans la main; c'est que le roi, qui m'aime beaucoup, comme vous savez, a pris la peine de me donner des leçons, et m'a montré, entre autres choses, un coup que je vous montrerai tout à l'heure. Je vous dis cela, parce que, s'il arrive que je vous tue de ce coup, vous aurez le plaisir de savoir que vous êtes tué d'un coup enseigné par le roi, ce qui sera excessivement flatteur pour vous.

— Vous avez infiniment d'esprit, monsieur, dit Monsoreau exaspéré en se fendant à fond pour porter un coup droit qui eût traversé une muraille.

— Dame! on fait ce qu'on peut, répliqua modestement Saint-Luc en se jetant de côté, forçant, par ce mouvement, son adversaire de faire une demi-volte qui lui mit en plein le soleil dans les yeux.

— Ah! ah! dit-il, voilà où je voulais vous voir, en attendant que je vous voie où je veux vous mettre. N'est-ce pas que j'ai assez bien conduit ce coup-là, hein? Aussi, je suis content, vrai, très-content! Vous aviez tout à l'heure cinquante chances seulement sur cent d'être tué; maintenant vous en avez quatre-vingt-dix-neuf.

Et, avec une souplesse, une vigueur et une rage que Monsoreau ne lui connaissait pas, et que personne n'eût soupçonnées dans ce jeune homme efféminé, Saint-Luc porta de suite, et sans interruption, cinq coups au grand veneur, qui les para, tout étourdi de cet ouragan mêlé de sifflements et d'éclairs; le sixième fut un coup de prime composé d'une double feinte, d'une parade et d'une riposte dont le soleil l'empêcha de voir la première moitié, et dont il ne put voir la seconde, attendu que l'épée de Saint-Luc disparut tout entière dans sa poitrine.

Monsoreau resta encore un instant debout, mais comme un chêne déraciné qui n'attend qu'un souffle pour savoir de quel côté tomber.

— Là! maintenant, dit Saint-Luc, vous avez les cent chances complètes; et, remarquez ceci, monsieur, c'est que vous allez tomber juste sur la touffe que je vous ai indiquée.

Les forces manquèrent au comte; ses mains s'ouvrirent, son œil se voila; il plia les genoux et tomba sur les coquelicots, à la pourpre desquels il mêla son sang.

Saint-Luc essuya tranquillement son épée et regarda cette dégradation de nuances qui, peu à peu, change en un masque de cadavre le visage de l'homme qui agonise.

— Ah! vous m'avez tué, monsieur, dit Monsoreau.

— J'y tâchais, dit Saint-Luc; mais maintenant que je vous vois couché là, près de mourir, le diable m'emporte si je ne suis pas fâché de ce que j'ai fait! Vous m'êtes sacré à présent, monsieur; vous êtes horriblement jaloux, c'est vrai, mais vous étiez brave.

Et, tout satisfait de cette oraison funèbre, Saint-Luc mit un genou en terre près de Monsoreau, et lui dit:

— Avez-vous quelque volonté dernière à déclarer, monsieur? et, foi de gentilhomme, elle sera exécutée. Ordinairement, je sais cela, moi, quand on est blessé, on a soif: avec-vous soif? J'irai vous chercher à boire.

Monsoreau ne répondit pas. Il s'était retourné la face contre terre, mordant le gazon et se débattant dans son sang.

— Pauvre diable! fit Saint-Luc en se relevant. Oh! amitié, amitié, tu es une divinité bien exigeante!

Monsoreau ouvrit un œil alourdi, essaya de lever la tête et retomba avec un lugubre gémissement.

— Allons! il est mort! dit Saint-Luc; ne pensons plus à lui... C'est bien aisé à dire: ne pensons plus à lui... Voilà que j'ai tué un homme, moi, avec tout cela! On ne dira pas que j'ai perdu mon temps à la campagne.

Et aussitôt, enjambant le mur, il prit sa course à travers le parc et arriva au château.

La première personne qu'il aperçut fut Diane; elle causait avec son amie.

— Comme le noir lui ira bien! dit Saint-Luc.

Puis, s'approchant du groupe charmant formé par les deux femmes:

— Pardon, chère dame, fit-il à Diane; mais j'aurais vraiment bien besoin de dire deux mots à madame de Saint-Luc.

— Faites, cher hôte, faites, répliqua madame

de Monsoreau; je vais retrouver mon père à la bibliothèque. Quand tu auras fini avec M. de Saint-Luc, ajouta-t-elle en s'adressant à son amie, tu viendras me reprendre, je serai là.

— Oui, sans faute, dit Jeanne.

Et Diane s'éloigna en les saluant de la main et du sourire.

Les deux époux demeurèrent seuls.

— Qu'y a-t-il donc? demanda Jeanne avec la plus riante figure; vous paraissez sinistre, cher époux.

— Mais oui, mais oui, répondit Saint-Luc.

— Qu'est-il donc arrivé?

— Eh! mon Dieu! un accident!

— A vous? dit Jeanne effrayée.

— Pas précisément à moi, mais à une personne qui était près de moi.

— A quelle personne donc?

— A celle avec laquelle je me promenais.

— A monsieur de Monsoreau?

— Hélas! oui. Pauvre cher homme!

— Que lui est-il donc arrivé?

— Je crois qu'il est mort!...

— Mort! s'écria Jeanne avec une agitation bien naturelle à concevoir, mort!

— C'est comme cela.

— Lui qui, tout à l'heure, était là, parlant, regardant!...

— Eh! justement, voilà la cause de sa mort; il a trop regardé et surtout trop parlé.

— Saint-Luc, mon ami! dit la jeune femme en saisissant les deux bras de son mari.

— Quoi?

— Vous me cachez quelque chose.

— Moi! absolument rien, je vous jure, pas même l'endroit où il est mort.

— Et où est-il mort?

— Là-bas, derrière le mur, à l'endroit même où notre ami Bussy avait l'habitude d'attacher son cheval.

— C'est vous qui l'avez tué, Saint-Luc?

— Parbleu! qui voulez-vous que ce soit? Nous n'étions que nous deux, je reviens vivant, et je vous dis qu'il est mort: il n'est pas difficile de deviner lequel des deux a tué l'autre.

— Malheureux que vous êtes!

— Ah! chère amie, dit Saint-Luc, il m'a provoqué, insulté; il a tiré l'épée du fourreau.

— C'est affreux!... c'est affreux!... ce pauvre homme!

— Bon! dit Saint-Luc, j'en étais sûr! Vous verrez qu'avant huit jours on dira saint Monsoreau.

— Mais vous ne pouvez rester ici! s'écria Jeanne; vous ne pouvez habiter plus longtemps sous le toit de l'homme que vous avez tué.

— C'est ce que je me suis dit tout de suite; et voilà pourquoi je suis accouru pour vous prier, chère amie, de faire vos apprêts de départ.

— Il ne vous a pas blessé, au moins?

— A la bonne heure! quoiqu'elle vienne un peu tard, voilà une question qui me raccommode avec vous. Non, je suis parfaitement intact.

— Alors nous partirons.

— Le plus vite possible, car vous comprenez que, d'un moment à l'autre, on peut découvrir l'accident.

— Quel accident? s'écria madame de Saint-Luc en revenant sur sa pensée comme quelquefois on revient sur ses pas.

— Ah! fit Saint-Luc.

— Mais, j'y pense, dit Jeanne, voilà madame de Monsoreau veuve.

— Voilà justement ce que je me disais tout à l'heure.

— Après l'avoir tué?

— Non, auparavant.

— Allons, tandis que je vais la prévenir...

— Prenez bien des ménagements, chère amie!

— Mauvaise nature! pendant que je vais la prévenir, sellez les chevaux vous-même comme pour une promenade.

— Excellente idée. Vous ferez bien d'en avoir comme cela plusieurs, chère amie; car, pour moi, je l'avoue, ma tête commence un peu à s'embarrasser.

— Mais où allons-nous?

— A Paris.

— A Paris! Et le roi?

— Le roi aura tout oublié; il s'est passé tant de choses depuis que nous ne nous sommes vus; puis, s'il y a la guerre, ce qui est probable, ma place est à ses côtés.

— C'est bien; nous partons pour Paris alors.

— Oui, seulement je voudrais une plume et de l'encre.

— Pour écrire à qui?

— A Bussy; vous comprenez que je ne puis pas quitter comme cela l'Anjou sans lui dire pourquoi je le quitte.

— C'est juste, vous trouverez tout ce qu'il vous faut pour écrire dans ma chambre.

Saint-Luc y monta aussitôt, et, d'une main qui, quoi qu'il en eût, tremblait quelque peu, il traça à la hâte les lignes suivantes :

« Cher ami,

« Vous apprendrez, par la voie de la Renommée, l'accident arrivé à M. de Monsoreau; nous avons eu ensemble, du côté du vieux taillis, une discussion sur les effets et les causes de la dégradation des murs et l'inconvénient des chevaux qui vont tout seuls. Dans le fort de cette discussion, M. de Monsoreau est tombé sur une touffe de coquelicots et de pissenlits, et cela si malheureusement, qu'il s'est tué roide.

             « Votre ami pour la vie,
                       « SAINT-LUC.

« P. S. Comme cela pourrait, au premier moment, vous paraître un peu invraisemblable, j'ajouterai que, lorsque cet accident lui est arrivé, nous avions tous deux l'épée à la main.

« Je pars à l'instant même pour Paris, dans l'intention de faire ma cour au roi, l'Anjou ne me paraissant pas très-sûr après ce qui vient de se passer. »

Dix minutes après, un serviteur du baron courait à Angers porter cette lettre, tandis que, par une porte basse donnant sur un chemin de traverse, M. et madame de Saint-Luc partaient seuls, laissant Diane éplorée, et surtout fort embarrassée pour raconter au baron la triste histoire de cette rencontre.

Elle avait détourné les yeux quand Saint-Luc avait passé.

— Servez donc vos amis! avait dit celui-ci à sa femme; décidément tous les hommes sont ingrats, il n'y a que moi qui suis reconnaissant.

CHAPITRE VII

OÙ L'ON VOIT LA REINE MÈRE ENTRER PEU TRIOMPHALEMENT DANS LA BONNE VILLE D'ANGERS.

L'heure même où M. de Monsoreau tombait sous l'épée de Saint-Luc, une grande fanfare de quatre trompettes retentissait aux portes d'Angers, fermées, comme on sait, avec le plus grand soin.

Les gardes, prévenus, levèrent un étendard, et répondirent par des symphonies semblables.

C'était Catherine de Médicis qui venait faire son entrée à Angers, avec une suite assez imposante.

On prévint aussitôt Bussy, qui se leva de son lit, et Bussy alla trouver le prince, qui se mit dans le sien.

Certes, les airs joués par les trompettes angevines étaient de fort beaux airs; mais ils n'avaient pas la vertu de ceux qui firent tomber le murs de Jéricho; les portes d'Angers ne s'ouvrirent pas.

Catherine se pencha hors de sa litière pour se montrer aux gardes avancées, espérant que la majesté d'un visage royal ferait plus d'effet que le son des trompettes. Les miliciens d'Angers virent la reine, la saluèrent même avec courtoisie, mais les portes demeurèrent fermées.

Catherine envoya un gentilhomme aux barrières. On fit force politesses à ce gentilhomme; mais, comme il demandait l'entrée pour la reine mère, en insistant pour que Sa Majesté fût reçue avec honneur, on lui répondit qu'Angers, étant place de guerre, ne s'ouvrait pas sans quelques formalités indispensables.

Le gentilhomme revint très-mortifié vers sa maîtresse, et Catherine laissa échapper alors dans toute l'amertume de sa réalité, dans toute la plénitude de son acception, ce mot que Louis XIV modifia plus tard selon les proportions qu'avait prises l'autorité royale :

— J'attends! murmura-t-elle.

Et ses gentilshommes frémissaient à ses côtés.

Enfin Bussy, qui avait employé près d'une demi-heure à sermonner le duc et à lui forger cent raisons d'État, toutes plus péremptoires les unes que les autres, Bussy se décida. Il fit seller son cheval avec force caparaçons, choisit cinq gentilshommes des plus désagréables à la reine mère, et, se plaçant à leur tête, alla, d'un pas de recteur, au-devant de Sa Majesté.

Catherine commençait à se fatiguer, non pas d'attendre, mais de méditer des vengeances contre ceux qui lui jouaient ce tour.

Elle se rappelait le conte arabe dans lequel il est dit qu'un génie rebelle, prisonnier dans un vase de cuivre, promet d'enrichir quiconque le délivrerait dans les dix premiers siècles de sa captivité; puis, furieux d'attendre, jure la mort de l'imprudent qui briserait le couvercle du vase.

Catherine en était là. Elle s'était promis d'abord de gracieuser les gentilshommes qui s'empresseraient de venir à sa rencontre. Ensuite elle fit vœu d'accabler de sa colère celui qui se présenterait le premier.

Bussy parut tout empanaché à la barrière, et regarda vaguement, comme un factionnaire nocturne qui écoute plutôt qu'il ne voit.

— Qui vive? cria-t-il.

Catherine s'attendait au moins à des génuflexions; son gentilhomme la regarda pour connaître ses volontés.

— Allez, dit-elle, allez encore à la barrière; on crie : « Qui vive! » Répondez, monsieur, c'est une formalité...

Le gentilhomme vint aux pointes de la herse.

— C'est madame la reine mère, dit-il, qui vient visiter la bonne ville d'Angers.

— Fort bien, monsieur, répliqua Bussy; veuillez tourner à gauche, à quatre-vingts pas d'ici environ, vous allez rencontrer la poterne.

— La poterne! s'écria le gentilhomme, la poterne! Une porte basse pour Sa Majesté!

Bussy n'était plus là pour entendre. Avec ses amis, qui riaient sous cape, il s'était dirigé vers l'endroit où, d'après ses instructions, devait descendre Sa Majesté la reine mère.

— Votre Majesté a-t-elle entendu? demanda le gentilhomme... La poterne!

— Eh! oui, monsieur, j'ai entendu; entrons par là, puisque c'est par là qu'on entre.

Et l'éclair de son regard fit pâlir le maladroit qui venait de s'appesantir ainsi sur l'humiliation imposée à sa souveraine.

Le cortége tourna vers la gauche, et la poterne s'ouvrit.

Bussy, à pied, l'épée nue à la main, s'avança au dehors de la petite porte, et s'inclina respectueusement devant Catherine; autour de lui les plumes des chapeaux balayaient la terre.

— Soit, Votre Majesté, la bienvenue dans Angers, dit-il.

Il avait à ses côtés des tambours qui ne battirent pas, et des hallebardiers qui ne quittèrent pas le port d'armes.

La reine descendit de litière, et, s'appuyant sur le bras d'un gentilhomme de sa suite, marcha vers la petite porte, après avoir répondu ce seul mot :

— Merci, monsieur de Bussy.

C'était toute la conclusion des méditations qu'on lui avait laissé le temps de faire.

Elle avançait, la tête haute. Bussy la prévint tout à coup et l'arrêta même par le bras.

— Ah! prenez garde, madame, la porte est bien basse; Votre Majesté se heurterait.

— Il faut donc se baisser? dit la reine; comment faire?... C'est la première fois que j'entre ainsi dans une ville.

Ces paroles, prononcées avec un naturel parfait, avaient pour les courtisans habiles un sens, une profondeur et une portée qui firent réfléchir plus d'un assistant, et Bussy lui-même se tordit la moustache en regardant de côté.

— Tu as été trop loin, lui dit Livarot à l'oreille.

— Bah! laisse donc, répliqua Bussy, il faut qu'elle en voie bien d'autres.

On hissa la litière de Sa Majesté par-dessus le mur avec un palan, et elle put s'y installer de nouveau pour aller au palais. Bussy et ses amis remontèrent à cheval escortant des deux côtés la litière.

— Mon fils! dit tout à coup Catherine; je ne vois pas mon fils d'Anjou!

Ces mots, qu'elle voulait retenir, lui étaient arrachés par une irrésistible colère. L'absence de François en un pareil moment était le comble de l'insulte.

— Monseigneur est malade, au lit, madame; sans quoi Votre Majesté ne peut douter que Son Altesse ne se fût empressée de faire elle-même les honneurs de sa ville.

Ici Catherine fut sublime d'hypocrisie.

— Malade! mon pauvre enfant, malade! s'écria-t-elle. Ah! messieurs, hâtons-nous... est-il bien soigné, au moins?

— Nous faisons de notre mieux, dit Bussy en la regardant avec surprise comme pour savoir si réellement dans cette femme il y avait une mère.

— Sait-il que je suis ici? reprit Catherine après une pause qu'elle employa utilement à passer la revue de tous les gentilshommes.

— Oui, certes, madame, oui.

Les lèvres de Catherine se pincèrent.

— Il doit bien souffrir alors, ajouta-t-elle du ton de la compassion.

— Horriblement, dit Bussy. Son Altesse est sujette à ces indispositions subites.

— C'est une indisposition subite, monsieur de Bussy?

— Mon Dieu, oui, madame.

On arriva ainsi au palais. Une grande foule faisait la haie sur le passage de la litière.

Bussy courut devant par les montées, et, entrant tout essoufflé chez le duc :

— La voici, dit-il... Gare!

— Est-elle furieuse?

— Exaspérée.

— Elle se plaint?

— Oh! non; c'est bien pis, elle sourit.

— Qu'a dit le peuple?

— Le peuple n'a pas sourcillé; il regarde cette femme avec une muette frayeur : s'il ne la connaît pas, il la devine.

— Et elle?

— Elle envoie des baisers, et se mord le bout des doigts.

— Diable!

— C'est ce que j'ai pensé, oui, monseigneur. Diable, jouez serré!

— Nous nous maintenons à la guerre, n'est-ce pas?

— Pardieu! demandez cent pour avoir dix, et, avec elle, vous n'aurez encore que cinq.

— Bah! tu me crois donc bien faible?... Êtes-vous tous là? Pourquoi Monsoreau n'est-il pas revenu? fit le duc.

— Je le crois à Méridor... Oh! nous nous passerons bien de lui.

— Sa Majesté la reine mère! cria l'huissier au seuil de la chambre.

Et aussitôt Catherine parut, blême et vêtue de noir, selon sa coutume.

Le duc d'Anjou fit un mouvement pour se lever. Mais Catherine, avec une agilité qu'on n'aurait pas soupçonnée en ce corps usé par l'âge, Catherine se jeta dans les bras de son fils, et le couvrit de baisers.

— Elle va l'étouffer, pensa Bussy, ce sont de vrais baisers, mordieu!

Elle fit plus, elle pleura.

— Méfions-nous, dit Antraguet à Ribérac, chaque larme sera payée un muid de sang.

Catherine, ayant fini ses accolades, s'assit au chevet du duc; Bussy fit un signe, et les assistants s'éloignèrent. Lui, comme s'il était chez lui, s'adossa aux pilastres du lit, et attendit tranquillement.

— Est-ce que vous ne voudriez pas prendre soin de mes pauvres gens, mon cher monsieur de Bussy? dit tout à coup Catherine. Après mon fils, c'est vous qui êtes notre ami le plus cher, et maître du logis, n'est-ce pas? je vous demande cette grâce.

Il n'y avait pas à hésiter.

— Je suis pris, pensa Bussy.

— Madame, dit-il, trop heureux de pouvoir plaire à Votre Majesté, je m'en y vais.

— Attends, murmura-t-il. Tu ne connais pas les portes ici comme au Louvre, je vais revenir.

Et il sortit, sans avoir pu adresser même un signe au duc. Catherine s'en défiait; elle ne le perdit pas de vue une seconde.

Catherine chercha tout d'abord à savoir si son fils était malade ou feignait seulement la maladie. Ce devait être toute la base de ses opérations diplomatiques.

Mais François, en digne fils d'une pareille mère, joua miraculeusement son rôle. Elle avait pleuré, il eut la fièvre.

Catherine, abusée, le crut malade; elle espéra donc avoir plus d'influence sur un esprit affaibli par les souffrances du corps. Elle combla le duc de tendresse, l'embrassa de nouveau, pleura

encore, et à tel point, qu'il s'en étonna et en demanda la raison.

— Vous avez couru un si grand danger, répliqua-t-elle, mon enfant!

— En me sauvant du Louvre, ma mère?

— Oh! non pas, après vous être sauvé.

— Comment cela?

— Ceux qui vous aidaient dans cette malheureuse évasion...

— Eh bien?...

— Étaient vos plus cruels ennemis...

— Elle ne sait rien, pensa-t-il, mais elle voudrait savoir.

— Le roi de Navarre! dit-elle tout brutalement, l'éternel fléau de notre race... Je le reconnais bien.

— Ah! ah! s'écria François, elle le sait.

— Croiriez-vous qu'il s'en vante, dit-elle, et qu'il pense avoir tout gagné?

— C'est impossible, répliqua-t-il, on vous trompe, ma mère.

— Pourquoi?

— Parce qu'il n'est pour rien dans mon évasion, et qu'y fût-il pour quelque chose, je suis sauf comme vous voyez... Il y a deux ans que je n'ai vu le roi de Navarre.

— Ce n'est pas de ce danger seulement que je vous parle, mon fils, dit Catherine sentant que le coup n'avait pas porté.

— Quoi encore, ma mère? répliqua-t-il en regardant souvent dans son alcôve la tapisserie qui s'agitait derrière la reine.

Catherine s'approcha de François, et d'une voix qu'elle s'efforçait de rendre épouvantée:

— La colère du roi! fit-elle, cette furieuse colère qui vous menace!

— Il en est de ce danger comme de l'autre, madame; le roi mon frère est dans une furieuse colère, je le crois; mais je suis sauf.

— Vous croyez? fit-elle avec un accent capable d'intimider les plus audacieux.

La tapisserie trembla.

— J'en suis sûr, répondit le duc; et c'est tellement vrai, ma bonne mère, que vous êtes venue vous-même me l'annoncer.

— Comment cela? dit Catherine inquiète de ce calme.

— Parce que, continua-t-il après un nouveau regard à la cloison, si vous n'aviez été chargée que de m'apporter ces menaces, vous ne fussiez pas venue, et qu'en pareil cas le roi aurait hésité à me fournir un otage tel que Votre Majesté.

Catherine effrayée leva la tête.

— Un otage, moi! dit-elle.

— Le plus saint et le plus vénérable de tous, répliqua-t-il en souriant et en baisant la main de Catherine, non sans un autre coup d'œil triomphant adressé à la boiserie.

Catherine laissa tomber ses bras, comme écrasée; elle ne pouvait deviner que Bussy, par une porte secrète, surveillait son maître et le tenait en échec sous son regard, depuis le commencement de l'entretien, lui envoyant du courage et de l'esprit à chaque hésitation.

— Mon fils, dit-elle enfin, ce sont toutes paroles de paix que je vous apporte, vous avez parfaitement raison.

— J'écoute, ma mère, dit François, vous savez avec quel respect; je crois que nous commençons à nous entendre.

CHAPITRE VIII

LES PETITES CAUSES ET LES GRANDS EFFETS.

Catherine avait eu, dans cette première partie de l'entretien, un désavantage visible. Ce genre d'échecs était si peu prévu, et surtout si inaccoutumé, qu'elle se demandait si son fils était aussi décidé dans ses refus qu'il le paraissait, quand un tout petit événement changea tout à coup la face des choses.

On a vu des batailles aux trois quarts perdues être gagnées par un changement de vent, *et vice versa;* Marengo et Waterloo en sont un double exemple. Un grain de sable change l'allure des plus puissantes machines.

Bussy était, comme nous l'avons vu, dans un couloir secret, aboutissant à l'alcôve de M. le duc d'Anjou, placé de façon à n'être vu que du prince; de sa cachette, il passait la tête par une fente de la tapisserie aux moments qu'il croyait les plus dangereux pour sa cause.

Sa cause, comme on le comprend, était la guerre à tout prix : il fallait se maintenir en Anjou tant que Monsoreau y serait, surveiller ainsi le mari et visiter la femme.

Cette politique, extrêmement simple, compliquait cependant au plus haut degré toute la politique de France; aux grands effets les petites causes.

Voilà pourquoi, avec force clins d'yeux, avec des mines furibondes, avec des gestes de tranche-montagne, avec des jeux de sourcils effrayants enfin, Bussy poussait son maître à la férocité. Le duc, qui avait peur de Bussy, se laissait pousser, et on l'a vu effectivement, on ne peut plus féroce.

Catherine était donc battue sur tous les points et ne songeait plus qu'à faire une retraite honorable, lorsqu'un petit événement, presque aussi inattendu que l'entêtement de M. le duc d'Anjou, vint à sa rescousse.

Tout à coup, au plus vif de la conversation de la mère et du fils, au plus fort de la résistance de M. le duc d'Anjou, Bussy se sentit tirer par le bas de son manteau. Curieux de ne rien perdre de la conversation, il porta, sans se retourner, la main à l'endroit sollicité, et trouva un poignet; en remontant le long de ce poignet, il trouva un bras, et après le bras une épaule, et après l'épaule un homme.

Voyant alors que la chose en valait la peine, il se retourna.

L'homme était Remy.

Bussy voulait parler, mais Remy posa un doigt sur sa bouche, puis il attira doucement son maître dans la chambre voisine.

— Qu'y a-t-il donc, Remy? demanda le comte très-impatient, et pourquoi me dérange-t-on dans un pareil moment?

— Une lettre, dit tout bas Remy.

— Que le diable t'emporte! pour une lettre, tu me tires d'une conversation aussi importante que celle que je faisais avec monseigneur le duc d'Anjou!

Remy ne parut aucunement désarçonné par cette boutade.

— Il y a lettre et lettre, dit-il.

— Sans doute, pensa Bussy; d'où vient cela?

— De Méridor.

— Oh! fit vivement Bussy, de Méridor! Merci, mon bon Remy, merci!

— Je n'ai donc plus tort?

— Est-ce que tu peux jamais avoir tort? Où est cette lettre?

— Ah! voilà ce qui m'a fait juger qu'elle était de la plus haute importance, c'est que le messager ne veut la remettre qu'à vous seul.

— Il a raison. Est-il là?

— Oui.

— Amène-le.

Remy ouvrit une porte et fit signe à une espèce de palefrenier de venir à lui.

— Voici M. de Bussy, dit-il en montrant le comte.

— Donne; je suis celui que tu demandes, dit Bussy.

Et il lui mit une demi-pistole dans la main.

— Oh! je vous connais bien, dit le palefrenier en lui tendant la lettre.

— Et c'est elle qui te l'a remise!

— Non, pas elle, lui.

— Qui, lui? demanda vivement Bussy en regardant l'écriture.

— M. de Saint-Luc!

— Ah! ah!

Bussy avait pâli légèrement; car, à ce mot: *lui*, il avait cru qu'il était question du mari et non de la femme, et M. de Monsoreau avait le privilége de faire pâlir Bussy chaque fois que Bussy pensait à lui.

Bussy se retourna pour lire, et, pour cacher en lisant cette émotion que tout individu doit craindre de manifester quand il reçoit une lettre importante, et qu'il n'est pas César Borgia, Machiavel, Catherine de Médicis ou le diable.

Il avait eu raison de se retourner, le pauvre Bussy, car à peine eût-il parcouru la lettre que nous connaissons, que le sang lui monta au cerveau et battit ses yeux en furie: de sorte que,

de pâle qu'il était, il devint pourpre, resta un instant étourdi, et, sentant qu'il allait tomber, fut forcé de se laisser aller sur un fauteuil près de la fenêtre.

— Va-t'en, dit Remy au palefrenier abasourdi de l'effet qu'avait produit la lettre qu'il apportait.

Et il le poussa par les épaules.

Le palefrenier s'enfuit vivement; il croyait la nouvelle mauvaise, et il avait peur qu'on ne lui reprît sa demi-pistole.

Remy revint au comte, et le secouant par le bras:

— Mordieu! s'écria-t-il, répondez-moi à l'instant même; ou, par saint Esculape, je vous saigne des quatre membres.

Bussy se releva; il n'était plus rouge, il n'était plus étourdi, il était sombre.

— Vois, dit-il, ce que Saint-Luc a fait pour moi.

Et il tendit la lettre à Remy.

Remy lut avidement.

— Eh bien, dit-il, il me semble que tout ceci est fort beau, et M. de Saint-Luc est un galant homme. Vivent les gens d'esprit pour expédier une âme en purgatoire; ils ne s'y reprennent pas à deux fois.

— C'est incroyable! balbutia Bussy.

— Certainement, c'est incroyable; mais cela n'y fait rien. Voici notre position changée du tout au tout. J'aurai, dans neuf mois, une comtesse de Bussy pour cliente. Mordieu! ne craignez rien, j'accouche comme Ambroise Paré.

— Oui, dit Bussy, elle sera ma femme.

— Il me semble, répondit Remy, qu'il n'y aura pas grand'chose à faire pour cela, et qu'elle l'était déjà plus qu'elle n'était celle de son mari.

— Monsoreau mort!

— Mort! répéta le Haudoin, c'est écrit.

— Oh! il me semble que je fais un rêve, Remy. Quoi! je ne verrai plus cette espèce de spectre, toujours prêt à se dresser entre moi et le bonheur? Remy, nous nous trompons.

— Nous ne nous trompons pas le moins du monde. Relisez, mordieu! tombé sur des coquelicots, voyez, et cela si rudement, qu'il en est mort! J'avais déjà remarqué qu'il était très-dangereux de tomber sur des coquelicots; mais j'avais cru que le danger n'existait que pour les femmes.

— Mais alors, dit Bussy, sans écouter toutes les facéties de Remy, et suivant seulement les détours de sa pensée, qui se tordait en tous sens dans son esprit; mais Diane ne va pas pouvoir rester à Méridor. Je ne le veux pas... Il faut qu'elle aille autre part, quelque part où elle puisse oublier.

— Je crois que Paris serait assez bon pour cela, dit le Haudoin; on oublie assez bien à Paris.

— Tu as raison, elle reprendra sa petite maison de la rue des Tournelles, et les dix mois de veuvage, nous les passerons obscurément, si toutefois le bonheur peut rester obscur, et le mariage pour nous ne sera que le lendemain des félicités de la veille.

— C'est vrai, dit Remy; mais pour aller à Paris....

— Eh bien!

— Il nous faut quelque chose.

— Quoi?

— Il nous faut la paix en Anjou.

— C'est vrai, dit Bussy; c'est vrai. Oh! mon Dieu! que de temps perdu et perdu inutilement!

— Cela veut dire que vous allez monter à cheval et courir à Méridor.

— Non pas moi, non pas moi, du moins, mais toi; moi, je suis invinciblement retenu ici; d'ailleurs, en un pareil moment, ma présence serait presque inconvenante.

— Comment la verrai-je? me présenterai-je au château?

— Non; va d'abord au vieux taillis, peut-être se promènera-t-elle là en attendant que je vienne; puis, si tu ne l'aperçois pas, va au château.

— Que lui dirai-je?

— Que je suis à moitié fou.

Et, serrant la main du jeune homme sur lequel l'expérience lui avait appris à compter comme sur un autre lui-même, il courut reprendre sa place dans le corridor à l'entrée de l'alcôve derrière la tapisserie.

Catherine, en l'absence de Bussy, essayait de regagner le terrain que sa présence lui avait fait perdre.

— Mon fils, avait-elle dit, il me semblait cependant que jamais une mère ne pouvait manquer de s'entendre avec son enfant.

— Vous voyez pourtant, ma mère, répondit le duc d'Anjou, que cela arrive quelquefois.

— Jamais quand elle le veut.

— Madame, vous voulez dire quand ils le veulent, reprit le duc qui, satisfait de cette fière parole, chercha Bussy pour en être récompensé par un coup d'œil approbateur.

— Mais je le veux! s'écria Catherine; entendez-vous bien, François? je le veux.

Et l'expression de la voix contrastait avec les paroles, car les paroles étaient impératives et la voix était presque suppliante.

— Vous le voulez? reprit le duc d'Anjou en souriant.

— Oui, dit Catherine, je le veux, et tous les sacrifices me seront aisés pour arriver à ce but.

— Ah! ah! fit François. Diable!

— Oui, oui, cher enfant; dites, qu'exigez-vous, que voulez-vous? parlez! commandez!

— Oh! ma mère! dit François presque embarrassé d'une si complète victoire, qui ne lui laissait pas la faculté d'être un vainqueur rigoureux.

— Écoutez, mon fils, dit Catherine de sa voix la plus caressante; vous ne cherchez pas à noyer un royaume dans le sang, n'est-ce pas? Ce n'est pas possible. Vous n'êtes ni un mauvais Français ni un mauvais frère.

— Mon frère m'a insulté, madame, et je ne lui dois plus rien; non, rien comme à mon frère, rien comme à mon roi.

— Mais moi, François, moi! vous n'avez pas à vous en plaindre, de moi?

— Si fait, madame, car vous m'avez abandonné, vous! reprit le duc en pensant que Bussy était toujours là et pouvait l'entendre comme par le passé.

— Ah! vous voulez ma mort? dit Catherine d'une voix sombre. Eh bien! soit, je mourrai comme doit mourir une femme qui voit s'entre-égorger ses enfants.

Il va sans dire que Catherine n'avait pas le moins du monde envie de mourir.

— Oh! ne dites point cela, madame, vous me navrez le cœur! s'écria François qui n'avait pas le cœur navré du tout.

Catherine fondit en larmes.

Le duc lui prit les mains et essaya de la rassurer, jetant toujours des regards inquiets du côté de l'alcôve.

— Mais que voulez-vous? dit-elle, articulez vos prétentions au moins, que nous sachions à quoi nous en tenir.

— Que voulez-vous vous-même? voyons, ma mère, dit François; parlez, je vous écoute.

— Je désire que vous reveniez à Paris, cher enfant, je désire que vous rentriez à la cour du roi votre frère, qui vous tend les bras.

— Et, mordieu! madame, j'y vois clair; ce n'est pas lui qui me tend les bras, c'est le pont-levis de la Bastille.

— Non, revenez, revenez, et, sur mon honneur, sur mon amour de mère, sur le sang de notre Seigneur Jésus-Christ (Catherine se signa), vous serez reçu par le roi, comme si c'était vous qui fussiez le roi, et lui le duc d'Anjou.

Le duc regardait obstinément du côté de l'alcôve.

— Acceptez, continua Catherine, acceptez, mon fils ; voulez-vous d'autres apanages, dites, voulez-vous des gardes ?

— Eh ! madame, votre fils m'en a donné, et des gardes d'honneur même, puisqu'il avait choisi ses quatre mignons.

— Voyons, ne me répondez pas ainsi : les gardes qu'il vous donnera, vous les choisirez vous-même ; vous aurez un capitaine, s'il le faut, et, s'il le faut encore, ce capitaine sera M. de Bussy.

Le duc, ébranlé par cette dernière offre, à laquelle il devait penser que Bussy serait sensible, jeta un regard vers l'alcôve, tremblant de rencontrer un œil flamboyant et des dents blanches, grinçant dans l'ombre. Mais, ô surprise ! il vit, au contraire, Bussy riant, joyeux, et applaudissant par de nombreuses approbations de tête.

— Qu'est-ce que cela signifie ? se demanda-t-il ; Bussy ne voulait-il donc la guerre que pour devenir capitaine de mes gardes ? — Alors, dit-il tout haut, et s'interrogeant lui-même, je dois donc accepter ?

— Oui ! oui ! oui ! fit Bussy, des mains, des épaules et de la tête.

— Il faudrait donc, continua le duc, quitter l'Anjou pour revenir à Paris ?

— Oui ! oui ! oui ! continua Bussy avec une fureur approbative, qui allait toujours en croissant.

— Sans doute, cher enfant, dit Catherine ; mais est-ce donc si difficile de revenir à Paris ?

— Ma foi, se dit le duc, je n'y comprends plus rien. Nous étions convenus que je refuserais tout, et voici que maintenant il me conseille la paix et les embrassades.

— Eh bien ! demanda Catherine avec anxiété, que répondez-vous ?

— Ma mère, je réfléchirai, dit le duc, qui voulait s'entendre avec Bussy de cette contradiction, et demain...

— Il se rend, pensa Catherine. Allons, j'ai gagné la bataille.

— Au fait, se dit le duc, Bussy a peut-être raison.

Et tous deux se séparèrent après s'être embrassés.

CHAPITRE IX

COMMENT M. DE MONSOREAU OUVRIT, FERMA ET ROUVRIT LES YEUX, CE QUI ÉTAIT UNE PREUVE QU'IL N'ÉTAIT PAS TOUT A FAIT MORT.

n bon ami est une douce chose, d'autant plus douce qu'elle est rare. Remy s'avouait cela à lui-même, tout en courant sur un des meilleurs chevaux des écuries du prince. Il aurait bien pris Roland, mais il venait, sur ce point, après M. de Monsoreau ; force lui avait donc été d'en prendre un autre.

— J'aime fort M. de Bussy, se disait le Haudoin à lui-même ; et, de son côté, M. de Bussy m'aime grandement aussi, je le crois. Voilà pourquoi je suis si joyeux aujourd'hui, c'est qu'aujourd'hui j'ai du bonheur pour deux.

Puis il ajoutait, en respirant à pleine poitrine :

— En vérité, je crois que mon cœur n'est plus assez large.

Voyons, continuait-il en s'interrogeant, voyons quel compliment je vais faire à madame Diane.

Si elle est gourmée, cérémonieuse, funèbre,

des salutations, des révérences muettes, et une main sur le cœur; si elle sourit, des pirouettes, des ronds de jambes, et une polonaise que j'exécuterai à moi tout seul.

Quant à M. de Saint-Luc, s'il est encore au château, ce dont je doute, un vivat et des actions de grâces en latin. Il ne sera pas funèbre, lui, j'en suis sûr...

Ah! j'approche.

En effet, le cheval, après avoir pris à gauche, puis à droite, après avoir suivi le sentier fleuri, après avoir traversé le taillis et la haute futaie, était entré dans le fourré qui conduisait à la muraille.

— Oh! les beaux coquelicots! disait Remy; cela me rappelle notre grand veneur; ceux sur lesquels il est tombé ne pouvaient pas être plus beaux que ceux-ci. Pauvre cher homme!

Remy approchait de plus en plus de la muraille.

Tout à coup le cheval s'arrêta, les naseaux ouverts, l'œil fixe; Remy, qui allait au grand trot, et qui ne s'attendait pas à ce temps d'arrêt, faillit sauter par-dessus la tête de Mithridate.

C'était ainsi que se nommait le cheval qu'il avait pris au lieu et place de Roland.

Remy, que la pratique avait fait écuyer sans peur, mit ses éperons dans le ventre de sa monture; mais Mithridate ne bougea point; il avait sans doute reçu ce nom à cause de la ressemblance que son caractère obstiné présentait avec celui du roi du Pont.

Remy, étonné, baissa les yeux vers le sol pour chercher quel obstacle arrêtait ainsi son cheval; mais il ne vit rien qu'une large mare de sang, que peu à peu buvaient la terre et les fleurs, et qui se couronnait d'une petite mousse rose.

— Tiens! s'écria-t-il, est-ce que ce serait ici que M. de Saint-Luc aurait transpercé M. de Monsoreau?

Remy leva les yeux de terre, et regarda tout autour de lui.

A dix pas, sous un massif, il venait de voir deux jambes roides et un corps qui paraissait plus roide encore.

Les jambes étaient allongées, le corps était adossé à la muraille.

— Tiens! le Monsoreau! fit Remy. *Hic obiit Nemrod.* Allons, allons, si la veuve le laisse ainsi exposé aux corbeaux et aux vautours, c'est bon signe pour nous, et l'oraison funèbre se fera en pirouettes, en ronds de jambe et en polonaise.

Et Remy, ayant mis pied à terre, fit quelques pas en avant dans la direction du corps.

— C'est drôle! dit-il, le voilà mort ici, parfaitement mort, et cependant le sang est là-bas. Ah! voici une trace. Il sera venu de là-bas ici, ou plutôt ce bon M. de Saint-Luc, qui est la charité même, l'aura adossé à ce mur pour que le sang ne lui portât point à la tête. Oui, c'est cela, il est, ma foi! mort, les yeux ouverts sans grimace; mort roide, là, une, deux!

Et Remy passa dans le vide un dégagement avec son doigt.

Tout à coup, il recula stupide, et la bouche béante : les deux yeux qu'il avait vu ouverts s'étaient refermés, et une pâleur, plus livide encore que celle qui l'avait frappé d'abord, s'était étendue sur la face du défunt.

Remy devint presque aussi pâle que M. de Monsoreau; mais, comme il était médecin, c'est-à-dire passablement matérialiste, il marmota en se grattant le bout du nez :

— *Credere portentis mediocre.* S'il a fermé les yeux, c'est qu'il n'est pas mort.

Et comme, malgré son matérialisme, la position était désagréable, comme aussi les articulations de ses genoux pliaient plus qu'il n'était convenable, il s'assit ou plutôt il se laissa glisser au pied de l'arbre qui le soutenait, et se trouva face à face avec le cadavre.

— Je ne sais pas trop, se dit-il, où j'ai lu qu'après la mort il se produisait certains phénomènes d'action, qui ne décèlent qu'un affaissement de la matière, c'est-à-dire un commencement de corruption.

Diable d'homme, va! il faut qu'il nous contrarie même après sa mort; c'est bien la peine. Oui, ma foi, non-seulement les yeux sont fermés tout de bon, mais encore la pâleur a augmenté, *color albus, chroma chlôron* comme dit Galien; *color albus,* comme dit Cicéron qui était un orateur bien spirituel. Au surplus, il y a un moyen de savoir s'il est mort ou s'il ne l'est pas, c'est de lui enfoncer mon épée d'un pied dans le ventre; s'il ne remue pas, c'est qu'il sera bien trépassé.

Et Remy se disposait à faire cette charitable épreuve; déjà même il portait la main à son estoc, lorsque les yeux de Monsoreau s'ouvrirent de nouveau.

Cet accident produisit l'effet contraire au premier, Remy se redressa comme mû par un ressort, et une sueur froide coula sur son front.

Cette fois les yeux du mort restèrent écarquillés.

— Il n'est pas mort, murmura Remy, il n'est

pas mort. Eh bien! nous voilà dans une belle position.

Alors une pensée se présenta naturellement à l'esprit du jeune homme.

— Il vit, dit-il, c'est vrai; mais, si je le tue, il sera bien mort.

Et il regardait Monsoreau, qui le regardait aussi d'un œil si effaré, qu'on eût dit qu'il pouvait lire dans l'âme de ce passant de quelle nature étaient ses intentions.

— Fi! s'écria tout à coup Remy, fi! la hideuse pensée. Dieu m'est témoin que, s'il était là tout droit, sur ses jambes, brandissant sa rapière, je le tuerais du plus grand cœur. Mais tel qu'il est maintenant, sans force et aux trois quarts mort, ce serait plus qu'un crime, ce serait une infamie.

— Au secours! murmura Monsoreau, au secours! je me meurs.

— Mordieu! dit Remy, la position est critique. Je suis médecin, et, par conséquent, il est de mon devoir de soulager mon semblable qui souffre. Il est vrai que le Monsoreau est si laid, que j'aurai presque le droit de dire qu'il n'est pas mon semblable, mais il est de la même espèce, — *genus homo*.

— Allons, oublions que je m'appelle le Haudoin, oublions que je suis l'ami de M. de Bussy, et faisons notre devoir de médecin.

— Au secours! répéta le blessé.

— Me voilà, dit Remy.

— Allez me chercher un prêtre, un médecin.

— Le médecin est tout trouvé, et peut-être vous dispensera-t-il du prêtre.

— Le Haudoin! s'écria M. de Monsoreau, reconnaissant Remy, par quel hasard?

Comme on le voit, M. de Monsoreau était fidèle à son caractère; dans son agonie il se défiait et interrogeait.

Remy comprit toute la portée de cette interrogation. Ce n'était pas un chemin battu que ce bois, et l'on n'y venait pas sans y avoir affaire. La question était donc presque naturelle.

— Comment êtes-vous ici? redemanda Monsoreau, à qui les soupçons rendaient quelque force.

— Pardieu! répondit le Haudoin, parce qu'à une lieue d'ici j'ai rencontré M. de Saint-Luc.

— Ah! mon meurtrier, balbutia Monsoreau en blémissant de douleur et de colère à la fois.

— Alors il m'a dit: « Remy, courez dans le bois, et, à l'endroit appelé le Vieux-Taillis, vous trouverez un homme mort. »

— Mort! répéta Monsoreau.

— Dame! il le croyait, dit Remy, il ne faut pas lui en vouloir pour cela; alors je suis venu, j'ai vu, vous êtes vaincu.

— Et maintenant, dites-moi, vous parlez à un homme, ne craignez donc rien, dites-moi, suis-je blessé mortellement?

— Ah! diable, fit Remy, vous m'en demandez beaucoup; cependant je vais tâcher, voyons.

Nous avons dit que la conscience du médecin l'avait emporté sur le dévouement de l'ami. Remy s'approcha donc de Monsoreau, et, avec toutes les précautions d'usage, il lui enleva son manteau, son pourpoint et sa chemise.

L'épée avait pénétré au-dessus du téton droit, entre la sixième et la septième côte.

— Hum! fit Remi, souffrez-vous beaucoup?

— Pas de la poitrine, du dos.

— Ah! voyons un peu, fit Remy, de quelle partie du dos?

— Au-dessous de l'omoplate.

— Le fer aura rencontré un os, fit Remy: de là la douleur.

Et il regarda vers l'endroit que le comte indiquait comme le siége d'une souffrance plus vive.

— Non, dit-il, non, je me trompais; le fer n'a rien rencontré du tout, et il est entré comme il est sorti. Peste! le joli coup d'épée, monsieur le comte; à la bonne heure, il y a plaisir à soigner les blessés de M. de Saint-Luc. Vous êtes troué à jour, mon cher monsieur.

Monsoreau s'évanouit; mais Remy ne s'inquiéta point de cette faiblesse.

— Ah! voilà, c'est bien cela: syncope, le pouls petit; cela doit être. Il tâta les mains et les jambes: froides aux extrémités. Il appliqua l'oreille à la poitrine: absence du bruit respiratoire. Il frappa doucement dessus: matité du son. Diable, diable, le veuvage de madame Diane pourrait bien n'être qu'une affaire de chronologie.

En ce moment, une légère mousse rougeâtre et rutilante vint humecter les lèvres du blessé.

Remy tira vivement une trousse, et de sa poche une lancette, puis il déchira une bande de la chemise du blessé, et lui comprima le bras.

— Nous allons voir, dit-il; si le sang coule, ma foi, madame Diane n'est peut-être pas veuve. Mais s'il ne coule pas!... Ah! ah! il coule, ma foi. Pardon, mon cher monsieur de Bussy, pardon, mais, ma foi! on est médecin avant tout.

Le sang, en effet, après avoir, pour ainsi dire, hésité un instant, venait de jaillir de la veine; presque en même temps qu'il se faisait jour, le malade respirait et ouvrait les yeux.

— Ah! balbutia-t-il, j'ai bien cru que tout était fini.

— Pas encore, mon cher monsieur, pas encore; il est même possible...

— Que j'en réchappe.

— Oh! mon Dieu! oui, voyez-vous, fermons d'abord la plaie. Attendez, ne bougez pas. Voyez-vous, la nature, dans ce moment-ci, vous soigne en dedans comme je vous soigne en dehors. Je vous mets un appareil, elle fait son caillot. Je fais couler le sang, elle l'arrête. Ah! c'est une grande chirurgienne que la nature, mon cher monsieur. Là! attendez, que j'essuie vos lèvres.

Et Remy passa un mouchoir sur les lèvres du comte.

— D'abord, dit le blessé, j'ai craché le sang à pleine bouche.

— Eh bien! voyez, dit Remy, maintenant, voilà déjà l'hémorrhagie arrêtée. Bon! cela va bien, ou plutôt tant pis!

— Comment! tant pis?

— Tant mieux pour vous, certainement; mais tant pis! je sais ce que je veux dire. Mon cher monsieur de Monsoreau, j'ai peur d'avoir le bonheur de vous guérir.

— Comment! vous avez peur?

— Oui, je m'entends.

— Vous croyez donc que j'en reviendrai?

— Hélas!

— Vous êtes un singulier docteur, monsieur Remy.

— Que vous importe, pourvu que je vous sauve?... Maintenant, voyons.

Remy venait d'arrêter la saignée : il se leva.

— Eh bien! vous m'abandonnez? dit le comte.

— Ah! vous parlez trop, mon cher monsieur. Trop parler nuit. Ce n'est pas l'embarras, je devrais bien plutôt lui donner le conseil de crier.

— Je ne vous comprends pas.

— Heureusement. Maintenant vous voilà pansé.

— Eh bien?

— Eh bien! je vais au château chercher du renfort.

— Et moi; que faut-il que je fasse pendant ce temps?

— Tenez-vous tranquille, ne bougez pas, respirez fort doucement; tâchez de ne pas tousser, ne dérangeons pas ce précieux caillot. Quelle est la maison la plus voisine?

— Le château de Méridor.

— Quel est le chemin? demanda Remy, affectant la plus parfaite ignorance.

— Ou enjambez la muraille, et vous vous trouverez dans le parc; ou suivez le mur du parc, et vous trouverez la grille.

— Bien, j'y cours.

— Merci, homme généreux! s'écria Monsoreau.

— Si tu savais, en effet, à quel point je le suis, balbutia Remy, tu me remercierais bien davantage.

Et, remontant sur son cheval, il se lança au galop dans la direction indiquée.

Au bout de cinq minutes, il arriva au château, dont tous les habitants, empressés et remuants comme des fourmis dont on a forcé la demeure, cherchaient dans les fourrés, dans les retraits, dans les dépendances, sans pouvoir trouver la place où gisait le corps de leur maître : attendu que Saint-Luc, pour gagner du temps, avait donné une fausse adresse.

Remy tomba comme un météore au milieu d'eux et les entraîna sur ses pas. Il mettait tant d'ardeur dans ses recommandations, que madame de Monsoreau ne put s'empêcher de le regarder avec surprise.

Une pensée bien secrète, bien voilée, apparut à son esprit, et, dans une seconde, elle ternit l'angélique pureté de cette âme.

— Ah! je le croyais l'ami de M. de Bussy, murmura-t-elle, tandis que Remy s'éloignait emportant civière, charpie, eau fraîche, enfin toutes les choses nécessaires au pansement.

Esculape lui-même n'eût pas fait plus avec ses ailes de divinité.

CHAPITRE X

COMMENT LE DUC D'ANJOU ALLA A MÉRIDOR POUR FAIRE A MADAME DE MONSOREAU DES COMPLIMENTS SUR
LA MORT DE SON MARI, ET COMMENT IL TROUVA M. DE MONSOREAU QUI VENAIT AU-DEVANT DE LUI.

ussitôt l'entretien rompu entre le duc d'Anjou et sa mère, le premier s'était empressé d'aller trouver Bussy pour connaître la cause de cet incroyable changement qui s'était fait en lui.

Bussy, rentré chez lui, lisait pour la cinquième fois la lettre de Saint-Luc, dont chaque ligne lui offrait des sens de plus en plus agréables.

De son côté, Catherine, retirée chez elle, faisait venir ses gens, et commandait ses équipages pour un départ qu'elle croyait pouvoir fixer au lendemain ou au surlendemain au plus tard.

Bussy reçut le prince avec un charmant sourire.

— Comment! monseigneur, dit-il, Votre Altesse daigne prendre la peine de passer chez moi?

— Oui, mordieu! dit le duc, et je viens te demander une explication.

— A moi?

— Oui, à toi.

— J'écoute, monseigneur.

— Comment! s'écria le duc, tu me commandes de m'armer de pied en cap contre les suggestions de ma mère, et de soutenir vaillamment le choc; je le fais, et, au plus fort de la lutte, quand tous les coups se sont émoussés sur moi, tu viens me dire : « Otez votre cuirasse, monseigneur; ôtez-la. »

— Je vous avais fait toutes ces recommandations, monseigneur, parce que j'ignorais dans quel but était venue madame Catherine. Mais maintenant que je vois qu'elle est venue pour la plus grande gloire et pour la plus grande fortune de Votre Altesse...

— Comment! fit le duc, pour ma plus grande gloire et pour ma plus grande fortune; comment comprends-tu donc cela?

— Sans doute, reprit Bussy; que veut Votre Altesse, voyons? Triompher de ses ennemis, n'est-ce pas? car je ne pense point, comme l'avancent certaines personnes, que vous songiez à devenir roi de France.

Le duc regarda sournoisement Bussy.

— Quelques-uns vous le conseilleront peut-être, monseigneur, dit le jeune homme; mais ceux-là, croyez-le bien, ce sont vos plus cruels ennemis; puis, s'ils sont trop tenaces, si vous ne savez comment vous en débarrasser, envoyez-les-moi; je les convaincrai qu'ils se trompent.

Le duc fit la grimace.

— D'ailleurs, continua Bussy, examinez-vous, monseigneur, sondez vos reins, comme dit la Bible; avez-vous cent mille hommes, dix millions de livres, des alliances à l'étranger; et puis, enfin, voulez-vous aller contre votre seigneur?

— Monseigneur ne s'est pas gêné d'aller contre moi, dit le duc.

— Ah! si vous le prenez sur ce pied-là, vous avez raison; déclarez-vous, faites-vous couronner et prenez le titre de roi de France, je ne demande pas mieux que de vous voir grandir, puisque, si vous grandissez, je grandirai avec vous.

— Qui te parle d'être roi de France? repartit aigrement le duc; tu discutes là une question que jamais je n'ai proposé à personne de résoudre, pas même à moi.

— Alors tout est dit, monseigneur, et il n'y a plus de discussion entre nous, puisque nous sommes d'accord sur le point principal.

— Nous sommes d'accord?

— Cela me semble, au moins. Faites-vous donc donner une compagnie de gardes, cinq cent mille livres. Demandez, avant que la paix soit signée, un subside à l'Anjou pour faire la guerre. Une fois que vous le tiendrez, vous le garderez; cela n'engage à rien. De cette façon, nous aurons des hommes, de l'argent, de la puissance, et nous irons... Dieu sait où!

— Mais, une fois à Paris, une fois qu'ils m'auront repris, une fois qu'ils me tiendront, ils se moqueront de moi, dit le duc.

— Allons donc! monseigneur, vous n'y pensez pas. Eux, se moquer de vous! N'avez-vous pas entendu ce que vous offre la reine-mère?

— Elle m'a offert bien des choses.

— Je comprends, cela vous inquiète?

— Oui.

— Mais, entre autres choses, elle vous a offert une compagnie de gardes, cette compagnie fût-elle commandée par Bussy.

— Sans doute elle a offert cela.

— Eh bien! acceptez, c'est moi qui vous le dis; nommez Bussy votre capitaine; nommez Antraguet et Livarot vos lieutenants; nommez Ribérac enseigne. Laissez-nous à nous quatre composer cette compagnie comme nous l'entendrons; puis vous verrez, avec cette escorte à vos talons, si quelqu'un se moque de vous, et ne vous salue pas quand vous passerez, même le roi.

— Ma foi, dit le duc, je crois que tu as raison, Bussy, j'y songerai.

— Songez-y, monseigneur.

— Oui; mais que lisais-tu là si attentivement, quand je suis arrivé?

— Ah! pardon, j'oubliais, une lettre.

— Une lettre.

— Qui vous intéresse encore plus que moi; où diable avais-je donc la tête de ne pas vous la montrer tout de suite.

— C'est donc une grande nouvelle.

— Oh! mon Dieu oui, et même une triste nouvelle : M. de Monsoreau est mort.

— Plaît-il! s'écria le duc avec un mouvement si marqué de surprise, que Bussy, qui avait les yeux fixés sur le prince, crut, au milieu de cette surprise, remarquer une joie extravagante.

— Mort, monseigneur.

— Mort, M. de Monsoreau?

— Eh! mon Dieu oui! ne sommes-nous pas tous mortels?

— Oui; mais l'on ne meurt pas comme cela tout à coup.

— C'est selon. Si l'on vous tue.

— Il a donc été tué?

— Il paraît que oui.

— Par qui?

— Par Saint-Luc, avec qui il s'est pris de querelle.

— Ah! ce cher Saint-Luc, s'écria le prince.

— Tiens, dit Bussy, je ne le savais pas si fort de vos amis, ce cher Saint-Luc!

— Il est des amis de mon frère, dit le duc, et, du moment où nous nous réconcilions, les amis de mon frère sont les miens.

— Ah! monseigneur, à la bonne heure, et je suis charmé de vous voir dans de pareilles dispositions.

— Et tu es sûr...?

— Dame! aussi sûr qu'on peut l'être. Voici un billet de Saint-Luc qui m'annonce cette mort, et, comme je suis aussi incrédule que vous, et que je doutais, monseigneur, j'ai envoyé mon chirurgien Remy, pour constater le fait, et présenter mes compliments de condoléance au vieux baron.

— Mort! Monsoreau mort! répéta le duc d'Anjou; mort *tout seul*.

— Le mot lui échappait comme *le cher Saint-Luc* lui avait échappé. Tous deux étaient d'une effroyable naïveté.

— Il n'est pas mort tout seul, dit Bussy, puisque c'est Saint-Luc qui l'a tué.

— Oh! je m'entends, dit le duc.

— Monseigneur l'avait-il par hasard donné à tuer par un autre? demanda Bussy.

— Ma foi non, et toi.

— Oh! moi, monseigneur, je ne suis pas assez grand prince pour faire faire cette sorte de besogne par les autres, et je suis obligé de la faire moi-même.

— Ah! Monsoreau, Monsoreau, fit le prince avec son affreux sourire.

— Tiens! monseigneur! on dirait que vous lui en vouliez, à ce pauvre comte?

— Non, c'est toi qui lui en voulais.

— Moi, c'était tout simple que je lui en voulusse, dit Bussy en rougissant malgré lui. Ne m'at-il pas un jour fait subir, de la part de Votre Altesse, une affreuse humiliation.

— Tu t'en souviens encore?

— Oh! mon Dieu non, monseigneur, vous le voyez bien; mais vous, dont il était le serviteur, l'ami, l'âme damnée...

— Voyons, voyons, dit le prince, interrompant la conversation qui devenait embarrassante pour lui, fais seller les chevaux, Bussy.

— Seller les chevaux, et pourquoi faire?

— Pour aller à Méridor, je veux faire mes compliments de condoléance à madame Diane.

D'ailleurs, cette visite était projetée depuis long-temps, et je ne sais comment elle ne s'est pas faite encore ; mais je ne la retarderai pas davantage. Corbleu ! je ne sais pas pourquoi, mais j'ai le cœur aux compliments aujourd'hui.

— Ma foi, se dit Bussy en lui-même, à présent que le Monsoreau est mort et que je n'ai plus peur qu'il vende sa femme au duc, peu m'importe qu'il la revoie ; s'il l'attaque, je la défendrai bien tout seul. Allons, puisque l'occasion de la revoir m'est offerte, profitons de l'occasion.

Et il sortit pour donner l'ordre de seller les chevaux.

Un quart d'heure après, tandis que Catherine dormait ou feignait de dormir pour se remettre des fatigues du voyage, le prince, Bussy, dix gentilshommes, montés sur de beaux chevaux, se dirigeaient vers Méridor avec cette joie qu'inspirent toujours le beau temps, l'herbe fleurie et la jeunesse, aux hommes comme aux chevaux.

A l'aspect de cette magnifique cavalcade, le portier du château vint au bord du fossé demander le nom des visiteurs.

— Le duc d'Anjou ! cria le prince.

Aussitôt le portier saisit un cor et sonna une fanfare qui fit accourir tous les serviteurs au pont-levis.

Bientôt ce fut une course rapide dans les appartements, dans les corridors et sur les perrons ; les fenêtres des tourelles s'ouvrirent ; on entendit un bruit de ferrailles sur les dalles, et le vieux baron parut au seuil, tenant à la main les clefs de son château.

— C'est incroyable comme Monsoreau est peu regretté, dit le duc ; vois donc, Bussy, comme tous ces gens-là ont des figures naturelles.

Une femme parut sur le perron.

— Ah ! voilà la belle Diane, s'écria le duc, vois-tu, Bussy, vois-tu ?

— Certainement que je la vois, monseigneur, dit le jeune homme ; mais, ajouta-t-il tout bas, je ne vois pas Remy.

Diane sortait en effet de la maison, mais immédiatement derrière Diane sortait une civière, sur laquelle, couché, l'œil brillant de fièvre ou de jalousie, se faisait porter Monsoreau, plus semblable à un sultan des Indes sur son palanquin qu'à un mort sur sa couche funèbre.

— Oh ! oh ! Qu'est ceci ? s'écria le duc, s'adressant à son compagnon, devenu plus blanc que le mouchoir à l'aide duquel il essayait d'abord de dissimuler son émotion.

— Vive monseigneur le duc d'Anjou, cria Monsoreau en levant, par un violent effort, sa main en l'air.

— Tout beau ! fit une voix derrière lui, vous allez rompre le caillot.

— C'était Remy, qui, fidèle jusqu'au bout à son rôle de médecin, faisait au blessé cette prudente recommandation.

Les surprises ne durent pas longtemps à la cour, sur les visages du moins : le duc d'Anjou fit un mouvement pour changer la stupéfaction en sourire.

— Oh ! mon cher comte, s'écria-t-il, quelle heureuse surprise ! Croyez-vous qu'on nous avait dit que vous étiez mort ?

— Venez, venez, monseigneur, dit le blessé, venez, que je baise la main de Votre Altesse. Dieu merci ! non-seulement je ne suis pas mort, mais encore j'en réchapperai, je l'espère, pour vous servir avec plus d'ardeur et de fidélité que jamais.

Quant à Bussy, qui n'était ni prince ni mari, ces deux positions sociales où la dissimulation est de première nécessité, il sentait une sueur froide couler de ses tempes, il n'osait regarder Diane. Ce trésor, deux fois perdu pour lui, lui faisait mal à voir, si près de son possesseur.

— Et vous, monsieur de Bussy, dit Monsoreau, vous qui venez avec Son Altesse, recevez tous mes remercîments, car c'est presque à vous que je dois la vie.

— Comment ! à moi ! balbutia le jeune homme, croyant que le comte le raillait.

— Sans doute, indirectement, c'est vrai ; mais ma reconnaissance n'est pas moindre, car voici mon sauveur, ajouta-t-il en montrant Remy qui levait des bras désespérés au ciel, et qui eût voulu se cacher dans les entrailles de la terre ; c'est à lui que mes amis doivent de me posséder encore.

Et, malgré les signes que lui faisait le pauvre docteur pour qu'il gardât le silence, et que lui prenait pour des recommandations hygiéniques, il raconta emphatiquement les soins, l'adresse, l'empressement dont le Haudoin avait fait preuve envers lui.

Le duc fronça le sourcil ; Bussy regarda Remy avec une expression effrayante.

Le pauvre garçon, caché derrière Monsoreau, se contenta de répliquer par un geste qui voulait dire :

— Hélas ! ce n'est point ma faute.

— Au reste, continua le comte, j'ai appris que Remy vous a trouvé un jour mourant comme il

Vous êtes troué à jour, mon cher monsieur. — Page 36.

m'a trouvé moi-même. C'est un lien d'amitié entre nous ; comptez sur la mienne, monsieur de Bussy : quand Monsoreau aime, il aime bien ; il est vrai que, lorsqu'il hait, c'est comme lorsqu'il aime, c'est de tout son cœur.

Bussy crut remarquer que l'éclair qui avait un instant brillé en prononçant ces paroles dans l'œil fiévreux du comte était à l'adresse de M. le duc d'Anjou. Le duc ne vit rien.

— Allons donc ! dit-il en descendant de cheval et en offrant la main à Diane. Veuillez, belle Diane, nous faire les honneurs de ce logis, que nous comptions trouver en deuil, et qui continue au contraire à être un séjour de bénédictions et de joie. Quant à vous, Monsoreau, reposez-vous ; le repos sied aux blessés.

— Monseigneur, dit le comte, il ne sera pas dit que vous viendrez chez Monsoreau vivant, et que, tant que Monsoreau vivra, un autre fera à Votre Altesse les honneurs de son logis ; mes gens me porteront, et, partout où vous irez, j'irai.

Pour le coup, on eût cru que le duc démêlait

la véritable pensée du comte, car il quitta la main de Diane.

Dès lors Monsoreau respira.

— Aprochez d'elle, dit tout bas Remy à l'oreille de Bussy.

Bussy s'approcha de Diane, et Monsoreau leur sourit, Bussy prit la main de Diane, et Monsoreau lui sourit encore.

— Voilà bien du changement, monsieur le comte, dit Diane à demi-voix.

— Hélas ! murmura Bussy, que n'est-il plus grand encore !

Il va sans dire que le baron déploya, à l'égard du prince et des gentilshommes qui l'accompagnaient, tout le faste de sa patriarcale hospitalité.

CHAPITRE XI

DU DÉSAGRÉMENT DES LITIÈRES TROP LARGES ET DES PORTES TROP ÉTROITES.

Bussy ne quittait point Diane ; le sourire bienveillant de Monsoreau lui donnait une liberté dont il se fût bien gardé de ne point user. Les jaloux ont ce privilége qu'ayant rudement fait la guerre pour conserver leur bien ils ne sont point épargnés, quand une fois les braconniers ont mis le pied sur leurs terres.

— Madame, disait Bussy à Diane, je suis en vérité le plus misérable des hommes. Sur la nouvelle de sa mort, j'ai conseillé au prince de retourner à Paris et de s'accommoder avec sa mère ; il a consenti, et voilà que vous restez en Anjou.

— Oh ! Louis, répondit la jeune femme en serrant du bout de ses doigts effilés la main de Bussy, osez-vous dire que nous sommes malheureux ? Tant de beaux jours, tant de joies ineffables dont le souvenir passe comme un frisson sur mon cœur, vous les oubliez donc, vous ?

— Je n'oublie rien, madame ; au contraire, je me souviens trop, et voilà pourquoi, pendant ce bonheur, je me trouve si fort à plaindre. Comprenez-vous ce que je vais souffrir, madame, s'il faut que je retourne à Paris, à cent lieues de vous ! Mon cœur se brise, Diane, et je me sens lâche.

Diane regarda Bussy ; tant de douleur éclatait dans ses yeux, qu'elle baissa la tête et qu'elle se prit à réfléchir.

Le jeune homme attendit un instant, le regard suppliant et les mains jointes.

— Eh bien ! dit tout à coup Diane, vous irez à Paris, Louis, et moi aussi.

— Comment ! s'écria le jeune homme, vous quitteriez M. de Monsoreau ?

— Je le quitterais, répondit Diane, que lui ne me quitterait pas ; non, croyez-moi, Louis, mieux vaut qu'il vienne avec nous.

— Blessé, malade comme il est, impossible !

— Il viendra, vous dis-je.

Et aussitôt, quittant le bras de Bussy, elle se rapprocha du prince, lequel répondait de fort mauvaise humeur à Monsoreau, dont Ribérac, Antraguet et Livarot entouraient la litière.

A l'aspect de Diane, le front du comte se rasséréna ; mais cet instant de calme ne fut pas de longue durée, il passa comme passe un rayon de soleil entre deux orages.

Diane s'approcha du duc, et le comte fronça le sourcil.

— Monseigneur, dit-elle avec un charmant sourire, on dit Votre Altesse passionnée pour les fleurs. Venez, je veux montrer à Votre Altesse les plus belles fleurs de tout l'Anjou.

François lui offrit galamment la main.

— Où conduisez-vous donc monseigneur, madame? demanda Monsoreau inquiet.

— Dans la serre, monsieur.

— Ah! fit Monsoreau. Eh bien! soit, portez-moi dans la serre.

— Ma foi, se dit Remy, je crois maintenant que j'ai bien fait de ne pas le tuer; Dieu merci! il se tuera bien tout seul.

Diane sourit à Bussy d'une façon qui promettait merveilles.

— Que M. de Monsoreau, lui dit-elle tout bas, ne se doute pas que vous quittez l'Anjou, et je me charge du reste.

— Bien! fit Bussy.

Et il s'approcha du prince, tandis que la litière du Monsoreau tournait derrière un massif.

— Monseigneur, dit-il, pas d'indiscrétion surtout; que le Monsoreau ne sache pas que nous sommes sur le point de nous accommoder.

— Pourquoi cela?

— Parce qu'il pourrait prévenir la reine-mère de nos intentions pour s'en faire une amie, et que, sachant la résolution prise, madame Catherine pourrait bien être moins disposée à nous faire des largesses.

— Tu as raison, dit le duc. Tu t'en défies donc?

— Du Monsoreau? parbleu!

— Eh bien! moi aussi; je crois, en vérité, qu'il a fait exprès le mort.

— Non, par ma foi, il a bel et bien reçu un coup d'épée à travers la poitrine; cet imbécile de Remy, qui l'a tiré d'affaire, l'a cru lui-même mort un instant; il faut, en vérité, qu'il ait l'âme chevillée dans le corps.

On arriva devant la serre. Diane souriait au duc d'une façon plus charmante que jamais.

Le prince passa le premier, puis Diane. Monsoreau voulut venir après; mais, quand sa litière se présenta pour passer, on s'aperçut qu'il était impossible de la faire entrer: la porte, de style ogival, était longue et haute, mais large seulement comme les plus grosses caisses, et la litière de M. de Monsoreau avait six pieds de largeur.

A la vue de cette porte trop étroite et de cette litière trop large, le Monsoreau poussa un rugissement.

Diane entra dans la serre sans faire attention aux gestes désespérés de son mari.

Bussy, pour qui le sourire de la jeune femme,

dans le cœur de laquelle il avait l'habitude de lire par les yeux, devenait parfaitement clair, demeura près de Monsoreau en lui disant avec une parfaite tranquillité:

— Vous vous entêtez inutilement, monsieur le comte; cette porte est trop étroite, et jamais vous ne passerez par là.

— Monseigneur! monseigneur! criait Monsoreau, n'allez pas dans cette serre; il y a de mortelles exhalaisons, des fleurs étrangères qui répandent les parfums les plus vénéneux. Monseigneur!...

Mais François n'écoutait pas. Malgré sa prudence accoutumée, heureux de sentir dans ses mains la main de Diane, il s'enfonçait dans les verdoyants détours.

Bussy encourageait Monsoreau à patienter avec la douleur; mais, malgré les exhortations de Bussy, ce qui devait arriver arriva: Monsoreau ne put supporter, non pas la douleur physique, sous ce rapport il semblait de fer, mais la douleur morale. Il s'évanouit.

Remy reprenait tous ses droits; il ordonna que le blessé fût reconduit dans sa chambre.

— Maintenant, demanda Remy au jeune homme, que dois-je faire?

— Eh! pardieu! dit Bussy, achève ce que tu as si bien commencé: reste près de lui, et guéris-le.

Puis il annonça à Diane l'accident arrivé à son mari.

Diane quitta aussitôt le duc d'Anjou et s'achemina vers le château.

— Avons-nous réussi? lui demanda Bussy lorsqu'elle passa à ses côtés.

— Je le crois, dit-elle. En tout cas, ne partez point sans avoir vu Gertrude.

Le duc n'aimait les fleurs que parce qu'il les visitait avec Diane. Aussitôt que Diane fût éloignée, les recommandations du comte lui revinrent à l'esprit, et il sortit du bâtiment.

Ribérac, Livarot et Antraguet le suivirent.

Pendant ce temps, Diane avait rejoint son mari, à qui Remy faisait respirer des sels.

Le comte ne tarda pas à rouvrir les yeux.

Son premier mouvement fut de se soulever avec violence; mais Remy avait prévu ce premier mouvement, et le comte était attaché sur son matelas.

Il poussa un second rugissement; mais, en regardant autour de lui, il aperçut Diane debout à son chevet.

— Ah! c'est vous, madame, dit-il; je suis

bien aise de vous voir pour vous dire que ce soir
nous partons pour Paris.

Remy jeta les hauts cris; mais Monsoreau ne
fit pas plus attention à Remy que s'il n'était
pas là.

— Y pensez-vous, monsieur? dit Diane avec
son calme habituel, et votre blessure?

— Madame, dit le comte, il n'y a pas de blessure qui tienne, j'aime mieux mourir que souffrir, et, dussé-je mourir par les chemins, ce soir
nous partirons.

— Eh bien! monsieur, dit Diane, comme il
vous plaira.

— Il me plaît ainsi; faites donc vos préparatifs, je vous prie.

— Mes préparatifs seront vite faits, monsieur.
Mais puis-je savoir quelle cause a amené cette
subite détermination?

— Je vous le dirai, madame, quand vous
n'aurez plus de fleurs à montrer au prince, ou
quand j'aurai fait construire des portes assez larges pour que ma litière entre partout.

Diane s'inclina.

— Mais, madame, dit Remy.

— M. le comte le veut, répondit Diane, mon
devoir est d'obéir.

Et Remy crut reconnaître, à un signe de la
jeune femme, qu'il devait cesser ses observations.

Il se tut tout en grommelant:

— Ils me le tueront, et puis on dira que c'est
la faute de la médecine.

Pendant ce temps, le duc d'Anjou s'apprêtait
à quitter Méridor. Il témoigna la plus grande
reconnaissance au baron de l'accueil qu'il lui
avait fait et remonta à cheval.

Gertrude apparut en ce moment. Elle venait
annoncer tout haut au duc que sa maîtresse, re-
tenue près du comte, ne pouvait avoir l'honneur
de lui présenter ses hommages, et tout bas, à
Bussy, que Diane partait le soir.

On partit.

Le duc avait les volontés dégénérescentes, ou
plutôt les perfectionnements de ses caprices.

Diane cruelle le blessait et le repoussait de
l'Anjou; Diane souriante lui fut une amorce.

Comme il ignorait la résolution prise par le
grand veneur, tout le long du chemin il ne
cessa de méditer sur le danger qu'il y aurait à
obéir trop facilement aux désirs de la reine-
mère.

Bussy avait prévu cela, et il comptait bien sur
ce désir de rester.

— Vois-tu, Bussy, lui dit le duc, j'ai réfléchi.

— Bon! monseigneur. Et à quoi? demanda le
jeune homme.

— Qu'il n'est pas bon de me rendre ainsi
tout de suite aux raisonnements de ma mère.

— Vous avez raison; elle se croit déjà bien
assez profonde politique comme cela.

— Tandis que, vois-tu, en lui demandant
huit jours, ou plutôt en traînant huit jours; en
donnant quelques fêtes auxquelles nous appelle-
rons la noblesse, nous montrerons à notre mère
combien nous sommes forts.

— Puissamment raisonné, monseigneur. Cependant il me semble...

— Je resterai ici huit jours, dit le duc, et,
grâce à ce délai, j'arracherai de nouvelles conditions à ma mère; c'est moi qui te le dis.

Bussy parut réfléchir profondément.

— En effet, monseigneur, dit-il, arrachez,
arrachez; mais tâchez qu'au lieu de profiter par
ce retard, vos affaires n'en souffrent pas. Le roi,
par exemple...

— Eh bien! le roi?

— Le roi, ne connaissant pas vos intentions,
peut s'irriter. Il est très-irascible, le roi.

— Tu as raison; il faudrait que je pusse envoyer quelqu'un pour saluer mon frère de ma
part, et pour lui annoncer mon retour: cela me
donnera les huit jours dont j'ai besoin.

— Oui; mais ce quelqu'un court grand risque, dit Bussy.

Le duc d'Anjou sourit de son mauvais sourire.

— Si je changeais de résolution, n'est-ce pas?
dit-il.

— Eh! malgré la promesse faite à votre frère,
vous en changerez si l'intérêt vous y pousse,
n'est-ce pas?

— Dame! fit le prince.

— Très-bien! et alors on enverra votre ambassadeur à la Bastille.

— Nous ne le préviendrons pas de ce qu'il
porte, et nous lui donnerons une lettre.

— Au contraire, dit Bussy, ne lui donnez pas
de lettre et prévenez-le.

— Mais alors personne ne voudra se char-
ger de la mission.

— Allons donc!

— Tu connais un homme qui s'en chargera,
toi?

— Oui, j'en connais un.

— Lequel?

Le comte aperçut Diane debout à son chevet. — PAGE 43.

— Moi, monseigneur.

— Toi?

— Oui, moi... J'aime les négociations diffi-
ciles.

— Bussy, mon cher Bussy, s'écria le duc, si
tu fais cela, tu peux compter sur mon éternelle
reconnaissance.

Bussy sourit. Il connaissait la mesure de
cette reconnaissance dont lui parlait Son Altesse.

Le duc crut qu'il hésitait.

— Et je te donnerai dix mille écus pour ton
voyage, ajouta-t-il.

— Allons donc! monseigneur, dit Bussy,
soyez plus généreux: est-ce que l'on paye ces
choses-là?

— Ainsi tu pars?

— Je pars.

— Pour Paris?

— Pour Paris.

— Et quand cela?

— Dame! quand vous voudrez.

— Le plus tôt serait le mieux.

— Oui, eh bien !

— Eh bien ?

— Ce soir, si vous voulez, monseigneur.

— Brave Bussy, cher Bussy, tu consens donc réellement ?

— Si je consens ? dit Bussy ; mais, pour le service de Votre Altesse, vous savez bien, monseigneur, que je passerais dans le feu. C'est donc convenu, je pars ce soir. Vous, vivez joyeusement ici, et attrapez-moi de la reine-mère quelque bonne abbaye.

— J'y songe déjà, mon ami.

— Alors adieu, monseigneur.

— Adieu, Bussy... Ah ! n'oublie pas une chose.

— Laquelle ?

— Prends congé de ma mère.

— J'aurai cet honneur.

En effet, Bussy, plus leste, plus joyeux, plus léger qu'un écolier pour lequel la cloche vient de sonner l'heure de la récréation, fit sa visite à Catherine, et s'apprêta pour partir aussitôt que le signal du départ lui viendrait de Méridor.

Le signal se fit attendre jusqu'au lendemain matin. Monsoreau s'était senti si faible après cette émotion éprouvée, qu'il avait jugé lui-même qu'il avait besoin de cette nuit de repos.

Mais, vers sept heures, le même palefrenier qui avait apporté la lettre de Saint-Luc vint annoncer à Bussy que, malgré les larmes du vieux baron et les oppositions de Remy, le comte venait de partir pour Paris dans une litière qu'escortaient à cheval Diane, Remy et Gertrude.

Cette litière était portée par huit hommes qui, de lieue en lieue, devaient se relayer.

Bussy n'attendait que cette nouvelle. Il sauta sur un cheval sellé depuis la veille et prit le même chemin.

CHAPITRE XII

DANS QUELLES DISPOSITIONS ÉTAIT LE ROI HENRI III QUAND M. DE SAINT-LUC REPARUT A LA COUR.

Depuis le départ de Catherine, le roi, quelle que fût sa confiance dans l'ambassadeur qu'il avait envoyé dans l'Anjou, le roi, disons-nous, ne songeait plus qu'à s'armer contre les tentatives de son frère.

Il connaissait, par expérience, le génie de sa maison ; il savait tout ce que peut un prétendant à la couronne, c'est-à-dire l'homme nouveau contre le possesseur légitime, c'est-à-dire contre l'homme ennuyeux et prévu.

Il s'amusait, ou plutôt il s'ennuyait, comme Tibère, à dresser des listes de proscription, où l'on inscrivait, par ordre alphabétique, tous ceux qui ne se montraient pas zélés à prendre le parti du roi.

Ces listes devenaient chaque jour plus longues.

Et à l'S et à l'L, c'est-à-dire plutôt deux fois qu'une, le roi inscrivait chaque jour le nom de M. de Saint-Luc.

Au reste, la colère du roi contre l'ancien favori était bien servie par les commentaires de la cour, par les insinuations perfides des courtisans et par les amères récriminations de la fuite en Anjou de l'époux de Jeanne de Cossé, fuite qui était une trahison depuis le jour où le duc, fuyant lui-même, avait dirigé sa course vers cette province.

En effet, Saint-Luc fuyant à Méridor ne devait-il pas être considéré comme le fourrier de M. le duc d'Anjou, allant préparer les logements du prince à Angers?

Au milieu de tout ce trouble, de tout ce mouvement, de toute cette émotion, Chicot, encourageant les mignons à affiler leurs dagues et leurs rapières, pour tailler et percer les ennemis de Sa Majesté Très-Chrétienne, Chicot, disons-nous, était magnifique à voir.

D'autant plus magnifique à voir, que, tout en ayant l'air de jouer le rôle de la mouche du coche, Chicot jouait en réalité un rôle beaucoup plus sérieux. Chicot, petit à petit, et pour ainsi dire homme par homme, mettait sur pied une armée pour le service de son maître.

Tout à coup, une après-midi, tandis que le roi soupait avec la reine, dont, à chaque péril politique, il cultivait la société plus assidûment, et que le départ de François avait naturellement amenée près de lui, Chicot entra les bras étendus et les jambes écartées, comme les pantins que l'on écarte à l'aide d'un fil.

— Ouf! dit-il.

— Quoi? demanda le roi.

— M. de Saint-Luc, fit Chicot.

— M. de Saint-Luc! exclama Sa Majesté.

— Oui.

— A Paris?

— Oui.

— Au Louvre?

— Oui.

Sur cette triple affirmation, le roi se leva de table, tout rouge et tout tremblant.

Il eût été difficile de dire quel sentiment l'animait.

— Pardon, dit-il à la reine en essuyant sa moustache et en jetant sa serviette sur son fauteuil, mais ce sont des affaires d'État qui ne regardent point les femmes.

— Oui, dit Chicot en grossissant la voix, ce sont des affaires d'État.

La reine voulut se lever de table pour laisser la place libre à son mari.

— Non, madame, dit Henri, restez, s'il vous plaît; je vais entrer dans mon cabinet.

— Oh! sire, dit la reine avec ce tendre intérêt qu'elle eut constamment pour son ingrat époux, ne vous mettez pas en colère, je vous prie.

— Dieu le veuille! répondit Henri sans remarquer l'air narquois avec lequel Chicot tortillait sa moustache.

Henri s'éloigna vivement hors de la chambre. Chicot le suivit.

Une fois dehors:

— Que vient-il faire ici, le traître? demanda Henri d'une voix émue.

— Qui sait? fit Chicot.

— Il vient, j'en suis sûr, comme député des États d'Anjou. Il vient comme ambassadeur de mon frère; car ainsi vont les rébellions: ce sont des eaux troubles et fangeuses dans lesquelles les révoltés pêchent toutes sortes de bénéfices, sordides, c'est vrai, mais avantageux, et qui, de provisoires et précaires, deviennent peu à peu fixes et immuables. Celui-ci a flairé la rébellion, et il s'en est fait un sauf-conduit pour venir m'insulter ici.

— Qui sait? dit Chicot.

Le roi regarda le laconique personnage.

— Il se peut encore, dit Henri, toujours traversant les galeries d'un pas inégal et qui décelait son agitation; il se peut qu'il vienne pour me redemander ses terres, dont je retiens les revenus, ce qui est un peu abusif peut-être, lui n'ayant pas commis, après tout, de crime qualifié, hein?

— Qui sait? continua Chicot.

— Ah! fit Henri, tu répètes, comme mon papegeai, toujours la même chose. Mort de ma vie! tu m'impatientes enfin avec ton éternel: Qui sait?

— Eh! mordieu! te crois-tu bien amusant, toi, avec tes éternelles questions?

— On répond quelque chose, au moins.

— Et que veux-tu que je te réponde? Me prends-tu, par hasard, pour le Fatum des anciens? me prends-tu pour Jupiter, pour Apollon ou pour Manto? Eh! c'est toi-même qui m'impatientes, morbleu! avec tes sottes suppositions!

— Monsieur Chicot...

— Après, monsieur Henri?

— Chicot, mon ami, tu vois ma douleur, et tu me rudoies.

— N'aie pas de douleur, mordieu!

— Mais tout le monde me trahit!

— Qui sait? ventre-de-biche! qui sait?

Henri, se perdant en conjectures, descendit en son cabinet, où, sur l'étrange nouvelle du retour de Saint-Luc, se trouvaient déjà réunis tous les familiers du Louvre, parmi lesquels, ou plutôt à la tête desquels brillait Crillon, l'œil en feu, le nez rouge et la moustache hérissée comme un dogue qui demande le combat.

Saint-Luc était là, debout, au milieu de tous ces menaçants visages, sentant bruire autour de

Saint-Luc se promenait le poing sur la hanche. — Page 48.

lui toutes ces colères, et ne se troublant pas le moins du monde. Chose étrange! il avait amené sa femme, et l'avait fait asseoir sur un tabouret contre la balustrade du lit.

Lui, se promenait le poing sur la hanche, regardant les curieux et les insolents du même regard dont ils le regardaient.

Par égard pour la jeune femme, quelques seigneurs s'étaient écartés, malgré leur envie de coudoyer Saint-Luc, et s'étaient tus, malgré leur désir de lui adresser quelques paroles désagréables.

C'était dans ce vide et dans ce silence que se mouvait l'ex-favori.

Jeanne, modestement enveloppée dans sa mante de voyage, attendait, les yeux baissés.

Saint-Luc, drapé fièrement dans son manteau, attendait; de son côté, avec une attitude qui semblait plutôt appeler que craindre la provocation.

Enfin les assistants attendaient, pour provoquer, de bien savoir ce que revenait faire Saint-Luc à cette cour où chacun, désireux de se partager une portion de son ancienne faveur, le trouvait bien inutile.

En un mot, comme on le voit, de toutes parts, l'attente était grande, lorsque le roi parut.

Henri entra, tout agité, tout occupé de s'exciter lui-même. Cet essoufflement perpétuel compose, la plupart du temps, ce qu'on appelle la dignité chez les princes.

Il entra, suivi de Chicot, qui avait pris les airs calmes et dignes qu'aurait dû prendre le roi de France, et qui regardait le maintien de Saint-Luc, ce qu'aurait dû commencer par faire Henri III.

— Ah! monsieur, vous ici? s'écria tout d'abord le roi, sans faire attention à ceux qui l'entouraient, et semblable en cela au taureau des arènes espagnoles, qui, dans des milliers d'hommes, ne voient qu'un brouillard mouvant, et, dans l'arc-en-ciel des bannières, que la couleur rouge.

— Oui, Sire, répondit simplement et modestement Saint-Luc en s'inclinant avec respect.

Cette réponse frappa si peu l'oreille du roi; ce maintien plein de calme et de déférence communiqua si peu à son esprit aveuglé ces sentiments de raison et de mansuétude que doit exciter la réunion du respect des autres et de la dignité de soi-même, que le roi continua sans intervalle :

— Vraiment, votre présence au Louvre me surprend étrangement.

A cette agression brutale, un silence de mort s'établit autour du roi et de son favori.

C'était le silence qui s'établit en un champ clos autour de deux adversaires qui vont vider une question suprême.

Saint-Luc le rompit le premier.

— Sire, dit-il avec son élégance habituelle et sans paraître troublé le moins du monde de la boutade royale, je ne suis, moi, surpris que d'une chose : c'est que, dans les circonstances où elle se trouve, Votre Majesté ne m'ait pas attendu.

— Qu'est-ce à dire, monsieur? répliqua Henri avec un orgueil tout à fait royal et en relevant sa tête, qui, dans les grandes circonstances, prenait une incomparable expression de dignité.

— Sire, répondit Saint-Luc, Votre Majesté court un danger.

— Un danger! s'écrièrent les courtisans.

— Oui, messieurs, un danger grand, réel, sérieux, un danger dans lequel le roi a besoin depuis le plus grand jusqu'au plus petit de tous ceux qui lui sont dévoués; et, convaincu que, dans un danger pareil à celui que je signale, il n'y a pas de fausse assistance, je viens remettre aux pieds de mon roi l'offre de mes très-humbles services.

— Ah! ah! fit Chicot; vois-tu, mon fils, que j'avais raison de dire : Qui sait?

Henri III ne répondit point tout d'abord. Il regarda l'assemblée; l'assemblée était émue et offensée; mais Henri distingua bientôt dans le regard des assistants la jalousie qui s'agitait au fond de la plupart des cœurs.

Il en conclut que Saint-Luc avait fait quelque chose dont était incapable la majorité de l'assemblée, c'est-à-dire quelque chose de bien.

Cependant il ne voulut point se rendre ainsi tout à coup.

— Monsieur, répondit-il, vous n'avez fait que votre devoir, car vos services nous sont dus.

— Les services de tous les sujets du roi sont dus au roi, je le sais, Sire, répondit Saint-Luc; mais, par le temps qui court, beaucoup de gens oublient de payer leurs dettes. Moi, Sire, je viens payer la mienne, heureux que Votre Majesté veuille bien me compter toujours au nombre de ses débiteurs.

Henri, désarmé par cette douceur et cette humilité persévérantes, fit un pas vers Saint-Luc.

— Ainsi, dit-il, vous revenez sans autre motif que celui que vous dites, vous revenez sans mission, sans sauf-conduit?

— Sire, dit vivement Saint-Luc, reconnaissant, au ton dont lui parlait le roi, qu'il n'y avait plus dans son maître ni reproche ni colère, je reviens purement et simplement pour revenir, et cela à franc étrier. Maintenant, Votre Majesté peut me faire jeter à la Bastille dans une heure, arquebuser dans deux; mais j'aurai fait mon devoir. Sire, l'Anjou est en feu; la Touraine va se révolter; la Guyenne se lève pour lui donner la main. M. le duc d'Anjou travaille l'ouest et le midi de la France.

— Et il y est bien aidé, n'est-ce pas? s'écria le roi.

— Sire, dit Saint-Luc, qui comprit le sens des paroles royales, ni conseils ni représentations n'arrêtent le duc; et M. de Bussy, tout ferme qu'il soit, ne peut rassurer votre frère sur la terreur que Votre Majesté lui a inspirée.

— Ah! ah! dit Henri, il tremble donc, le rebelle!

Et il sourit dans sa moustache.

— Tudieu! dit Chicot en se caressant le menton, voilà un habile homme!

Et, poussant le roi du coude :

— Range-toi donc, Henri, dit-il, que j'aille donner une poignée de main à M. de Saint-Luc.

Ce mouvement entraîna le roi. Il laissa Chicot faire son compliment à l'arrivant, puis, marchant avec lenteur vers son ancien ami, et, lui posant la main sur l'épaule :

— Sois le bien-venu, Saint-Luc, lui dit-il.

— Ah! Sire, s'écria Saint-Luc en baisant la main du roi, j'ai retrouvé mon maître bien-aimé!

— Oui; mais moi, je ne te retrouve pas, dit le roi, ou du moins je te retrouve si maigri, mon pauvre Saint-Luc, que je ne t'eusse pas reconnu en te voyant passer.

A ces mots, une voix féminine se fit entendre.

— Sire, dit cette voix, c'est du chagrin d'avoir déplu à Votre Majesté.

Quoique cette voix fût douce et respectueuse, Henri tressaillit. Cette voix lui était aussi antipathique que l'était à Auguste le bruit du tonnerre.

— Madame de Saint-Luc! murmura-t-il. Ah! c'est vrai, j'avais oublié...

Jeanne se jeta à ses genoux.

— Relevez-vous, madame, dit le roi. J'aime tout ce qui porte le nom de Saint-Luc.

Jeanne saisit la main du roi et la porta à ses lèvres.

Henri la retira vivement.

— Allez, dit Chicot à la jeune femme, allez, convertissez le roi, ventre-de-biche! vous êtes assez jolie pour cela.

Mais Henri tourna le dos à Jeanne, et, passant son bras autour du col de Saint-Luc, entra avec lui dans ses appartements.

— Ah çà! lui dit-il, la paix est faite, Saint-Luc?

— Dites, Sire, répondit le courtisan, que la grâce est accordée.

— Madame, dit Chicot à Jeanne indécise, une bonne femme ne doit pas quitter son mari... surtout lorsque son mari est en danger.

Et il poussa Jeanne sur les talons du roi et de Saint-Luc.

CHAPITRE XIII

OU IL EST TRAITÉ DE DEUX PERSONNAGES IMPORTANTS DE CETTE HISTOIRE, QUE LE LECTEUR AVAIT DEPUIS QUELQUE TEMPS PERDUS DE VUS.

Il est un des personnages de cette histoire, il en est même deux, des faits et gestes desquels le lecteur a droit de nous demander compte.

Avec l'humilité d'un auteur de préface antique, nous nous empresserons d'aller au-devant de ces questions, dont nous comprenons toute l'importance.

Il s'agit d'abord d'un énorme moine, aux sourcils épais, aux lèvres rouges et charnues, aux larges mains, aux vastes épaules, dont le col diminue chaque jour de tout ce que prennent de développement la poitrine et les joues.

Il s'agit ensuite d'un fort grand âne dont les côtes s'arrondissent et se ballonnent avec grâce.

Le moine tend chaque jour à ressembler à un muid calé par deux poutrelles.

L'âne ressemble déjà à un berceau d'enfant soutenu par quatre quenouilles.

L'un habite une cellule du couvent de Sainte-Geneviève, où toutes les grâces du Seigneur viennent le visiter.

L'autre habite l'écurie du même couvent, où il vit à même d'un râtelier toujours plein.

L'un répond au nom de Gorenflot.

L'autre devrait répondre au nom de Panurge.

Tous deux jouissent, pour le moment du moins, du destin le plus prospère qu'aient jamais rêvé un âne et un moine. Les Génovéfains entourent de soins leur illustre compagnon, et, semblables aux divinités de troisième ordre qui soignaient l'aigle de Jupiter, le paon de Junon et les colombes de Vénus, les frères servants engraissent Panurge en l'honneur de son maître.

La cuisine de l'abbaye fume perpétuellement ; le vin des clos les plus renommés de Bourgogne coule dans les verres les plus larges. Arrive-t-il un missionnaire ayant voyagé dans les pays lointains pour la propagation ; arrive-t-il un légat secret du pape apportant des indulgences de la part de Sa Sainteté, on lui montre le frère Gorenflot, ce double modèle de l'église prêchante et militante, qui manie la parole comme saint Luc et l'épée comme saint Paul ; on lui montre Gorenflot dans toute sa gloire, c'est-à-dire au milieu d'un festin. On a échancré une table pour le ventre sacré de Gorenflot, et l'on s'épanouit d'un noble orgueil en faisant voir au saint voyageur que Gorenflot engloutit à lui tout seul la ration des huit plus robustes appétits du couvent.

Et quand le nouveau venu a pieusement contemplé cette merveille :

— Quelle admirable nature! dit le prieur en joignant les mains et en levant les yeux au ciel, le frère Gorenflot aime la table et cultive les arts; vous voyez comme il mange! Ah! si vous aviez entendu le sermon qu'il a fait certaine nuit, sermon dans lequel il offrait de se dévouer pour le triomphe de la foi! C'est une bouche qui parle comme celle de saint Jean Chrysostome, et qui engloutit comme celle de Gargantua.

Cependant, parfois, au milieu de toutes ces splendeurs, un nuage passe sur le front de Gorenflot; les volailles du Mans fument inutilement devant ses larges narines; les petites huîtres de Flandre, dont il engloutit un millier en se jouant, bâillent et se contournent en vain dans leur conque nacrée; les bouteilles aux différentes formes restent intactes, quoique débou-

chées; Gorenflot est lugubre, Gorenflot n'a pas faim, Gorenflot rêve.

Alors le bruit court que le digne Génovéfain est en extase, comme saint François, ou en pamoison, comme sainte Thérèse, et l'admiration redouble.

Ce n'est plus un moine, c'est un saint ; ce n'est plus même un saint, c'est un demi-dieu; quelques-uns même vont jusqu'à dire que c'est un dieu complet.

— Chut! murmure-t-on, ne troublons pas la rêverie du frère Gorenflot.

Et l'on s'écarte avec respect.

Le prieur seul attend le moment où frère Gorenflot donne un signe quelconque de vie. Il s'approche du moine, lui prend la main avec affabilité et l'interroge avec respect.

Gorenflot lève la tête et regarde le prieur avec des yeux hébétés.

Il sort d'un autre monde.

— Que faisiez-vous, mon digne frère? demande le prieur.

— Moi? dit Gorenflot.

— Oui, vous; vous faisiez quelque chose.

— Oui, mon père, je composais un sermon.

— Dans le genre de celui que vous nous avez si bravement débité dans la nuit de la sainte Ligue.

Chaque fois qu'on lui parle de ce sermon, Gorenflot déplore son infirmité.

— Oui, dit-il en poussant un soupir dans le même genre. Ah! quel malheur que je n'aie pas écrit celui-là!

— Un homme comme vous a-t-il besoin d'écrire, mon cher frère? Non, il parle d'inspiration, il ouvre la bouche, et, comme la parole de Dieu est en lui, la parole de Dieu coule de ses lèvres.

— Vous croyez, dit Gorenflot.

— Heureux celui qui doute, répond le prieur.

En effet, de temps en temps, Gorenflot, qui comprend les nécessités de la position, et qui est engagé par ses antécédents, médite un sermon. Foin de Marcus Tullius, de César, de saint Grégoire, de saint Augustin, de saint Jérôme et de Tertullien, la régénération de l'éloquence sacrée va commencer à Gorenflot. *Rerum novus ordo nascitur.*

De temps en temps aussi, à la fin de son repas, ou au milieu de ses extases, Gorenflot se lève, et, comme si un bras invisible le poussait, va droit à l'écurie; arrivé là, il regarde avec amour Panurge qui hennit de plaisir, puis il passe sa main pesante sur le pelage plantureux où ses gros doigts disparaissent tout entiers. Alors c'est plus que du plaisir, c'est du bonheur : Panurge ne se contente plus de hennir, il se roule.

Le prieur et trois ou quatre dignitaires du couvent l'escortent d'ordinaire dans ces excursions, et font mille platitudes à Panurge : l'un lui offre des gâteaux, l'autre des biscuits, l'autre des macarons, comme autrefois ceux qui voulaient se rendre Pluton favorable offraient des gâteaux au miel à Cerbère.

Panurge se laisse faire ; il a le caractère accommodant ; d'ailleurs, lui qui n'a pas d'extases, lui qui n'a pas de sermon à méditer, lui qui n'a d'autre réputation à soutenir que sa réputation d'entêtement, de paresse et de luxure, trouve qu'il ne lui reste rien à désirer, et qu'il est le plus heureux des ânes.

Le prieur le regarde avec attendrissement.

— Simple et doux, dit-il, c'est la vertu des forts.

Gorenflot a appris que l'on dit en latin *ita* pour dire oui ; cela le sert merveilleusement, et, à tout ce qu'on lui dit, il répond *ita* avec une fatuité qui ne manque jamais son effet.

Encouragé par cette adhésion perpétuelle, l'abbé lui dit parfois :

— Vous travaillez trop, mon cher frère, cela vous rend triste de cœur.

Et Gorenflot répond à messire Joseph Foulon, comme Chicot répond parfois à Sa Majesté Henri III :

— Qui sait ?

— Peut-être nos repas sont-ils un peu grossiers, ajoute le prieur, désirez-vous qu'on change le frère cuisinier ? vous le savez, cher frère : *Quædam saturationes minus succedunt.*

— *Ita*, répond éternellement Gorenflot en redoublant de tendresse pour son âne.

— Vous caressez bien votre Panurge, mon frère, dit le prieur ; la manie des voyages vous reprendrait-elle ?

— Oh ! répond alors Gorenflot avec un soupir.

Le fait est que c'est là le souvenir qui tourmente Gorenflot. Gorenflot, qui avait d'abord trouvé son éloignement du couvent un immense malheur, a découvert dans l'exil des joies infinies et inconnues dont la liberté est la source. Au milieu de son bonheur, un ver le pique au cœur : c'est le désir de la liberté ; la liberté avec Chicot, le joyeux convive ; avec Chicot, qu'il aime sans trop savoir pourquoi, peut-être parce que, de temps en temps, il le bat.

— Hélas ! dit timidement un jeune frère qui a suivi le jeu de la physionomie du moine, je crois que vous avez raison, digne prieur, et que le séjour du couvent fatigue le révérend père.

— Pas précisément, dit Gorenflot ; mais je sens que je suis né pour une vie de lutte, pour la politique du carrefour, pour le prêche de la borne.

Et, en disant ces mots, les yeux de Gorenflot s'animent ; il pense aux omelettes de Chicot, au vin d'Anjou de maître Claude Bonhommet, à la salle basse de la Corne-d'Abondance,

Depuis la soirée de la Ligue, ou plutôt depuis la matinée du lendemain où il est rentré à son couvent, on ne l'a pas laissé sortir ; depuis que le roi s'est fait chef de l'Union, les ligueurs ont redoublé de prudence.

Gorenflot est si simple, qu'il n'a même pas pensé à user de sa position pour se faire ouvrir les portes. On lui a dit : « Frère, il est défendu de sortir, » et il n'est point sorti.

On ne se doutait point de cette flamme intérieure qui lui rendait pesante la félicité du couvent.

Aussi, voyant que sa tristesse augmente de jour en jour, le prieur lui dit un matin :

— Très-cher frère, nul ne doit combattre sa vocation ; la vôtre est de militer pour le Christ : allez donc, remplissez la mission que le Seigneur vous a confiée ; seulement, veillez bien sur votre précieuse vie, et revenez pour le grand jour.

— Quel grand jour ? demande Gorenflot absorbé dans sa joie.

— Celui de la Fête-Dieu.

— *Ita !* dit le moine avec un air de profonde intelligence ; mais, ajouta Gorenflot, afin que je m'inspire chrétiennement par des aumônes, donnez-moi quelque argent.

Le prieur s'empressa d'aller chercher une large bourse, qu'il ouvrit à Gorenflot. Gorenflot y plongea sa large main.

— Vous verrez ce que je rapporterai au couvent, dit-il en faisant passer dans la large poche de son froc ce qu'il venait d'emprunter à la bourse du prieur.

— Vous avez votre texte, n'est-ce pas, très-cher frère ? demanda Joseph Foulon.

— Oui, certainement.

— Confiez-le-moi.

— Volontiers, mais à vous seul.

Le prieur s'approcha de Gorenflot et prêta une oreille attentive.

— Écoutez.

— J'écoute.

— Le fléau qui bat le grain se bat lui-même, dit Gorenflot.

— Oh! magnifique! oh! sublime! s'écria le prieur.

Et les assistants, partageant de confiance l'enthousiasme de messire Joseph Foulon, répétèrent d'après lui : « Magnifique! sublime ! »

— Et maintenant, mon père, suis-je libre, demanda Gorenflot avec humilité.

— Oui, mon fils, s'écria le révérend abbé, allez et marchez dans la voie du Seigneur.

Gorenflot fit seller Panurge, l'enfourcha avec l'aide de deux vigoureux moines et sortit du couvent vers les sept heures du soir.

C'était le jour même où Saint-Luc était arrivé de Méridor. Les nouvelles qui venaient de l'Anjou tenaient Paris en émotion.

Gorenflot, après avoir suivi la rue Saint-Étienne, venait de prendre à droite et de dépasser les Jacobins, quand tout à coup Panurge tressaillit : une main vigoureuse venait de s'appesantir sur sa croupe.

— Qui va là? s'écria Gorenflot effrayé.

— Ami, répliqua une voix que Gorenflot crut reconnaître.

Gorenflot avait bonne envie de se retourner; mais, comme les marins, qui, toutes les fois qu'ils s'embarquent, ont besoin d'habituer de nouveau leur pied au roulis, toutes les fois que Gorenflot remontait sur son âne, il était quelque temps à reprendre son centre de gravité.

— Que demandez-vous? dit-il.

— Voudriez-vous, mon respectable frère, reprit la voix, m'indiquer le chemin de la Corne-d'Abondance?

— Morbleu! s'écria Gorenflot au comble de la joie, c'est M. Chicot en personne.

— Justement, répondit le Gascon, j'allais vous chercher au couvent, mon très-cher frère, quand je vous ai vu sortir, je vous ai suivi quelque temps, de peur de me compromettre en vous parlant; mais, maintenant que nous sommes bien seuls, me voilà. Bonjour, frocard. Ventre-de-biche! je te trouve maigri.

— Et vous, monsieur Chicot, je vous trouve engraissé, parole d'honneur.

— Je crois que nous nous flattons tous les deux.

— Mais, qu'avez-vous donc, monsieur Chicot? dit le moine, vous paraissez bien chargé.

— C'est un quartier de daim que j'ai volé à Sa Majesté, dit le Gascon; nous en ferons des grillades.

— Cher monsieur Chicot! s'écria le moine; et sous l'autre bras?

— C'est un flacon de vin de Chypre envoyé par un roi à mon roi.

—- Voyons, dit Gorenflot.

— C'est mon vin à moi; je l'aime beaucoup, dit Chicot en écartant son manteau, et toi, frère moine?

— Oh! oh! s'écria Gorenflot en apercevant la double aubaine et en s'ébaudissant si fort sur sa monture, que Panurge plia sous lui; oh! oh!

Dans sa joie, le moine leva les bras au ciel, et, d'une voix qui fit trembler à droite et à gauche les vitres des maisons, il chanta, tandis que Panurge l'accompagnait en hihannant :

La musique a des appas,
Mais on ne fait que l'entendre.
Les fleurs ont le parfum tendre,
Mais l'odeur ne nourrit pas.
Sans que notre main y touche,
Un beau ciel flatte nos yeux;
Mais le vin coule en la bouche,
Mais le vin se sent, se touche
Et se boit; je l'aime mieux
Que musique, fleurs et cieux.

C'était la première fois que Gorenflot chantait depuis près d'un mois.

CHAPITRE XIV

Laissons les deux amis entrer au cabaret de la corne-d'abondance, où Chicot, on se le rappelle, ne connaissait jamais le vin qu'avec des intentions dont celui-ci était loin de soupçonner la gravité, et revenons à M. de Monsoreau, qui suit en litière le chemin de Méridor à Paris, et à Bussy, qui est parti d'Angers avec l'intention de faire la même route.

Non-seulement il n'est pas difficile à un cavalier bien monté de rejoindre des gens qui vont à pied, mais encore il court un risque, c'est celui de les dépasser.

La chose arriva à Bussy.

On était à la fin de mai, et la chaleur était grande, surtout vers le midi. Aussi M. de Monsoreau ordonna-t-il de faire halte dans un petit bois qui se trouvait sur la route; et, comme il désirait que son départ fût connu le plus tard possible de M. le duc d'Anjou, il veilla à ce que toutes les personnes de sa suite entrassent avec lui dans l'épaisseur du taillis pour passer la plus grande ardeur du soleil. Un cheval était chargé de provisions : on put donc faire la collation sans avoir recours à personne.

Pendant ce temps, Bussy passa.

Mais Bussy n'allait pas, comme on le pense bien, par la route, sans s'informer, si l'on n'avait pas vu des chevaux, des cavaliers et une litière portée par des paysans.

Jusqu'au village de Durtal, il avait obtenu les renseignements les plus positifs et les plus satisfaisants; aussi, convaincu que Diane était devant lui, avait-il mis son cheval au pas, se haussant sur ses étriers au sommet de chaque monticule, afin d'apercevoir au loin la petite troupe à la poursuite de laquelle il s'était mis. Mais, contre son attente, tout à coup les renseignements lui manquèrent; les voyageurs qui le croisaient n'avaient rencontré personne, et, en arrivant aux premières maisons de la Flèche, il acquit la conviction qu'au lieu d'être en retard il était en avance, et qu'il précédait au lieu de suivre.

Alors il se rappela le petit bois qu'il avait rencontré sur sa route, et il s'expliqua les hennissements de son cheval qui avait interrogé l'air de ses naseaux fumants au moment où il y était entré.

Son parti fut pris à l'instant même; il s'arrêta au plus mauvais cabaret de la rue, et, après s'être assuré que son cheval ne manquerait de rien, moins inquiet de lui-même que de sa monture, à la vigueur de laquelle il pouvait avoir besoin de recourir, il s'installa près d'une fenêtre, en ayant le soin de se cacher derrière un lambeau de toile qui servait de rideau.

Ce qui avait surtout déterminé Bussy dans le choix qu'il avait fait de cette espèce de bouge, c'est qu'il était situé en face la meilleure hôtellerie de la ville, et qu'il ne doutait point que Monsoreau ne fît halte dans cette hôtellerie.

Bussy avait deviné juste; vers quatre heures de l'après-midi, il vit apparaître un coureur, qui s'arrêta à la porte de l'hôtellerie.

Une demi-heure après, vint le cortège.

Il se composait, en personnages principaux, du comte, de la comtesse, de Remy et de Gertrude;

En personnages secondaires, de huit porteurs qui se relayaient de cinq lieues en cinq lieues.

Le coureur avait mission de préparer les relais des paysans. Or, comme Monsoreau était trop jaloux pour ne pas être généreux, cette manière de voyager, tout inusitée qu'elle était, ne souffrait ni difficulté ni retard.

Les personnages principaux entrèrent les uns après les autres dans l'hôtellerie; Diane resta la dernière, et il sembla à Bussy qu'elle regardait avec inquiétude autour d'elle. Son premier mouvement fut de se montrer, mais il eut le courage de se retenir; une imprudence les perdait.

La nuit vint, Bussy espérait que, pendant la

nuit, Remy sortirait, ou que Diane paraîtrait à quelque fenêtre; il s'enveloppa de son manteau et se mit en sentinelle dans la rue.

Il attendit ainsi jusqu'à neuf heures du soir; à neuf heures du soir, le coureur sortit.

Cinq minutes après, huit hommes s'approchèrent de la porte : quatre entrèrent dans l'hôtellerie.

— Oh! se dit Bussy, voyageraient-ils de nuit? Ce serait une excellente idée qu'aurait M. de Monsoreau.

Effectivement, tout venait à l'appui de cette probabilité : la nuit était douce, le ciel tout parsemé d'étoiles, une de ces brises qui semblent le souffle de la terre rajeunie passait dans l'air, caressante et parfumée.

La litière sortit la première.

Puis vinrent à cheval Diane, Remy et Gertrude.

Diane regarda encore avec attention autour d'elle; mais, comme elle regardait, le comte l'appela, et force lui fut de revenir près de la litière.

Les quatre hommes de relais allumèrent des torches et marchèrent aux deux côtés de la route.

— Bon, dit Bussy, j'aurais commandé moi-même les détails de cette marche, que je n'eusse pas mieux fait.

Et il rentra dans son cabaret, sella son cheval, et se mit à la poursuite du cortége.

Cette fois, il n'y avait point à se tromper de route ou à le perdre de vue : les torches indiquaient clairement le chemin qu'il suivait.

Monsoreau ne laissait point Diane s'éloigner un instant de lui.

Il causait avec elle, ou plutôt il la gourmandait. Cette visite dans la serre servait de texte à d'inépuisables commentaires et à une foule de questions envenimées.

Remy et Gertrude se boudaient, ou, pour mieux dire, Remy rêvait et Gertrude boudait Remy.

La cause de cette bouderie était facile à expliquer : Remy ne voyait plus la nécessité d'être amoureux de Gertrude, depuis que Diane était amoureuse de Bussy.

Le cortége s'avançait donc, les uns disputant, les autres boudant, quand Bussy, qui suivait la cavalcade hors de la portée de la vue, donna, pour prévenir Remy de sa présence, un coup de sifflet d'argent avec lequel il avait l'habitude d'appeler ses serviteurs à l'hôtel de la rue de Grenelle-Saint-Honoré.

Le son en était aigu et vibrant. Ce son retentis-

sait d'un bout à l'autre de la maison, et faisait accourir bêtes et gens.

Nous disons bêtes et gens, parce que Bussy, comme tous les hommes forts, se plaisait à dresser des chiens au combat, des chevaux indomptables et des faucons sauvages.

Or, au son de ce sifflet, les chiens tressaillaient dans leurs chenils, les chevaux dans leurs écuries, les faucons sur leurs perchoirs.

Remy le reconnut à l'instant même. Diane tressaillit et regarda le jeune homme, qui fit un signe affirmatif.

Puis il passa à sa gauche, et lui dit tout bas :

— C'est lui.

— Qu'est-ce? demanda Monsoreau, et qui vous parle, madame?

— A moi? personne, monsieur.

— Si fait, une ombre a passé près de vous, et j'ai entendu une voix.

— Cette voix, dit Diane, est celle de M. Remy; êtes-vous jaloux aussi de M. Remy?

— Non; mais j'aime à entendre parler tout haut, cela me distrait.

— Il y a cependant des choses que l'on ne peut pas dire devant M. le comte, interrompit Gertrude, venant au secours de sa maîtresse.

— Pourquoi cela?

— Pour deux raisons.

— Lesquelles?

— La première, parce qu'on peut dire des choses qui n'intéressent pas monsieur le comte, ou des choses qui l'intéressent trop.

— Et de quel genre étaient les choses que M. Remy vient de dire à madame?

— Du genre de celles qui intéressent trop monsieur.

— Que vous disait Remy? madame, je veux le savoir.

— Je disais, monsieur le comte, que si vous vous démenez ainsi, vous serez mort avant d'avoir fait le tiers de la route.

On put voir, aux sinistres rayons des torches, le visage de Monsoreau devenir aussi pâle que celui d'un cadavre.

Diane, toute palpitante et toute pensive, se taisait.

— Il vous attend à l'arrière, dit d'une voix à peine intelligible Remy à Diane; ralentissez un peu le pas de votre cheval; il vous rejoindra.

Remy avait parlé si bas, que Monsoreau n'entendit qu'un murmure; il fit un effort, renversa sa tête en arrière, et vit Diane qui le suivait.

— Encore un mouvement pareil, monsieur

le comte, dit Remy, et je ne réponds pas de l'hémorrhagie.

Depuis quelque temps, Diane était devenue courageuse. Avec son amour était née l'audace, que toute femme véritablement éprise pousse d'ordinaire au delà des limites raisonnables. Elle tourna bride et attendit.

Au même moment, Remy descendait de cheval, donnait sa bride à tenir à Gertrude, et s'approchait de la litière pour occuper le malade.

— Voyons ce pouls, dit-il, je parie que nous avons la fièvre.

Cinq secondes après, Bussy était à ses côtés.

Les deux jeunes gens n'avaient plus besoin de se parler pour s'entendre; ils restèrent pendant quelques instants suavement embrassés.

— Tu vois, dit Bussy rompant le premier le silence, tu pars et je te suis.

— Oh! que mes jours seront beaux, Bussy, que mes nuits seront douces, si je te sais toujours ainsi près de moi!

— Mais le jour, il nous verra.

— Non, tu nous suivras de loin, et c'est moi seulement qui te verrai, mon Louis. Au détour des routes, au sommet des monticules, la plume de ton feutre, la broderie de ton manteau, ton mouchoir flottant; tout me parlera en ton nom, tout me dira que tu m'aimes. Qu'au moment où le jour baisse, où le brouillard bleu descend dans la plaine, je voie ton doux fantôme s'incliner en m'envoyant le baiser du soir, et je serai heureuse, bien heureuse!

— Parle, parle toujours, ma Diane bien-aimée, tu ne peux savoir toi-même tout ce qu'il y a d'harmonie dans ta douce voix.

— Et quand nous marcherons la nuit, et cela arrivera souvent, car Remy lui a dit que la fraîcheur du soir était bonne pour ses blessures, quand nous marcherons la nuit, alors, comme ce soir, de temps en temps, je resterai en arrière; de temps en temps, je pourrai te presser dans mes bras, et te dire, dans un rapide serrement de main, tout ce que j'aurai pensé de toi dans le courant du jour.

— Oh! que je t'aime! que je t'aime! murmura Bussy.

— Vois-tu, dit Diane, je crois que nos âmes sont assez étroitement unies, pour que, même à distance l'un de l'autre, même sans nous parler, sans nous voir, nous soyons heureux par la pensée.

— Oh! oui! mais te voir, mais te presser dans mes bras, oh! Diane! Diane!

Et les chevaux se touchaient et se jouaient en secouant leurs brides argentées, et les deux amants s'étreignaient et oubliaient le monde.

Tout à coup, une voix retentit, qui les fit tressaillir tous deux, Diane de crainte, Bussy de colère.

— Madame Diane, criait cette voix, où êtes-vous? Madame Diane, répondez!

Ce cri traversa l'air comme une funèbre évocation.

— Oh! c'est lui, c'est lui! je l'avais oublié, murmura Diane. C'est lui, je rêvais! O doux songe! réveil affreux!

— Écoute, s'écriait Bussy, écoute, Diane; nous voici réunis. Dis un mot, et rien ne peut plus t'enlever à moi. Diane, fuyons. Qui nous empêche de fuir? Regarde : devant nous l'espace, le bonheur, la liberté! Un mot, et nous partons! un mot, et, perdue pour lui, tu m'appartiens éternellement.

Et le jeune homme la retenait doucement.

— Et mon père? dit Diane.

— Quand le baron saura que je t'aime... murmura-t-il.

— Oh! fit Diane. Un père, que dis-tu là?

Ce seul mot fit rentrer Bussy en lui-même.

— Rien par violence, chère Diane, dit-il, ordonne et j'obéirai.

— Écoute, dit Diane en étendant la main, notre destinée est là; soyons plus forts que le démon qui nous persécute; ne crains rien, et tu verras si je sais aimer.

— Il faut donc nous séparer, mon Dieu! murmura Bussy.

— Comtesse! comtesse! cria la voix. Répondez, ou, dussé-je me tuer, je saute au bas de cette infernale litière.

— Adieu, dit Diane, adieu; il le ferait comme il le dit, et il se tuerait.

— Tu le plains?

— Jaloux! fit Diane, avec un adorable accent et un ravissant sourire.

Et Bussy la laissa partir.

En deux élans, Diane était revenue près de la litière : elle trouva le comte à moitié évanoui.

— Arrêtez! murmura le comte, arrêtez!

— Morbleu! disait Remy, n'arrêtez pas! il est fou, s'il veut se tuer, qu'il se tue.

Et la litière marchait toujours.

— Mais après qui donc criez-vous? disait Gertrude, Madame est là, à mes côtés. Venez, madame, et répondez-lui; bien certainement M. le comte a le délire.

Et les deux amants s'étreignaient et oubliaient le monde. — PAGE 56.

Diane, sans prononcer une parole, entra dans le cercle de lumière épandu par les torches.

— Ah! fit Monsoreau épuisé, où donc étiez-vous?

— Où voulez-vous que je sois, monsieur, sinon derrière vous?

— A mes côtés, madame, à mes côtés; ne me quittez pas.

Diane n'avait plus aucun motif pour rester en arrière; elle savait que Bussy la suivait. Si la nuit eût été éclairée par un rayon de lune, elle eût pu le voir.

On arriva à la halte. Monsoreau se reposa quelques heures, et voulut partir. Il avait hâte, non point d'arriver à Paris, mais de s'éloigner d'Angers.

De temps en temps, la scène que nous venons de raconter se renouvelait.

Remy disait tout bas :

— Qu'il étouffe de rage, et l'honneur du médecin sera sauvé.

Mais Monsoreau ne mourut pas; au contraire, au bout de dix jours, il était arrivé à Paris et il allait sensiblement mieux.

C'était décidément un homme fort habile que Remy, plus habile qu'il ne l'eût voulu lui-même.

Pendant les dix jours qu'avait duré le voyage, Diane avait, à force de tendresses, démoli toute cette grande fierté de Bussy.

Elle l'avait engagé à se présenter chez Monsoreau, et à exploiter l'amitié qu'il lui témoignait.

Le prétexte de la visite était tout simple : la santé du comte.

Remy soignait le mari, et remettait les billets à la femme.

— Esculape et Mercure, disait-il, je cumule.

CHAPITRE XV

COMMENT L'AMBASSADEUR DE M. LE DUC D'ANJOU ARRIVA A PARIS, ET LA RÉCEPTION QUI LUI FUT FAITE.

Cependant on ne voyait reparaître au Louvre ni Catherine ni le duc d'Anjou, et la nouvelle d'une dissension entre les deux frères prenait de jour en jour plus d'accroissement et plus d'importance.

Le roi n'avait reçu aucun message de sa mère, et, au lieu de conclure selon le Proverbe : « Pas de nouvelles, bonnes nouvelles, » il se disait, au contraire, en secouant la tête :

— Pas de nouvelles, mauvaises nouvelles !

Les mignons ajoutaient :

— *François, mal conseillé,* aura retenu votre mère.

François, mal conseillé; en effet, toute la politique de ce règne singulier et des trois règnes précédents se réduisait là.

Mal conseillé avait été le roi Charles IX, lorsqu'il avait, sinon ordonné, du moins autorisé la Saint-Barthélemy; mal conseillé avait été François II, lorsqu'il ordonna le massacre d'Amboise; mal conseillé avait été Henri II, le père de cette race perverse, lorsqu'il fit brûler tant d'hérétiques et de conspirateurs avant d'être tué par Montgomery, qui, lui-même, avait été mal conseillé, disait-on, lorsque le bois de sa lance avait si malencontreusement pénétré dans la visière du casque de son roi.

On n'ose pas dire à un roi :

« Votre frère a du mauvais sang dans les veines; il cherche, comme c'est l'usage dans votre famille, à vous détrôner, à vous tondre ou à vous empoisonner; il veut vous faire à vous ce que vous avez fait à votre frère aîné, ce que votre frère aîné a fait au sien, ce que votre mère vous a tous instruits à vous faire les uns aux autres. »

Non, un roi de ce temps-là surtout, un roi du seizième siècle eût pris ces observations pour des injures, car un roi était, en ce temps-là, un homme, et la civilisation seule en a pu faire un *fac-simile* de Dieu, comme Louis XIV, ou un mythe non responsable, comme — un roi constitutionnel.

Les mignons disaient donc à Henri III :

— Sire, votre frère est mal conseillé.

Et, comme une seule personne avait à la fois le pouvoir et l'esprit de conseiller François, c'était contre Bussy que se soulevait la tempête, chaque jour plus furieuse et plus près d'éclater.

On en était, dans les conseils publics, à trouver des moyens d'intimidation, et, dans les conseils privés, à chercher des moyens d'extermination, lorsque la nouvelle arriva que monseigneur le duc d'Anjou envoyait un ambassadeur.

Comment vint cette nouvelle? par qui vint-elle? qui l'apporta? qui la répandit?

Il serait aussi facile de dire comment se soulèvent les tourbillons de vent dans l'air, les tourbillons de poussière dans la campagne, les tourbillons de bruit dans les villes.

Il y a un démon qui met des ailes à certaines nouvelles et qui les lâche comme des aigles dans l'espace.

Lorsque celle que nous venons de dire arriva au Louvre, ce fut une conflagration générale. Le roi en devint pâle de colère, et les courtisans, outrant, comme d'habitude, la passion du maître, se firent livides.

On jura. Il serait difficile de dire tout ce que l'on jura, mais on jura entre autres choses :

Que, si c'était un vieillard, cet ambassadeur serait bafoué, berné, embastillé;

Que, si c'était un jeune homme, il serait pourfendu, troué à jour, déchiqueté en petits morceaux, lesquels seraient envoyés à toutes les provinces de France comme un échantillon de la royale colère.

Et les mignons, selon leur habitude, de fourbir leurs rapières, de prendre des leçons d'escrime, et de jouer de la dague contre les murailles.

Chicot laissa son épée au fourreau, laissa sa dague dans sa gaîne, et se mit à réfléchir profondément.

Le roi, voyant Chicot réfléchir, se souvint que Chicot avait, un jour, dans un point difficile, qui s'était éclairci depuis, été de l'avis de la reine mère, laquelle avait eu raison.

Il comprit donc que, dans Chicot, était la sagesse du royaume, et il interrogea Chicot.

— Sire, répliqua celui-ci après avoir mûrement réfléchi, ou monseigneur le duc d'Anjou vous envoie un ambassadeur, ou il ne vous en envoie pas.

— Pardieu, dit le roi, c'était bien la peine de te creuser la joue avec le poing pour trouver ce beau dilemme.

— Patience, patience, comme dit, dans la langue de maître Machiavelli, votre auguste mère, que Dieu conserve; patience!

— Tu vois que j'en ai, dit le roi, puisque je t'écoute.

— S'il vous envoie un ambassadeur, c'est qu'il croit pouvoir le faire; s'il croit pouvoir le faire, lui qui est la prudence en personne, c'est qu'il se sent fort; s'il se sent fort, il faut le ménager. Respectons les puissances; trompons-les, mais ne jouons pas avec elles; recevons leur ambassadeur, et témoignons-lui toutes sortes de plaisir de le voir. Cela n'engage à rien. Vous rappelez-vous comment votre frère a embrassé ce bon amiral Coligny qui venait en ambassadeur de la part

des huguenots, qui, eux aussi, se croyaient une puissance?

— Alors tu approuves la politique de mon frère Charles IX?

— Non pas, entendons-nous, je cite un fait, et j'ajoute : si plus tard nous trouvons moyen, non pas de nuire à un pauvre diable de héraut d'armes, d'envoyé, de commis ou d'ambassadeur, si plus tard nous trouvons moyen de saisir au collet le maître, le moteur, le chef, le très-grand et très-honoré prince, monseigneur le duc d'Anjou, vrai, seul et unique coupable, avec les trois Guise, bien entendu, et de les claquemurer dans un fort plus sûr que le Louvre, oh! sire, faisons-le.

— J'aime assez ce prélude, dit Henri III.

— Peste, tu n'es pas dégoûté, mon fils, dit Chicot. Je continue donc.

— Va!

— Mais, s'il n'envoie pas d'ambassadeur, pourquoi laisser beugler tous tes amis?

— Beugler!

— Tu comprends; je dirais rugir s'il y avait moyen de les prendre pour des lions. Je dis beugler... parce que... Tiens, Henri, cela fait, en vérité, mal au cœur de voir des gaillards plus barbus que les singes de ta ménagerie jouer, comme des petits garçons, au fantôme, et essayer de faire peur à des hommes en criant : « Hou! hou!... » Sans compter que, si le duc d'Anjou n'envoie personne, ils s'imagineront que c'est à cause d'eux, et ils se croiront des personnages.

— Chicot, tu oublies que les gens dont tu parles sont mes amis, mes seuls amis.

— Veux-tu que je te gagne mille écus, ô mon roi, dit Chicot.

— Parle.

— Gage avec moi que ces gens-là resteront fidèles à toute épreuve, et moi je gagerai en avoir trois sur quatre, bien à moi, corps et âme, d'ici à demain soir.

L'aplomb avec lequel parlait Chicot fit à son tour réfléchir Henri. Il ne répondit point.

— Ah! dit Chicot, voilà que tu rêves aussi; voilà que tu enfonces ton joli poing dans ta charmante mâchoire. Tu es plus fort que je ne croyais, mon fils, car voilà que tu flaires la vérité.

— Alors que me conseilles-tu?

— Je te conseille d'attendre, mon roi. La moitié de la sagesse du roi Salomon est dans ce mot-là. S'il t'arrive un ambassadeur, fais bonne mine; s'il ne vient personne, fais ce que tu vou-.

dras; mais saches-en gré au moins à ton frère, qu'il ne faut pas, crois-moi, sacrifier à tes drôles. Cordieu! c'est un grand gueux, je le sais bien, mais il est Valois. Tue-le, si cela te convient; mais, pour l'honneur du nom, ne le dégrade pas : c'est un soin dont il s'occupe assez avantageusement lui-même.

— C'est vrai, Chicot.

— Encore une nouvelle leçon que tu me dois; heureusement que nous ne comptons plus. Maintenant laisse-moi dormir, Henri; il y a huit jours que je me suis vu dans la nécessité de soûler un moine, et, quand je fais de ces tours de force-là, j'en ai pour une semaine à être gris.

— Un moine! Est-ce ce bon Génovéfain dont tu m'as parlé?

— Justement. Tu lui as promis une abbaye.

— Moi?

— Pardieu! c'est bien le moins que tu fasses cela pour lui après ce qu'il a fait pour toi.

— Il m'est donc toujours dévoué?

— Il t'adore. A propos, mon fils...

— Quoi?

— C'est dans trois semaines la Fête-Dieu.

— Après?

— J'espère bien que tu nous mitonnes quelque jolie petite procession.

— Je suis le roi très-chrétien, et c'est de mon devoir de donner à mon peuple l'exemple de la religion.

— Et tu feras, comme d'habitude, les stations dans les quatre grands couvents de Paris?...

— Comme d'habitude.

— L'abbaye Sainte-Geneviève en est, n'est-ce pas?...

— Sans doute; c'est le second où je compte me rendre.

— Bon.

— Pourquoi me demandes-tu cela?

— Pour rien. Je suis curieux, r   Maintenant je sais ce que je voulais savoir. Bonsoir, Henri.

En ce moment, et comme Chicot prenait toutes ses aises pour faire un somme, on entendit une grande rumeur dans le Louvre.

— Quel est ce bruit? dit le roi.

— Allons, dit Chicot, il est écrit que je ne dormirai pas, Henri.

— Eh bien?

— Mon fils, loue-moi une chambre en ville, ou je quitte ton service. Ma parole d'honneur, le Louvre devient inhabitable.

En ce moment le capitaine des gardes entra. Il avait l'air fort effaré.

— Qu'y a-t-il? demanda le roi.

— Sire, répondit le capitaine, c'est l'envoyé de M. le duc d'Anjou qui descend au Louvre.

— Avec une suite? demanda le roi.

— Non, tout seul.

— Alors il faut doublement bien le recevoir, Henri, car c'est un brave.

— Allons, dit Henri en essayant de prendre un air calme que démentait sa froide pâleur, allons, qu'on réunisse toute ma cour dans la grande salle et que l'on m'habille de noir; il faut être lugubrement vêtu quand on a le malheur de traiter par ambassadeur avec un frère!

J. A. BEAUCE.   GÉRARD.

Bussy entra le front haut, l'œil calme et le chapeau à la main. — PAGE 62.

CHAPITRE XVI

LEQUEL N'EST AUTRE CHOSE QUE LA SUITE DU PRÉCÉDENT, ÉCOURTÉ PAR L'AUTEUR POUR CAUSE DE FIN D'ANNÉE.

L e trône de Henri III s'élevait dans la grande salle.

Autour de ce trône se pressait une foule frémissante et tumultueuse.

Le roi vint s'y asseoir, triste et le front plissé.

Tous les yeux étaient tournés vers la galerie par laquelle le capitaine des gardes devait introduire l'envoyé.

— Sire, dit Quélus en se penchant à l'oreille du roi, savez-vous le nom de cet ambassadeur?

— Non; mais que m'importe?

— Sire, c'est M. de Bussy. L'insulte n'est-elle pas triple?

— Je ne vois pas en quoi il peut y avoir

insulte, dit Henri s'efforçant de garder son sang-froid.

— Peut-être Votre Majesté ne le voit-elle pas, dit Schomberg; mais nous le voyons bien, nous.

Henri ne répliqua rien. Il sentait fermenter la colère et la haine autour de son trône, et s'applaudissait intérieurement de jeter deux remparts de cette force entre lui et ses ennemis.

Quélus, pâlissant et rougissant tour à tour, appuya les deux mains sur la garde de son épée.

Schomberg ôta ses gants et tira à moitié son poignard hors du fourreau.

Maugiron prit son épée des mains d'un page et l'agrafa à sa ceinture.

D'Epernon se troussa les moustaches jusqu'aux yeux et se rangea derrière ses compagnons.

Quant à Henri, semblable au chasseur qui entend rugir ses chiens contre le sanglier, il laissait faire ses favoris et souriait.

— Faites entrer, dit-il.

A ces paroles, un silence de mort s'établit dans la salle, et, du fond de ce silence, on eût dit qu'on entendait gronder sourdement la colère du roi.

Alors un pas sec, alors un pied dont l'éperon sonnait avec orgueil sur la dalle, retentit dans la galerie.

Bussy entra le front haut, l'œil calme et le chapeau à la main.

Aucun de ceux qui entouraient le roi n'attira le regard hautain du jeune homme. Il s'avança droit à Henri, salua profondément, et attendit qu'on l'interrogeât, fièrement posé devant le trône, mais avec une fierté toute personnelle, fierté de gentilhomme qui n'avait rien d'insultant pour la majesté royale.

— Vous ici, monsieur de Bussy? je vous croyais au fond de l'Anjou.

— Sire, dit Bussy, j'y étais effectivement; mais, comme vous le voyez, je l'ai quitté.

— Et qui vous amène dans notre capitale?

— Le désir de présenter mes bien humbles respects à Votre Majesté.

Le roi et les mignons se regardèrent. Il était évident qu'ils attendaient autre chose de l'impétueux jeune homme.

— Et... rien de plus? dit assez superbement le roi.

— J'y ajouterai, sire, l'ordre que j'ai reçu de Son Altesse monseigneur le duc d'Anjou,

mon maître, de joindre ses respects aux miens.

— Et le duc ne vous a rien dit autre chose?

— Il m'a dit qu'étant sur le point de revenir avec la reine mère il désirait que Votre Majesté sût le retour d'un de ses plus fidèles sujets.

Le roi, presque suffoqué de surprise, ne put continuer son interrogatoire.

Chicot profita de l'interruption pour s'approcher de l'ambassadeur.

— Bonjour, monsieur de Bussy, dit-il.

Bussy se retourna, étonné d'avoir un ami dans toute l'assemblée.

— Ah! monsieur Chicot, salut, et de tout mon cœur, répliqua Bussy. Comment se porte M. de Saint-Luc?

— Mais, fort bien. Il se promène en ce moment avec sa femme du côté des volières.

— Et voilà tout ce que vous aviez à me dire, monsieur de Bussy? demanda le roi.

— Oui, sire; s'il reste quelque autre nouvelle importante, monseigneur le duc d'Anjou aura l'honneur de vous l'annoncer lui-même.

— Très-bien! dit le roi.

Et, se levant tout silencieux de son trône, il descendit les deux degrés.

L'audience était finie, les groupes se rompirent.

Bussy remarqua du coin de l'œil qu'il était entouré par les quatre mignons, et comme enfermé dans un cercle vivant plein de frémissement et de menaces.

A l'extrémité de la salle, le roi causait bas avec son chancelier.

Bussy fit semblant de ne rien voir et continua de s'entretenir avec Chicot.

Alors, comme s'il fût entré dans le complot et qu'il eût résolu d'isoler Bussy, le roi appela.

— Venez çà, Chicot, on a quelque chose à vous dire par ici.

Chicot salua Bussy avec une courtoisie qui sentait son gentilhomme d'une lieue.

Bussy lui rendit son salut avec non moins d'élégance, et demeura seul dans le cercle.

Alors il changea de contenance et de visage. De calme qu'il avait été avec le roi, il était devenu poli avec Chicot; de poli il se fit gracieux.

Voyant Quélus s'approcher de lui :

— Eh! bonjour, monsieur de Quélus, lui dit-il; puis-je avoir l'honneur de vous demander comment va votre maison?

— Mais assez mal, monsieur, répliqua Quélus.

— Oh! mon Dieu, s'écria Bussy, comme s'il eût souci de cette réponse; et qu'est-il donc arrivé?

— Il y a quelque chose **qui nous** gêne infiniment, répondit Quélus.

— Quelque chose? fit **Bussy** avec étonnement; eh! n'êtes-vous pas assez puissants, vous et les autres, et surtout vous, monsieur de Quélus, pour renverser ce quelque chose?

— Pardon, monsieur, dit Maugiron en écartant Schomberg qui s'avançait pour placer son mot dans cette conversation qui promettait d'être intéressante, ce n'est pas quelque chose, c'est quelqu'un que voulait dire M. de Quélus.

— Mais, si ce quelqu'un gêne M. de Quélus, dit Bussy, qu'il le pousse comme vous venez de faire.

— C'est aussi le conseil que je lui ai donné, monsieur de Bussy, dit Schomberg, et je crois que Quélus est décidé à le suivre.

— Ah! c'est vous, monsieur de Schomberg, dit Bussy, je n'avais pas l'honneur de vous reconnaître.

— Peut-être, dit Schomberg, ai-je encore du bleu sur la figure?

— Non pas, vous êtes fort pâle, au contraire. Seriez-vous indisposé, monsieur?

— Monsieur, dit Schomberg, si je suis pâle, c'est de colère.

— Ah çà! mais vous êtes donc comme M. de Quélus, gêné par quelque chose ou par quelqu'un?

— Oui, monsieur.

— C'est comme moi, dit Maugiron, moi aussi, j'ai quelqu'un qui me gêne.

— Toujours spirituel, mon cher monsieur de Maugiron, dit Bussy; mais, en vérité, messieurs, plus je vous regarde, plus vos figures renversées me préoccupent.

— Vous m'oubliez, monsieur, dit d'Épernon en se campant fièrement devant Bussy.

— Pardon, monsieur d'Épernon, vous étiez derrière les autres, selon votre habitude, et j'ai si peu le plaisir de vous connaître, que ce n'était point à moi de vous parler le premier.

C'était un spectacle curieux que le sourire et la désinvolture de Bussy, placé entre ces quatre furieux, dont les yeux parlaient avec une éloquence terrible. Pour ne pas comprendre où ils en voulaient venir, il eût fallu être aveugle ou stupide.

Pour avoir l'air de ne pas comprendre, il fallait être Bussy.

Il garda le silence, et le même sourire demeura imprimé sur ses lèvres.

— Enfin! dit avec un éclat de voix et en frappant de sa botte sur la dalle, Quélus, qui s'impatienta le premier.

— Monsieur, dit-il, remarquez-vous comme il y a de l'écho dans cette salle? Rien ne renvoie le son comme les murs de marbre, et les voix sont doublement sonores sous les voûtes de stuc; bien au contraire, quand on est en rase campagne, les sons se divisent, et je crois, sur mon honneur, que les nuées en prennent leur part. J'avance cette proposition d'après Aristophane. Avez-vous lu Aristophane, messieurs?

Maugiron crut avoir compris l'invitation de Bussy, et il s'approcha du jeune homme pour lui parler à l'oreille.

Bussy l'arrêta.

— Pas de confidence ici, monsieur, je vous en supplie, lui dit-il; vous savez combien Sa Majesté est jalouse; elle croirait que nous médisons.

Maugiron s'éloigna, plus furieux que jamais.

Schomberg prit sa place, et, d'un ton empesé:

— Moi, dit-il, je suis un Allemand très-lourd, très-obtus, mais très-franc; je parle haut pour donner à ceux qui m'écoutent toutes facilités de m'entendre; mais, quand ma parole, que j'essaye de rendre la plus claire possible, n'est pas entendue parce que celui à qui je m'adresse est sourd, ou n'est pas comprise parce que celui à qui je m'adresse ne veut pas comprendre, alors je...

— Vous?... dit Bussy en fixant sur le jeune homme, dont la main agitée s'écartait du centre, un de ces regards comme les tigres seuls en font jaillir de leurs incommensurables prunelles, regards qui semblent sourdre d'un abîme et verser incessamment des torrents de feu; vous?

Schomberg s'arrêta.

Bussy haussa les épaules, pirouetta sur le talon et lui tourna le dos.

Il se trouva en face de d'Épernon.

D'Épernon était lancé, il ne lui était pas possible de reculer.

— Voyez, messieurs, dit-il, comme M. de Bussy est devenu provincial dans la fugue qu'il vient de faire avec M. le duc d'Anjou; il a de la barbe et il n'a pas de nœud à l'épée; il a des bottes noires et un feutre gris.

D'Épernon.

— C'est l'observation que j'étais en train de me faire à moi-même, mon cher monsieur d'Épernon. En vous voyant si bien mis, je me demandais où quelques jours d'absence peuvent conduire un homme. Me voilà forcé, moi, Louis de Bussy, seigneur de Clermont, de prendre modèle de goût sur un petit gentilhomme gascon. Mais laissez-moi passer, je vous prie; vous êtes si près de moi, que vous m'avez marché sur le pied, et M. de Quélus aussi, ce que j'ai senti malgré mes bottes, ajouta-t-il avec un sourire charmant.

En ce moment, Bussy, passant entre d'Épernon et Quélus, tendit la main à Saint-Luc, qui venait d'entrer.

Saint-Luc trouva cette main ruisselante de sueur. Il comprit qu'il se passait quelque chose d'extraordinaire, et il entraîna Bussy hors du groupe d'abord, puis hors de la salle.

Un murmure étrange circulait parmi les mignons et gagnait les autres groupes de courtisans.

— C'est incroyable! disait Quélus, je l'ai insulté, et il n'a pas répondu.

— Moi, dit Maugiron, je l'ai provoqué, et il n'a pas répondu.

— Moi, dit Schomberg, ma main s'est levée à la hauteur de son visage, et il n'a pas répondu.

— Moi, je lui ai marché sur le pied, criait d'Épernon, marché sur le pied, et il n'a pas répondu.

Et il semblait se grandir de toute l'épaisseur du pied de Bussy.

— Il est clair qu'il n'a pas voulu entendre, dit Quélus. Il y a quelque chose là-dessous.

— Ce qu'il y a, dit Schomberg, je le sais, moi.

— Et qu'y a-t-il?

— Il y a qu'il sent qu'à nous quatre nous le tuerons, et qu'il ne veut pas qu'on le tue.

En ce moment, le roi vint aux jeunes gens. Chicot lui parlait à l'oreille.

— Eh bien! disait le roi, que disait donc M. de Bussy? Il m'a semblé entendre parler haut de ce côté.

— Vous voulez savoir ce que disait M. de Bussy, sire? demanda d'Épernon.

— Oui, vous savez que je suis curieux, répliqua Henri en souriant.

— Ma foi, rien de bon, sire, dit Quélus; il n'est plus Parisien.

— Et qu'est-il donc?

— Il est campagnard; il se range.

— Oh! oh! fit le roi, qu'est-ce à dire?

— C'est-à-dire que je vais dresser un chien à lui mordre les mollets, dit Quélus; et encore qui sait si, à travers ses bottes, il s'en apercevra.

— Et moi, dit Schomberg, j'ai une quintaine dans ma maison, je l'appellerai Bussy.

— Moi, dit d'Épernon, j'irai plus droit et plus loin. Aujourd'hui je lui ai marché sur le pied, demain je le soufflèterai. C'est un faux brave, un brave d'amour-propre. Il se dit: « Je me suis assez battu pour l'honneur, je veux être prudent pour la vie. »

— Eh quoi! messieurs, dit Henri avec une feinte colère, vous avez osé maltraiter chez moi, dans le Louvre, un gentilhomme qui est à mon frère!

— Hélas! oui, dit Maugiron, répondant à la feinte colère du roi par une feinte humilité, et, quoique nous l'ayons fort maltraité, sire, je vous jure qu'il n'a rien répondu.

Le roi regarda Chicot en souriant, et, se penchant à son oreille:

— Trouves-tu toujours qu'ils beuglent, Chicot? demanda-t-il. Je crois qu'ils ont rugi, hein!

— Eh! dit Chicot, peut-être ont-ils miaulé. Je connais des gens à qui le cri du chat fait horriblement mal aux nerfs. Peut-être M. de Bussy est-il de ces gens-là. Voilà pourquoi il sera sorti sans répondre.

— Tu crois? dit le roi.

— Qui vivra verra, répondit sentencieusement Chicot.

— Laisse donc, dit Henri, tel maître, tel valet.

— Voulez-vous dire par ces mots, sire, que Bussy soit le valet de votre frère? Vous vous tromperiez fort.

— Messieurs, dit Henri, je vais chez la reine, avec qui je dîne. A tantôt! Les Gelosi[1] viennent nous jouer une farce; je vous invite à les venir voir.

L'assemblée s'inclina respectueusement, et le roi sortit par la grande porte.

Précisément alors M. de Saint-Luc entra par la petite.

Il arrêta du geste les quatre gentilshommes qui allaient sortir.

— Pardon, monsieur de Quélus, dit-il en saluant, demeurez-vous toujours rue Saint-Honoré?

— Oui, cher ami. Pourquoi cela? demanda Quélus.

— J'ai deux mots à vous dire.

— Ah! ah!

— Et vous, monsieur de Schomberg, oserais-je m'enquérir de votre adresse?

— Moi, je demeure rue Béthisy, dit Schomberg étonné.

— D'Épernon, je sais la vôtre.

— Rue de Grenelle.

— Vous êtes mon voisin. Et vous, Maugiron?

— Moi, je suis du quartier du Louvre.

— Je commencerai donc par vous, si vous le permettez; ou plutôt, non, par vous, Quélus...

— A merveille! Je crois comprendre; vous venez de la part de M. de Bussy?

— Je ne dis pas de quelle part je viens, messieurs. J'ai à vous parler, voilà tout.

— A tous quatre?

[1] Comédiens italiens qui donnaient leurs représentations à l'hôtel de Bourgogne.

— Oui.

— Eh bien! mais, si vous ne voulez pas parler au Louvre, comme je le présume, parce que le lieu est mauvais, nous pouvons nous rendre chez l'un de nous. Nous pouvons tous entendre ce que vous avez à nous dire à chacun en particulier.

— Parfaitement.

— Allons chez Schomberg alors, rue Béthisy; c'est à deux pas.

— Oui, allons chez moi, dit le jeune homme.

— Soit, messieurs, dit Saint-Luc.

Et il salua encore.

— Montrez-nous le chemin, monsieur de Schomberg.

— Très-volontiers.

Les cinq gentilshommes sortirent du Louvre en se tenant par-dessous le bras et en occupant toute la largeur de la rue.

Derrière eux marchaient leurs laquais, armés jusqu'aux dents.

On arriva ainsi rue de Béthisy, et Schomberg fit préparer le grand salon de l'hôtel.

Saint-Luc s'arrêta dans l'antichambre.

CHAPITRE XVII

COMMENT M. DE SAINT-LUC S'ACQUITTA DE LA COMMISSION QUI LUI AVAIT ÉTÉ DONNÉE PAR BUSSY.

aissons un moment Saint-Luc dans l'antichambre de Schomberg, et voyons ce qui s'était passé entre lui et Bussy.

Bussy avait, comme nous l'avons vu, quitté la salle d'audience avec son ami, en adressant des saluts à tous ceux que l'esprit de courtisanerie n'absorbait pas au point de négliger un homme aussi redoutable que Bussy.

Car, en ces temps de force brutale, où la puissance personnelle était tout, un homme pouvait, s'il était vigoureux et adroit, se tailler un petit royaume physique et moral dans le beau royaume de France.

C'était ainsi que Bussy régnait à la cour du roi Henri III.

Mais ce jour-là, comme nous l'avons vu, Bussy avait été assez mal reçu dans son royaume.

Une fois hors de la salle, Saint-Luc s'arrêta, et, le regardant avec inquiétude :

— Est-ce que vous allez vous trouver mal, mon ami? lui demanda-t-il; en vérité, vous pâlissez à faire croire que vous êtes sur le point de vous évanouir.

— Non, dit Bussy; seulement j'étouffe de colère.

— Bon! faites-vous donc attention aux propos de tous ces drôles?

— Corbleu! s'y j'y fais attention, cher ami; vous allez en juger.

— Allons, allons, Bussy, du calme.

— Vous êtes charmant! du calme; si l'on vous avait dit la moitié de ce que je viens d'entendre, du tempérament dont je vous connais, il y aurait déjà eu mort d'homme.

— Enfin, que désirez-vous?

— Vous êtes mon ami, Saint-Luc, et vous m'avez donné une preuve terrible de cette amitié.

— Ah! cher ami, dit Saint-Luc, qui croyait Monsoreau mort et enterré, la chose n'en vaut pas la peine; ne me parlez donc plus de cela, vous me désobligeriez. Certainement, le coup était joli, et surtout il a réussi galamment; mais

je n'en ai pas le mérite : c'est le roi qui me l'a-
vait montré tandis qu'il me retenait prisonnier
au Louvre.

— Cher ami.

— Laissons donc le Monsoreau où il est, et
parlons de Diane. A-t-elle été un peu contente,
la pauvre petite? Me pardonne-t-elle? A quand
la noce? A quand le baptême?

— Eh! cher ami, attendez donc que le Monsoreau soit mort.

— Plaît-il? fit Saint-Luc en bondissant comme
s'il eût marché sur un clou aigu.

— Eh! cher ami, les coquelicots ne sont pas
une plante si dangereuse que vous l'aviez cru
d'abord, et il n'est point du tout mort pour être
tombé dessus; tout au contraire, il vit, et il est
plus furieux que jamais.

— Bah! vraiment!

— Oh! mon Dieu, oui! il ne respire que vengeance, et il a juré de vous tuer à la première
occasion. C'est comme cela.

— Il vit?

— Hélas! oui.

— Et quel est donc l'âne bâté de médecin qui
l'a soigné?

— Le mien, cher ami.

— Comment! je n'en reviens pas, reprit
Saint-Luc, écrasé par cette révélation. Ah çà,
mais je suis déshonoré alors, vertubleu! moi
qui ai annoncé sa mort à tout le monde. Il va
trouver ses héritiers en deuil. Oh! mais je n'en
aurai pas le démenti, je le rattraperai, et, à la
prochaine rencontre, au lieu d'un coup d'épée,
je lui en donnerai quatre, s'il le faut.

— A votre tour, calmez-vous, cher Saint-
Luc, dit Bussy. En vérité, Monsoreau me sert
mieux que vous ne pensez. Figurez-vous que
c'est le duc qu'il soupçonne de vous avoir dépêché contre lui; c'est du duc qu'il est jaloux. —
Moi, je suis un ange, un ami précieux, un
Bayard; je suis son cher Bussy, enfin. C'est
tout naturel, c'est cet animal de Remy qui l'a
tiré d'affaire.

— Quelle sotte idée il a eue là!

— Que voulez-vous?... une idée d'honnête
homme; il se figure que, parce qu'il est médecin, il doit guérir les gens.

— Mais c'est un visionnaire que ce gail-
lard-là!

— Bref, c'est à moi qu'il se prétend rede-
vable de la vie; c'est à moi qu'il confie sa
femme.

— Ah! je comprends que ce procédé vous

fasse attendre plus tranquillement sa mort;
mais il n'en est pas moins vrai que j'en suis
tout émerveillé.

— Cher ami!

— D'honneur! je tombe des nues.

— Vous voyez qu'il ne s'agit pas pour le moment de M. de Monsoreau.

— Non! jouissons de la vie pendant qu'il est
encore sur le flanc. Mais, pour le moment de
sa convalescence, je vous préviens que je me
commande une cotte de mailles et que je fais
doubler mes volets en fer. Vous, informez-vous
donc auprès du duc d'Anjou si sa bonne mère ne
lui aurait pas donné quelque recette de contre-
poison. En attendant, amusons-nous, très-cher,
amusons-nous!

Bussy ne put s'empêcher de sourire. Il passa
son bras sous celui de Saint-Luc.

— Ainsi, dit-il, mon cher Saint-Luc, vous
voyez que vous ne m'avez rendu qu'une moitié
de service.

Saint-Luc le regarda d'un air étonné.

— C'est vrai, dit-il; voudriez-vous donc que
je l'achevasse? ce serait dur; mais enfin, pour
vous, mon cher Bussy, je suis prêt à faire bien
des choses, surtout s'il me regarde avec cet œil
jaune. Pouah!

— Non, très-cher, non, je vous l'ai déjà dit,
laissons là le Monsoreau, et, si vous me redevez
quelque chose, rapportez ce quelque chose à un
autre emploi.

— Voyons, dites, je vous écoute.

— Êtes-vous très-bien avec ces messieurs de
la mignonnerie?

— Ma foi, poil à poil, comme chats et chiens
au soleil; tant que le rayon nous échauffe tous,
nous ne nous disons rien; si l'un de nous seulement prenait la part de lumière et de chaleur
des autres, oh! alors, je ne réponds plus de
rien : griffes et dents joueraient leur jeu.

— Eh bien! mon ami, ce que vous me dites là
me charme.

— Ah! tant mieux!

— Admettons que le rayon soit intercepté.

— Admettons, soit.

— Alors montrez-moi vos belles dents blanches, allongez vos formidables griffes, et ouvrons
la partie.

— Je ne vous comprends pas.

Bussy sourit.

— Vous allez, s'il vous plaît, cher ami, aborder M. de Quélus.

— Ah! ah! fit Saint-Luc.

— Vous commencez à comprendre, n'est-ce pas?...

— Oui.

— A merveille. Vous lui demanderez quel jour il lui plairait de me couper la gorge ou de se la faire couper par moi.

— Je le lui demanderai, cher ami.

— Cela ne vous fâche point?

— Moi, pas le moins du monde. J'irai quand vous voudrez, tout de suite, si cela peut vous être agréable.

— Un moment. En allant chez M. de Quélus, vous me ferez, par la même occasion, le plaisir de passer chez M. de Schomberg, à qui vous ferez la même proposition, n'est-ce pas?

— Ah! ah! dit Saint-Luc, à M. de Schomberg aussi. Diable! comme vous y allez, Bussy!

Bussy fit un geste qui n'admettait pas de réplique.

— Soit, dit Saint-Luc, votre volonté sera faite.

— Alors, mon cher Saint-Luc, reprit Bussy, puisque je vous trouve si aimable, vous entrerez au Louvre chez M. de Maugiron, à qui j'ai vu le hausse-col, signe qu'il est de garde; vous l'engagerez à se joindre aux autres, n'est-ce pas?...

— Oh! oh! fit Saint-Luc, trois; y songez-vous, Bussy? Est-ce tout, au moins?

— Non pas.

— Comment, non pas?

— De là, vous vous rendrez chez M. d'Épernon. Je ne vous arrête pas longtemps sur lui, car je le tiens pour un assez pauvre compagnon; mais enfin il fera nombre.

Saint-Luc laissa tomber ses deux bras de chaque côté de son corps et regarda Bussy.

— Quatre? murmura-t-il.

— C'est cela même, cher ami, dit Bussy en faisant de la tête un signe d'assentiment; quatre. Il va sans dire que je ne recommanderai pas à un homme de votre esprit, de votre bravoure et de votre courtoisie, de procéder vis-à-vis de ces messieurs avec toute la politesse que vous possédez à un si suprême degré.

— Oh! cher ami.

— Je m'en rapporte à vous pour faire cela... galamment. Que la chose soit accommodée de façon seigneuriale, n'est-ce pas?

— Vous serez content, mon ami.

Bussy tendit en souriant la main à Saint-Luc.

— A la bonne heure, dit-il. Ah! messieurs les mignons, nous allons donc rire à notre tour.

— Maintenant, cher ami, les conditions.

— Quelles conditions?

— Les vôtres.

— Moi, je n'en fais pas; j'accepterai celles de ces messieurs.

— Vos armes?

— Les armes de ces messieurs.

— Le jour, le lieu et l'heure?

— Le jour, le lieu et l'heure de ces messieurs.

— Mais enfin...

— Ne parlons pas de ces misères-là; faites et faites vite, cher ami. Je me promène là-bas dans le petit jardin du Louvre; vous m'y retrouverez, la commission faite.

— Alors, vous attendez?

— Oui.

— Attendez donc. Dame! ce sera peut-être un peu long.

— J'ai le temps.

Nous savons maintenant comment Saint-Luc trouva les quatre jeunes gens encore réunis dans la salle d'audience, et comment il entama l'entretien. Rejoignons-le donc dans l'antichambre de l'hôtel de Schomberg, où nous l'avons laissé, attendant cérémonieusement, et selon toutes les lois de l'étiquette en vogue à cette époque, tandis que les quatre favoris de Sa Majesté, se doutant de la cause de la visite de Saint-Luc, se posaient aux quatre points cardinaux du vaste salon.

Cela fait, les portes s'ouvrirent à deux battants, et un huissier vint saluer Saint-Luc, qui, le poing sur la hanche, relevant galamment son manteau avec sa rapière, sur la poignée de laquelle il appuyait sa main gauche, marcha, le chapeau à la main droite, jusqu'au milieu du seuil de la porte, où il s'arrêta avec une régularité qui eût fait honneur au plus habile architecte.

— M. d'Espinay de Saint-Luc! cria l'huissier.

Saint-Luc entra.

Schomberg, en sa qualité de maître de maison, se leva et vint au-devant de son hôte, qui, au lieu de le saluer, remit son chapeau sur sa tête.

Cette formalité donnait à la visite sa couleur et son intention.

Schomberg répondit par un salut, puis, se tournant vers Quélus:

— J'ai l'honneur de vous présenter, dit-il, M. Jacques de Lévis, comte de Quélus.

Saint-Luc fit un pas vers Quélus et salua, à son tour, profondément.

— Je cherchais monsieur, dit-il.

Quélus salua.

Schomberg reprit en se tournant vers un autre point de la salle.

— J'ai l'honneur de vous présenter M. Louis de Maugiron.

Même salutation de la part de Saint-Luc, même réponse de Maugiron.

— Je cherchais monsieur, dit Saint-Luc.

Pour d'Épernon ce fut la même cérémonie, faite avec le même flegme et la même lenteur.

Puis, à son tour, Schomberg se nomma lui-même et reçut le même compliment.

Cela fait, les quatre amis s'assirent, Saint-Luc resta debout.

— Monsieur le comte, dit-il à Quélus, vous avez insulté M. le comte Louis de Clermont d'Amboise, seigneur de Bussy, qui vous présente ses très-humbles civilités et vous appelle en combat singulier, tel jour et à telle heure qu'il vous conviendra, pour que vous combattiez avec telles armes qu'il vous plaira jusqu'à ce que mort s'en suive... Acceptez-vous?

— Certes, oui, répondit tranquillement Quélus, et M. le comte de Bussy me fait beaucoup d'honneur.

— Votre jour, monsieur le comte.

— Je n'ai pas de préférence; seulement j'aimerais mieux demain qu'après-demain, après-demain que les jours suivants.

— Votre heure?

— Le matin.

— Vos armes?

— La rapière et la dague, si M. de Bussy s'accommode de ces deux instruments.

Saint-Luc s'inclina.

— Tout ce que vous déciderez sur ce point, dit-il, fera loi pour M. de Bussy.

Puis il s'adressa à Maugiron, qui répondit la même chose; puis successivement aux deux autres.

— Mais, dit Schomberg, qui reçut comme maître de maison le compliment le dernier, nous ne songeons pas à une chose, monsieur de Saint-Luc.

— A laquelle?

— C'est que, s'il nous plaisait, — le hasard fait parfois des choses bizarres, — s'il nous plaisait, dis-je, de choisir tous le même jour et la même heure, M. de Bussy pourrait être fort embarrassé.

Saint-Luc salua avec son plus courtois sourire sur les lèvres.

— Certes, dit-il, M. de Bussy serait embarrassé comme doit l'être tout gentilhomme en présence de quatre vaillants comme vous; mais il dit que le cas ne serait pas nouveau pour lui, puisque ce cas s'est déjà présenté aux Tournelles, près la Bastille.

— Et il nous combattrait tout quatre? dit d'Épernon.

— Tous quatre, reprit Saint-Luc.

— Séparément? demanda Schomberg.

— Séparément ou à la fois; le défi est tout ensemble individuel et collectif.

Les quatre jeunes gens se regardèrent; Quélus rompit le premier le silence.

— C'est fort beau de la part de M. de Bussy, dit-il, rouge de colère; mais, si peu que nous valions, nous pouvons isolément faire chacun notre besogne; nous accepterons donc la proposition du comte en nous succédant les uns aux autres, ou ce qui serait mieux encore...

Quélus regarda ses amis, qui, comprenant sans doute sa pensée, firent un signe d'assentiment.

— Ou ce qui serait mieux encore, reprit-il, comme nous ne cherchons pas à assassiner un galant homme, c'est que le hasard décidât lequel de nous écherra à M. de Bussy.

— Mais, dit vivement d'Épernon, les trois autres?

— Les trois autres? M. de Bussy a certes trop d'amis, et nous trop d'ennemis pour que les trois autres restent les bras croisés.

— Est-ce votre avis, messieurs? ajouta Quélus en se retournant vers ses compagnons.

— Oui, dirent-ils d'une commune voix.

— Il me serait même particulièrement agréable, dit Schomberg, que M. de Bussy invitât à cette fête M. de Livarot.

— Si j'osais émettre une opinion, dit Maugiron, je désirerais que M. de Balzac d'Antraguet en fût.

— Et la partie serait complète, dit Quélus, si M. de Ribérac voulait bien accompagner ses amis.

— Messieurs, dit Saint-Luc, je transmettrai vos désirs à M. le comte de Bussy, et je crois pouvoir vous répondre d'avance qu'il est trop courtois pour ne pas s'y conformer. Il ne me reste donc plus, messieurs, qu'à vous remercier bien sincèrement de la part de M. le comte.

Saint-Luc salua de nouveau, et l'on vit les quatre têtes des gentilshommes provoqués s'abaisser au niveau de la sienne.

Les quatre jeunes gens reconduisirent Saint-Luc jusqu'à la porte du salon.

Dans la dernière antichambre, il trouva les quatre laquais rassemblés.

Il tira sa bourse pleine d'or, et la jeta au milieu d'eux en disant :

— Voici pour boire à la santé de vos maîtres.

CHAPITRE XVIII

EN QUOI M. DE SAINT-LUC ÉTAIT PLUS CIVILISÉ QUE M. DE BUSSY, DES LEÇONS QU'IL LUI DONNA, ET DE L'USAGE QU'EN FIT L'AMANT DE LA BELLE DIANE.

aint-Luc revint très-fier d'avoir si bien fait sa commission.

Bussy l'attendait et le remercia. Saint-Luc le trouva tout triste, ce qui n'était pas naturel chez un homme aussi brave à la nouvelle d'un non et brillant duel.

— Ai-je mal fait les choses? dit Saint-Luc. Vous voilà tout hérissé.

— Ma foi, cher ami, je regrette qu'au lieu de prendre un terme vous n'ayez pas dit : « Tout de suite. »

— Ah! patience, les Angevins ne sont pas encore venus. Que diable! laissez-leur le temps de venir. Et puis, où est la nécessité de vous faire si vite une litière de morts et de mourants?

— C'est que je voudrais mourir le plus tôt possible.

Saint-Luc regarda Bussy avec cet étonnement que les gens parfaitement organisés éprouvent tout d'abord à la moindre apparence d'un malheur même étranger.

— Mourir! quand on a votre âge, votre maîtresse et votre nom !

— Oui! j'en tuerai, je suis sûr, quatre, et je recevrai un bon coup qui me tranquillisera éternellement.

— Des idées noires ! Bussy.

— Je voudrais bien vous y voir, vous. Un mari qu'on croyait mort et qui revient; une femme qui ne peut plus quitter le chevet du lit de ce prétendu moribond ; ne jamais se sourire, ne jamais se parler, ne jamais se toucher la main. Mordieu ! je voudrais bien avoir quelqu'un à écharper...

Saint-Luc répondit à cette sortie par un éclat de rire qui fit envoler toute une volée de moineaux qui picotaient les sorbiers du petit jardin du Louvre.

— Ah! s'écria-t-il, que voilà un homme innocent! Dire que les femmes aiment ce Bussy, un écolier! Mais mon cher, vous perdez le sens : il n'y a pas d'amant aussi heureux que vous sur la terre.

— Ah! fort bien ; prouvez-moi un peu cela, vous, homme marié !

— Nihil facilius, comme disait le jésuite Triquet, mon pédagogue; vous êtes l'ami de M. de Monsoreau?

— Ma foi! j'en ai honte, pour l'honneur de l'intelligence humaine. Ce butor m'appelle son ami.

— Eh bien, soyez son ami.

— Oh!... abuser de ce titre.

— Prorsus absurdum! disait toujours Triquet. Est-il vraiment votre ami?

— Mais il le dit.

— Non, puisqu'il vous rend malheureux. Or

le but de l'amitié est de faire que les hommes soient heureux l'un par l'autre. Du moins c'est ainsi que Sa Majesté définit l'amitié, et le roi est lettré.

Bussy se mit à rire.

— Je continue, dit Saint-Luc. S'il vous rend malheureux, vous n'êtes pas amis; donc vous pouvez le traiter soit en indifférent, et alors lui prendre sa femme; soit en ennemi, et le retuer s'il n'est pas content.

— Au fait, dit Bussy, je le déteste.

— Et lui vous craint.

— Vous croyez qu'il ne m'aime pas?

— Dame, essayez. Prenez-lui sa femme, et vous verrez.

— Est-ce toujours la logique du père Triquet?

— Non, c'est la mienne.

— Je vous en fais mon compliment.

— Elle vous satisfait?

— Non. J'aime mieux être homme d'honneur.

— Et laisser madame de Monsoreau guérir moralement et physiquement son mari? Car enfin, si vous vous faite tuer, il est certain qu'elle s'attachera au seul homme qui lui reste...

Bussy fronça le sourcil.

— Mais, au surplus, ajouta Saint-Luc, voici madame de Saint-Luc, elle est de bon conseil. Après s'être fait un bouquet dans les parterres de la reine mère, elle sera de bonne humeur. Écoutez-la, elle parle d'or.

En effet, Jeanne arrivait radieuse, éblouissante de bonheur et petillante de malice. Il y a de ces heureuses natures qui font de tout ce qui les environne, comme l'alouette aux champs, un réveil joyeux, un riant augure.

Bussy la salua en ami. Elle lui tendit la main, ce qui prouve bien que ce n'est pas le plénipotentiaire Dubois qui a rapporté cette mode d'Angleterre avec le traité de la quadruple alliance.

— Comment vont les amours? dit-elle en liant son bouquet avec une tresse d'or.

— Ils se meurent, dit Bussy.

— Bon! ils sont blessés, et ils s'évanouissent, dit Saint-Luc; je gage que vous allez les faire revenir à eux, Jeanne.

— Voyons, dit-elle, qu'on me montre la plaie.

— En deux mots, voici, reprit Saint-Luc. M. de Bussy n'aime pas à sourire au comte de Monsoreau, et il a formé le dessein de se retirer.

— Et de lui laisser Diane? s'écria Jeanne avec effroi.

Bussy, inquiet de cette première démonstration, ajouta:

— Oh! madame, Saint-Luc ne vous dit pas que je veux mourir.

Jeanne le regarda un moment avec une compassion qui n'était pas évangélique.

— Pauvre Diane! murmura-t-elle; aimez donc! Décidément les hommes sont tous des ingrats!

— Bon! fit Saint-Luc, voilà la morale de ma femme.

— Ingrat, moi! s'écria Bussy, parce que je crains d'avilir mon amour en le soumettant aux lâches pratiques de l'hypocrisie.

— Eh! monsieur, ce n'est là qu'un méchant prétexte, dit Jeanne. Si vous étiez bien épris, vous ne craindriez qu'une sorte d'avilissement: n'être plus aimé.

— Ah! ah! fit Saint-Luc, ouvrez votre escarcelle, mon cher.

— Mais, madame, dit affectueusement Bussy, il est des sacrifices tels...

— Plus un mot. Avouez que vous n'aimez plus Diane, ce sera plus digne d'un galant homme.

Bussy pâlit à cette seule idée.

— Vous n'osez pas le dire; eh bien, moi, je le lui dirai.

— Madame! madame!

— Vous êtes plaisants, vous autres, avec vos sacrifices... Et nous, n'en faisons-nous pas, des sacrifices? Quoi! s'exposer à se faire massacrer par ce tigre de Monsoreau; conserver tous ses droits à un homme en déployant une force, une volonté dont Samson et Annibal eussent été incapables; dompter la bête féroce de Mars pour l'atteler au char de M. le triomphateur, ce n'est pas de l'héroïsme! Oh! je le jure, Diane est sublime, et je n'eusse pas fait le quart de ce qu'elle fait chaque jour.

— Merci, répondit Saint-Luc avec un salut révérencieux, qui fit éclater Jeanne de rire.

Bussy hésitait.

— Et il réfléchit! s'écria Jeanne; il ne tombe pas à genoux, il ne fait pas son mea culpa!

— Vous avez raison, répliqua Bussy, je ne suis qu'un homme, c'est-à-dire une créature imparfaite et inférieure à la plus vulgaire des femmes.

— C'est bien heureux, dit Jeanne, que vous soyez convaincu.

— Que m'ordonnez-vous?

— Allez tout de suite rendre visite...

— A M. de Monsoreau?

— Eh! qui vous parle de cela?... à Diane.

— Mais ils ne se quittent pas, ce me semble.

— Quand vous alliez voir si souvent madame de Barbezieux, n'avait-elle pas toujours près d'elle ce gros singe qui vous mordait parce qu'il était jaloux?

Bussy se mit à rire, Saint-Luc l'imita, Jeanne suivit leur exemple; ce fut un trio d'hilarité qui attira aux fenêtres tout ce qui se promenait de courtisans dans les galeries.

— Madame, dit enfin Bussy, je m'en vais chez M. de Monsoreau. Adieu.

Et sur ce, ils se séparèrent, Bussy ayant recommandé à Saint-Luc de ne rien dire de la provocation adressée aux mignons.

Il s'en retourna en effet chez M. de Monsoreau, qu'il trouva au lit.

Le comte poussa des cris de joie en l'apercevant. Remy venait de promettre que sa blessure serait guérie avant trois semaines.

Diane posa un doigt sur ses lèvres : c'était sa manière de saluer.

Il fallut raconter au comte toute l'histoire de la commission dont le duc d'Anjou avait chargé Bussy, la visite à la cour, le malaise du roi, la froide mine des mignons. Froide mine fut le mot dont se servit Bussy. Diane ne fit qu'en rire.

Monsoreau, tout pensif à ces nouvelles, pria Bussy de se pencher vers lui, et lui dit à l'oreille :

— Il y a encore des projets sous jeu, n'est-ce pas?

— Je le crois, répliqua Bussy.

— Croyez-moi, dit Monsoreau, ne vous compromettez pas pour ce vilain homme; je le connais, il est perfide : je vous réponds qu'il n'hésite jamais au bord d'une trahison.

— Je le sais, dit Bussy avec un sourire qui rappela au comte la circonstance dans laquelle lui, Bussy, avait souffert de cette trahison du duc.

— C'est que, voyez-vous, dit Monsoreau, vous êtes mon ami, et je veux vous mettre en garde. Au surplus, chaque fois que vous aurez une position difficile, demandez-moi conseil.

— Monsieur! monsieur! il faut dormir après le pansement, dit Remy; allons, dormez!

— Oui, cher docteur. Mon ami, faites donc un tour de promenade avec madame de Monsoreau, dit le comte. On dit que le jardin est charmant cette année.

— A vos ordres, répondit Bussy.

CHAPITRE XIX

LES PRÉCAUTIONS DE M. DE MONSOREAU.

Saint-Luc avait raison, Jeanne avait raison; au bout de huit jours, Bussy s'en était aperçu et leur rendait pleinement justice.

Être un homme d'autrefois eût été grand et beau pour la postérité; mais c'était n'être plus qu'un vieil homme, et Bussy, oublieux de Plutarque, qui avait cessé d'être son auteur favori depuis que l'amour l'avait corrompu, Bussy, beau comme Alcibiade, ne se souciant plus que du présent, se montrait désormais peu friand d'un article d'histoire près de Scipion ou de Bayard en leur jour de continence.

Diane était plus simple, plus nature, comme on dit aujourd'hui. Elle se laissait aller aux deux instincts que le misanthrope Figaro reconnaît innés dans l'espèce : aimer et tromper. Elle n'avait jamais eu l'idée de pousser jusqu'à la spéculation philosophique ses opinions sur ce que

Charron et Montaigne appellent l'*honneste*.

— Aimer Bussy, c'était sa logique, — n'être qu'à Bussy, c'était sa morale, — frissonner de tout son corps au simple contact de sa main effleurée, c'était sa métaphysique.

M. de Monsoreau, — il y avait déjà quinze jours que l'accident lui était arrivé, — M. de Monsoreau, disons-nous, se portait de mieux en mieux. Il avait évité la fièvre, grâce aux applications d'eau froide, ce nouveau remède que le hasard ou la Providence avait découvert à Ambroise Paré, quand il éprouva tout à coup une grande secousse : il apprit que M. le duc d'Anjou venait d'arriver à Paris avec la reine mère et ses Angevins.

Le comte avait raison de s'inquiéter : car, le lendemain de son arrivée, le prince, sous prétexte de venir prendre de ses nouvelles, se présenta dans son hôtel de la rue des Petits-Pères. Il n'y a pas moyen de fermer sa porte à une Altesse royale qui vous donne une preuve d'un si tendre intérêt : M. de Monsoreau reçut le prince, et le prince fut charmant pour le grand veneur, et surtout pour sa femme.

Aussitôt le prince sorti, M. de Monsoreau appela Diane, s'appuya sur son bras, et, malgré les cris de Remy, fit trois fois le tour de son fauteuil.

Après quoi il se rassit dans ce même fauteuil, autour duquel il venait, comme nous l'avons dit, de tracer une triple ligne de circonvallation; il avait l'air très-satisfait, et Diane devina à son sourire qu'il méditait quelque sournoiserie.

Mais ceci rentre dans l'histoire privée de la maison de Monsoreau. Revenons donc à l'arrivée de M. le duc d'Anjou, laquelle appartient à la partie épique de ce livre.

Ce ne fut pas, comme on le pense bien, un jour indifférent aux observateurs, que le jour où Monseigneur François de Valois fit sa rentrée au Louvre. Voici ce qu'ils remarquèrent :

Beaucoup de morgue de la part du roi;

Une grande tiédeur de la part de la reine mère;

Et une humble insolence de la part de M. le duc d'Anjou, qui semblait dire :

— Pourquoi diable me rappelez-vous, si vous me faites, quand j'arrive, cette fâcheuse mine?

Toute cette réception était assaisonnée des regards rutilants, flamboyants, dévorants, de MM. de Livarot, de Ribérac et d'Entraguet, lesquels, prévenus par Bussy, étaient bien aises de faire comprendre à leurs futurs adversaires que,

s'il y avait empêchement au combat, cet empêchement, pour sûr, ne viendrait pas de leur part.

Chicot, ce jour-là, fit plus d'allées et de venues que César la veille de la bataille de Pharsale.

Puis tout rentra dans le calme plat.

Le surlendemain de sa rentrée au Louvre, le duc d'Anjou vint faire une seconde visite au blessé.

Monsoreau, instruit des moindres particularités de l'entrevue du roi avec son frère, caressa du geste et de la voix M. le duc d'Anjou, pour l'entretenir dans les plus hostiles dispositions.

Puis, comme il allait de mieux en mieux, quand le duc fut parti, il reprit le bras de sa femme, et, au lieu de faire trois fois le tour de son fauteuil, il fit une fois le tour de sa chambre.

Après quoi, il se rassit d'un air encore plus satisfait que la première fois.

Le même soir, Diane prévint Bussy que M. de Monsoreau méditait bien certainement quelque chose.

Un instant après, Monsoreau et Bussy se trouvèrent seuls.

— Quand je pense, dit Monsoreau à Bussy, que ce prince, qui me fait si bonne mine, est mon ennemi mortel, et que c'est lui qui m'a fait assassiner par M. de Saint-Luc!

— Oh! assassiner! dit Bussy; prenez garde, monsieur le comte, Saint-Luc est bon gentilhomme, et vous avouez vous-même que vous l'aviez provoqué, que vous aviez tiré l'épée le premier, et que vous avez reçu le coup en combattant.

— D'accord, mais il n'en est pas moins vrai qu'il obéissait aux instigations du duc d'Anjou.

— Écoutez, dit Bussy, je connais le duc, et surtout je connais M. de Saint-Luc. Je dois vous dire que M. de Saint-Luc est tout entier au roi, et pas du tout au prince. Ah! si votre coup d'épée vous venait d'Antraguet, de Livarot ou de Ribérac, je ne dis pas... mais de Saint-Luc...

— Vous ne connaissez pas l'histoire de France comme je la connais, mon cher monsieur de Bussy, dit Monsoreau obstiné dans son opinion.

Bussy eût pu lui répondre que s'il connaissait mal l'histoire de France, il connaissait en échange parfaitement celle de l'Anjou, et surtout de la partie de l'Anjou où était enclavé Méridor.

Enfin Monsoreau en vint à se lever et à descendre dans le jardin.

— Cela me suffit, dit-il en remontant. Ce soir, nous déménagerons.

— Pourquoi cela? dit Remy. Est-ce que vous

n'êtes pas en bon air dans la rue des Petits-Pères, ou la distraction vous manque-t-elle?

— Au contraire, dit Monsoreau, j'en ai trop, de distractions; M. d'Anjou me fatigue avec ses visites. Il amène toujours avec lui une trentaine de gentilshommes, et le bruit de leurs éperons m'agace horriblement les nerfs.

— Mais où allez-vous?

— J'ai ordonné qu'on mît en état ma petite maison des Tournelles.

Bussy et Diane, car Bussy était toujours là, échangèrent un regard amoureux de souvenir.

— Comment, cette bicoque! s'écria étourdiment Remy.

— Ah! ah! vous la connaissez? fit Monsoreau.

— Pardieu! dit le jeune homme, qui ne connaît pas les habitations de M. le grand veneur de France, et surtout quand on a demeuré rue Beautreillis?

Monsoreau, par l'habitude, roula quelque vague soupçon dans son esprit.

— Oui, oui, j'irai là, dit-il, et j'y serai bien. On n'y peut recevoir que quatre personnes au plus. C'est une forteresse, et, par la fenêtre, on voit, à trois cents pas de distance, ceux qui viennent vous faire visite.

— De sorte? demanda Remy.

— De sorte qu'on peut les éviter quand on veut, dit Monsoreau, surtout quand on se porte bien.

Bussy se mordit les lèvres, il craignait qu'il ne vînt un temps où Monsoreau l'éviterait à son tour.

Diane soupira. Elle se souvenait avoir vu, dans cette petite maison, Bussy blessé, évanoui sur son lit.

Remy réfléchit; aussi fut-il le premier des trois qui parla.

— Vous ne le pouvez pas, dit-il.

— Et pourquoi cela, s'il vous plaît, monsieur le docteur?

— Parce qu'un grand veneur de France a des réceptions à faire, des valets à entretenir, des équipages à soigner. Qu'il ait un palais pour ses chiens, cela se conçoit, mais qu'il ait un chenil pour lui, c'est impossible.

— Hum! fit Monsoreau d'un ton qui voulait dire : C'est vrai.

— Et puis, dit Remy, car je suis le médecin du cœur comme celui du corps, ce n'est pas votre séjour ici qui vous préoccupe.

— Qu'est-ce donc?

— C'est celui de madame.

— Eh bien?

— Eh bien, faites déménager la comtesse.

— M'en séparer! s'écria Monsoreau en fixant sur Diane un regard où il y avait, certes, plus de colère que d'amour.

— Alors, séparez-vous de votre charge, donnez votre démission de grand veneur; je crois que ce serait sage : car vraiment ou vous ferez ou vous ne ferez pas votre service; si vous ne le faites pas, vous mécontenterez le roi, et si vous le faites...

— Je ferai ce qu'il faudra faire, dit Monsoreau les dents serrées, mais je ne quitterai pas la comtesse.

Le comte achevait ces mots, lorsqu'on entendit dans la cour un grand bruit de chevaux et de voix.

Monsoreau frémit.

— Encore le duc! murmura-t-il.

— Oui, justement, dit Remy en allant à la fenêtre.

Le jeune homme n'avait point achevé que, grâce au privilége qu'ont les princes d'entrer sans être annoncés, le duc entra dans la chambre.

Monsoreau était aux aguets, il vit que le premier coup d'œil de François avait été pour Diane.

Bientôt les galanteries intarissables du duc l'éclairèrent mieux encore; il apportait à Diane un de ces rares bijoux comme en faisaient trois ou quatre en leur vie ces patients et généreux artistes qui illustrèrent un temps où, malgré cette lenteur à les produire, les chefs-d'œuvre étaient plus fréquents qu'aujourd'hui.

C'était un charmant poignard au manche d'or ciselé; ce manche était un flacon; sur la lame courait toute une chasse, burinée avec un merveilleux talent : chiens, chevaux, chasseurs, gibier, arbres et ciel, s'y confondaient dans un pêle-mêle harmonieux qui forçait le regard à demeurer longtemps fixé sur cette lame d'azur et d'or.

— Voyons, dit Monsoreau, qui craignait qu'il n'y eût quelque billet caché dans le manche.

Le prince alla au-devant de cette crainte en le séparant en deux parties.

— A vous qui êtes chasseur, la lame, dit-il; à la comtesse, le manche. Bonjour, Bussy; vous voilà donc ami intime avec le comte, maintenant?

Diane rougit.

Bussy, au contraire, demeura assez maître de lui-même.

— Monseigneur, dit-il, vous oubliez que Votre Altesse elle-même m'a chargé ce matin de venir savoir des nouvelles de M. de Monsoreau. J'ai obéi, comme toujours, aux ordres de Votre Altesse.

— C'est vrai, dit le duc.

Puis, il alla s'asseoir près de Diane, et lui parla bas.

Au bout d'un instant :

— Comte, dit-il, il fait horriblement chaud dans cette chambre de malade. Je vois que la comtesse étouffe, et je vais lui offrir le bras pour lui faire faire un tour de jardin.

Le mari et l'amant échangèrent un regard courroucé.

Diane, invitée à descendre, se leva et posa son bras sur celui du prince.

— Donnez-moi le bras, dit Monsoreau à Bussy. Et Monsoreau descendit derrière sa femme.

— Ah! ah! dit le duc, il paraît que vous allez tout à fait bien?

— Oui, monseigneur, et j'espère être bientôt en état de pouvoir accompagner madame de Monsoreau partout où elle ira.

— Bon! mais, en attendant, il ne faut pas vous fatiguer.

Monsoreau lui-même sentait combien était juste la recommandation du prince.

Il s'assit à un endroit d'où il ne pouvait le perdre de vue.

— Tenez, comte, dit-il à Bussy, si vous étiez bien aimable, dès ce soir vous escorteriez madame de Monsoreau jusqu'à mon petit hôtel de la Bastille; je l'y aime mieux qu'ici, en vérité. Arrachée à Méridor aux griffes de ce vautour, je ne le laisserai pas la dévorer à Paris.

— Non pas, monsieur, dit Remy à son maître, non pas, vous ne pouvez accepter.

— Et pourquoi cela? dit Monsoreau.

— Parce que vous êtes à M. d'Anjou, et que M. d'Anjou ne vous pardonnerait jamais d'avoir aidé le comte à lui jouer un pareil tour.

— Que m'importe? allait s'écrier l'impétueux jeune homme, lorsque un coup d'œil de Remy lui indiqua qu'il devait se taire.

Monsoreau réfléchissait.

— Remy a raison, dit-il, ce n'est point de vous que je dois réclamer un pareil service; j'irai moi-même la conduire : car, demain ou après demain, je serai en mesure d'habiter cette maison.

— Folie, dit Bussy, vous perdrez votre charge.

— C'est possible, dit le comte, mais je garderai ma femme.

Et il accompagna ces paroles d'un froncement de sourcils qui fit soupirer Bussy.

En effet, le soir même, le comte conduisit sa femme à sa maison des Tournelles, bien connue de nos lecteurs.

Remy aida le convalescent à s'y installer.

Puis, comme c'était un homme d'un dévouement à toute épreuve, comme il comprit que, dans ce local resserré, Bussy aurait grand besoin de lui, il se rapprocha de Gertrude, qui commença par le battre, et finit par lui pardonner.

Diane reprit sa chambre, située sur le devant, cette chambre au portail et au lit de damas blanc et or.

Un corridor seulement séparait cette chambre de celle du comte de Monsoreau.

Bussy s'arrachait des poignées de cheveux.

Saint-Luc prétendait que les échelles de corde, étant arrivées à leur plus haute perfection, pouvaient à merveille remplacer les escaliers.

Monsoreau se frottait les mains, et souriait en songeant au dépit de M. le duc d'Anjou.

CHAPITRE XX

UNE VISITE A LA MAISON DES TOURNELLES.

L a surexcitation tient lieu, à quelques hommes, de passion réelle, comme la faim donne au loup et à la hyène une apparence de courage.

C'était sous l'impression d'un sentiment pareil que M. d'Anjou, dont le dépit ne pourrait se décrire lorsqu'il ne retrouva plus Diane à Méridor, était revenu à Paris; à son retour, il était presque amoureux de cette femme, et cela justement parce qu'on la lui enlevait.

Il en résultait que sa haine pour Monsoreau, haine qui datait du jour où il avait appris que le comte le trahissait, il en résultait, disons-nous, que sa haine s'était changée en une sorte de fureur, d'autant plus dangereuse, qu'ayant expérimenté déjà le caractère énergique du comte, il voulait se tenir prêt à frapper sans donner prise sur lui-même.

D'un autre côté, il n'avait pas renoncé à ses espérances politiques, bien au contraire; et l'assurance qu'il avait prise de sa propre importance l'avait grandi à ses propres yeux. A peine de retour à Paris, il avait donc recommencé ses ténébreuses et souterraines machinations. Le moment était favorable. Bon nombre de ces conspirateurs chancelants, qui sont dévoués au succès, rassurés par l'espèce de triomphe que la faiblesse du roi et l'astuce de Catherine venaient de donner aux Angevins, s'empressaient autour du duc d'Anjou, ralliant, par des fils imperceptibles mais puissants, la cause du prince à celle des Guises, qui demeuraient prudemment dans l'ombre, et qui gardaient un silence dont Chicot se trouvait fort alarmé.

Au reste, plus d'épanchement politique du duc envers Bussy : une hypocrisie amicale, voilà tout. Le prince était vaguement troublé d'avoir vu le jeune homme chez Monsoreau, et il lui gardait rancune de cette confiance que Monsoreau, si défiant, avait néanmoins envers lui.

Il s'effrayait aussi de cette joie qui épanouissait le visage de Diane, de ces fraîches couleurs qui la rendaient si désirable, d'adorable qu'elle était. Le prince savait que les fleurs ne se colorent et ne se parfument qu'au soleil, et les femmes qu'à l'amour. Diane était visiblement heureuse, et pour le prince, toujours malveillant et soucieux, le bonheur d'autrui semblait une hostilité.

Né prince, devenu puissant par une route sombre et tortueuse, décidé à se servir de la force, soit pour ses amours, soit pour ses vengeances, depuis que la force lui avait réussi; bien conseillé, d'ailleurs, par Aurilly, le duc pensa qu'il serait honteux pour lui d'être ainsi arrêté dans ses désirs par des obstacles aussi ridicules que le sont une jalousie de mari et une répugnance de femme.

Un jour qu'il avait mal dormi et qu'il avait passé la nuit à poursuivre ces mauvais rêves qu'on fait dans un demi-sommeil fiévreux, il sentit qu'il était monté au ton de ses désirs, et commanda ses équipages pour aller voir Monsoreau.

Monsoreau, comme on le sait, était parti pour sa maison des Tournelles.

Le prince sourit à cette annonce. C'était la petite pièce de la comédie de Méridor. Il s'enquit, mais pour la forme seulement, de l'endroit où était située cette maison; on lui répondit que c'était sur la place Saint-Antoine, et, se retournant alors vers Bussy, qui l'avait accompagné :

— Puisqu'il est aux Tournelles, dit-il, allons aux Tournelles.

L'escorte se remit en marche, et bientôt tout le quartier fut en rumeur par la présence de ces vingt-quatre beaux gentilshommes, qui composaient d'ordinaire la suite du prince, et qui avaient chacun deux laquais et trois chevaux.

Le prince connaissait bien la maison et la porte ; Bussy ne la connaissait pas moins bien que lui. Ils s'arrêtèrent tous deux devant la porte, s'engagèrent dans l'allée et montèrent tous deux ; seulement, le prince entra dans les appartements, et Bussy demeura sur le palier.

Il résulta de cet arrangement que le prince, qui paraissait le privilégié, ne vit que Monsoreau, lequel le reçut couché sur une chaise longue, tandis que Bussy fut reçu dans les bras de Diane, qui l'étreignirent fort tendrement, tandis que Gertrude faisait le guet.

Monsoreau, naturellement pâle, devint livide en apercevant le prince. C'était sa vision terrible.

— Monseigneur, dit-il frissonnant de contrariété, monseigneur, dans cette pauvre maison ! en vérité, c'est trop d'honneur pour le peu que je suis.

L'ironie était visible, car à peine le comte se donnait-il la peine de la déguiser.

Cependant le prince ne parut aucunement la remarquer, et, s'approchant du convalescent avec un sourire :

— Partout où va un ami souffrant, dit-il, j'irai pour demander de ses nouvelles.

— En vérité, prince, Votre Altesse a dit le mot ami, je crois.

— Je l'ai dit, mon cher comte. Comment allez-vous ?

— Beaucoup mieux, monseigneur ; je me lève, je vais, je viens, et, dans huit jours, il n'y paraîtra plus.

— Est-ce votre médecin qui vous a prescrit l'air de la Bastille ? demanda le prince avec l'accent le plus candide du monde.

— Oui, monseigneur.

— N'étiez-vous pas bien rue des Petits-Pères ?

— Non, monseigneur ; j'y recevais trop de monde, et ce monde menait trop grand bruit.

Le comte prononça ces paroles avec un ton de fermeté qui n'échappa point au prince, et cependant le prince ne parut point y faire attention.

— Mais vous n'avez point de jardin ici, ce me semble ? dit-il.

— Le jardin me faisait tort, monseigneur, répondit Monsoreau.

— Mais où vous promeniez-vous, mon cher ?

— Justement, monseigneur, je ne me promenais pas.

Le prince se mordit les lèvres et se renversa sur sa chaise.

— Vous savez, comte, dit-il après un moment de silence, que l'on demande beaucoup votre charge de grand veneur au roi ?

— Bah ! et sous quel prétexte, monseigneur ?

— Beaucoup prétendent que vous êtes mort.

— Oh ! monseigneur, j'en suis sûr, répond que je ne le suis pas.

— Moi, je ne réponds rien du tout. Vous vous enterrez, mon cher, donc vous êtes mort.

Monsoreau se mordit les lèvres à son tour.

— Que voulez-vous, monseigneur ? dit-il, je perdrai mes charges.

— Vraiment ?

— Oui ; il y a des choses que je leur préfère.

— Ah ! fit le prince, c'est fort désintéressé de votre part.

— Je suis fait ainsi, monseigneur.

— En ce cas, puisque vous êtes ainsi fait, vous ne trouveriez pas mauvais que le roi le sût.

— Qui le lui dirait ?

— Dame ! s'il m'interroge, il faudra bien que je lui répète notre conversation.

— Ma foi, monseigneur, si l'on répétait au roi tout ce qui se dit à Paris, Sa Majesté n'aurait pas assez de ses deux oreilles.

— Que se dit-il donc à Paris, monsieur ? dit le prince en se retournant vers le comte aussi vivement que si un serpent l'eût piqué.

Monsoreau vit que, tout doucement, la conversation avait pris une tournure un peu trop sérieuse pour un convalescent n'ayant pas encore toute liberté d'agir. Il calma la colère qui bouillonnait au fond de son âme, et, prenant un visage indifférent :

— Que sais-je, moi, pauvre paralytique ? dit-il. Les événements passent, et j'en aperçois à peine l'ombre. Si le roi est dépité de me voir si mal faire son service, il a tort.

— Comment cela ?

— Sans doute ; mon accident...

— Eh bien ?

— Vient un peu de sa faute.

— Expliquez-vous.

— Dame ! M. de Saint-Luc, qui m'a donné ce coup d'épée, n'est-il pas des plus chers amis du roi ? C'est le roi qui lui a montré la botte secrète à l'aide de laquelle il m'a troué la poitrine, et rien ne me dit même que ce ne soit pas le roi qui me l'ait tout doucement dépêché.

Le duc d'Anjou fit presque un signe d'approbation.

— Vous avez raison, dit-il ; mais enfin le roi est le roi.

— Jusqu'à ce qu'il ne le soit plus, n'est-ce pas ? dit Monsoreau.

Le duc tressaillit.

— A propos, dit-il, madame de Monsoreau ne loge-t-elle donc pas ici ?

— Monseigneur, elle est malade en ce moment ; sans quoi elle serait déjà venue vous présenter ses très-humbles hommages.

— Malade ? Pauvre femme !

— Oui, monseigneur.

— Le chagrin de vous avoir vu souffrir ?

— D'abord ; puis la fatigue de cette translation.

— Espérons que l'indisposition sera de courte durée, mon cher comte. Vous avez un médecin si habile !

Et il leva le siége.

— Le fait est, dit Monsoreau, que ce cher Remy m'a admirablement soigné.

— Mais c'est le médecin de Bussy que vous me nommez là.

— Le comte me l'a donné en effet, monseigneur.

— Vous êtes donc très-lié avec Bussy ?

— C'est mon meilleur, je devrais même dire c'est mon seul ami, répondit froidement Monsoreau.

— Adieu, comte, dit le prince en soulevant la portière de damas.

Au même instant, et comme il passait la tête sous la tapisserie, il crut voir comme un bout de robe s'effacer dans la chambre voisine, et Bussy apparut tout à coup à son poste au milieu du corridor.

Le soupçon grandit chez le duc.

— Nous partons, dit-il à Bussy.

Bussy, sans répondre, descendit aussitôt pour donner à l'escorte l'ordre de se préparer, mais peut-être bien aussi pour cacher sa rougeur au prince.

Le duc, resté seul sur le palier, essaya de pénétrer dans le corridor où il avait vu disparaître la robe de soie.

Mais, en se retournant, il remarqua que Monsoreau l'avait suivi et se tenait debout, pâle et appuyé au chambranle, sur le seuil de la porte.

— Votre Altesse se trompe de chemin, dit froidement le comte.

— C'est vrai, balbutia le duc, merci.

Et il descendit, la rage dans le cœur.

Pendant toute la route, qui était longue cependant, Bussy et lui n'échangèrent pas une seule parole.

Bussy quitta le duc à la porte de son hôtel.

Lorsque le duc fut rentré et seul dans son cabinet, Aurilly s'y glissa mystérieusement.

— Eh bien, dit le duc en l'apercevant, je suis bafoué par le mari.

— Et peut-être aussi par l'amant, monseigneur, dit le musicien.

— Que dis-tu ?

— La vérité, Altesse.

— Achève alors.

— Écoutez, monseigneur, j'espère que vous me pardonnerez, car c'était pour le service de Votre Altesse.

— Va, c'est convenu, je te pardonne d'avance.

— Eh bien, j'ai guetté sous un hangar après que vous fûtes monté.

— Ah ! ah ! et qu'as-tu vu ?

— J'ai vu paraître une robe de femme, j'ai vu cette femme se pencher, j'ai vu deux bras se nouer autour de son cou ; et, comme mon oreille est exercée, j'ai entendu fort distinctement le bruit d'un long et tendre baiser.

— Mais quel était l'homme ? demanda le duc. L'as-tu reconnu, lui ?

— Je ne puis reconnaître des bras, dit Aurilly. Les gants n'ont pas de visage, monseigneur.

— Oui, mais on peut reconnaître des gants.

— En effet, il m'a semblé... dit Aurilly.

— Que tu les reconnaissais, n'est-ce pas ? Allons donc !

— Mais ce n'est qu'une présomption.

— N'importe, dis toujours.

— Eh bien, monseigneur, il m'a semblé que c'étaient les gants de M. de Bussy.

— Des gants de buffle brodés d'or, n'est-ce pas ? s'écria le duc, aux yeux duquel disparut tout à coup le nuage qui voilait la vérité.

— De buffle brodés d'or ; oui, monseigneur, c'est cela, répéta Aurilly.

— Ah ! Bussy ! oui, Bussy ! c'est Bussy ! s'écria de nouveau le duc ; aveugle que j'étais ! ou plutôt, non ; je n'étais pas aveugle. Seulement, je ne pouvais croire à tant d'audace.

— Prenez-y garde, dit Aurilly, il me semble que Votre Altesse parle bien haut.

— Bussy ! répéta encore une fois le duc, se

rappelant mille circonstances qui avaient passé inaperçues, et qui, maintenant, repassaient grandissantes devant ses yeux.

— Cependant, monseigneur, dit Aurilly, il ne faudrait pas croire trop légèrement; ne pouvait-il y avoir un homme caché dans la chambre de madame de Monsoreau?

— Oui, sans doute; mais Bussy, Bussy, qui était dans le corridor, l'aurait vu, cet homme.

— C'est vrai, monseigneur.

— Et puis, les gants, les gants.

— C'est encore vrai; et puis, outre le bruit du baiser, j'ai encore entendu...

— Quoi?

— Trois mots.

— Lesquels?

— Les voici : A demain soir!

— O mon Dieu!

— De sorte que si nous voulions, monseigneur, un peu recommencer cet exercice que nous faisions autrefois, eh bien, nous serions sûrs...

— Aurilly, demain soir nous recommencerons.

— Votre Altesse sait que je suis à ses ordres.

— Bien. Ah! Bussy! répéta le duc entre ses dents, Bussy, traître à son seigneur! Bussy, cet épouvantail de tous! Bussy, l'honnête homme... Bussy, qui ne veut pas que je sois roi de France!...

Et le duc, souriant avec une infernale joie, congédia Aurilly pour réfléchir à son aise.

CHAPITRE XXI

LES GUETTEURS.

urilly et le duc d'Anjou se tinrent mutuellement parole. Le duc retint près de lui Bussy tant qu'il put pendant le jour, afin de ne perdre aucune de ses démarches.

Bussy ne demandait pas mieux que de faire, pendant le jour, sa cour au prince; de cette façon, il avait la soirée libre. C'était sa méthode, et il la pratiquait même sans arrière-pensée.

A dix heures du soir, il s'enveloppa de son manteau, et, son échelle sous le bras, il s'achemina vers la Bastille.

Le duc, qui ignorait que Bussy avait une échelle dans son antichambre, qui ne pouvait croire que l'on marchât seul ainsi dans les rues de Paris, le duc qui pensait que Bussy passerait par son hôtel pour prendre un cheval et un ser-

viteur, perdit dix minutes en apprêts. Pendant ces dix minutes, Bussy, leste et amoureux, avait déjà fait les trois quarts du chemin.

Bussy fut heureux comme le sont d'ordinaire les gens hardis: il ne fit aucune rencontre par les chemins, et, en approchant, il vit de la lumière aux vitres.

C'était le signal convenu entre lui et Diane.

Il jeta son échelle au balcon. Cette échelle, munie de six crampons placés en sens inverses, accrochait toujours quelque chose.

Au bruit, Diane éteignit sa lampe et ouvrit la fenêtre pour assurer l'échelle.

La chose fut faite en un instant.

Diane jeta les yeux sur la place; elle fouilla du regard tous les coins et recoins : la place lui parut déserte.

Alors elle fit signe à Bussy qu'il pouvait monter.

Bussy, sur ce signe, escalada les échelons

deux à deux. Il y en avait dix : ce fut l'affaire de cinq enjambées, c'est-à-dire de cinq secondes.

Ce moment avait été heureusement choisi : car, tandis que Bussy montait par la fenêtre, M. de Monsoreau, après avoir écouté patiemment pendant plus de dix minutes à la porte de sa femme, descendait péniblement l'escalier, appuyé sur le bras d'un valet de confiance, lequel remplaçait Remy avec avantage, toutes les fois qu'il ne s'agissait ni d'appareils ni de topiques.

Cette double manœuvre, qu'on eût dite combinée par un habile stratégiste, s'exécuta de cette façon, que Monsoreau ouvrait la porte de la rue juste au moment où Bussy retirait son échelle et où Diane fermait sa fenêtre.

Monsoreau se trouva dans la rue; mais, nous l'avons dit, la rue était déserte, et le comte ne vit rien.

— Aurais-tu été mal renseigné? demanda Monsoreau à son domestique.

— Non, monseigneur, répondit celui-ci. Je quitte l'hôtel d'Anjou, et le maître palefrenier, qui est de mes amis, m'a dit positivement que monseigneur avait commandé deux chevaux pour ce soir. Maintenant, monseigneur, peut-être était-ce pour aller tout autre part qu'ici.

— Où veux-tu qu'il aille? dit Monsoreau d'un air sombre.

Le comte était comme tous les jaloux, qui ne croient pas que le reste de l'humanité puisse être préoccupée d'autre chose que de les tourmenter.

Il regarda autour de lui une seconde fois.

— Peut-être eussé-je mieux fait de rester dans la chambre de Diane, murmura-t-il. Mais peut-être ont-ils des signaux pour correspondre; elle l'eût prévenu de ma présence, et je n'eusse rien su. Mieux vaut encore guetter du dehors, comme nous en sommes convenus. Voyons, conduis-moi à cette cachette, de laquelle tu prétends que l'on peut tout voir.

— Venez, monseigneur, dit le valet.

Monsoreau s'avança, moitié s'appuyant au bras de son domestique, moitié se soutenant au mur.

En effet, à vingt ou vingt-cinq pas de la porte, du côté de la Bastille, se trouvait un énorme tas de pierre provenant de maisons démolies et servant de fortifications aux enfants du quartier lorsqu'ils simulaient les combats, restes populaires des Armagnacs et des Bourguignons.

Au milieu de ce tas de pierres, le valet avait pratiqué une espèce de guérite qui pouvait facilement contenir et cacher deux personnes.

Il étendit un manteau sur ces pierres, et Monsoreau s'accroupit dessus.

Le valet se plaça aux pieds du comte.

Un mousqueton tout chargé était posé à tout événement à côté d'eux.

Le valet voulut apprêter la mèche de l'arme; mais Monsoreau l'arrêta.

— Un instant, dit-il, il sera toujours temps. C'est gibier royal que celui que nous éventons, et il y a peine de la hart pour quiconque porte la main sur lui.

Et ses yeux, ardents comme ceux d'un loup embusqué dans le voisinage d'une bergerie, se portaient des fenêtres de Diane dans les profondeurs du faubourg, et des profondeurs du faubourg dans les rues adjacentes, car il désirait surprendre et craignait d'être surpris.

Diane avait prudemment fermé ses épais rideaux de tapisserie, en sorte qu'à leur bordure seulement filtrait un rayon lumineux, qui dénonçait la vie, dans cette maison absolument noire.

Monsoreau n'était pas embusqué depuis dix minutes, que deux chevaux parurent à l'embouchure de la rue Saint-Antoine.

Le valet ne parla point; mais il étendit la main dans la direction des deux chevaux.

— Oui, dit Monsoreau, je vois.

Les deux cavaliers mirent pied à terre à l'angle de l'hôtel des Tournelles, et ils attachèrent leurs chevaux aux anneaux de fer disposés dans la muraille à cet effet.

— Monseigneur, dit Aurilly, je crois que nous arrivons trop tard; il sera parti directement de votre hôtel; il avait dix minutes d'avance sur vous, il est entré.

— Soit, dit le prince; mais, si nous ne l'avons pas vu entrer, nous le verrons sortir.

— Oui, mais quand? dit Aurilly.

— Quand nous voudrons, dit le prince.

— Serait-ce trop de curiosité que de vous demander comment vous comptez vous y prendre, monseigneur?

— Rien de plus facile. Nous n'avons qu'à heurter à la porte, l'un de nous, c'est-à-dire toi, par exemple, sous prétexte que tu viens demander des nouvelles de M. de Monsoreau. Tout amoureux s'effraye au bruit. Alors, toi entré dans la maison, lui sort par la fenêtre, et moi, qui serai resté dehors, je le verrai déguerpir.

— Et le Monsoreau?

— Que diable veux-tu qu'il dise? C'est mon ami, je suis inquiet, je fais demander de ses nou-

Un mousqueton tout chargé était posé à tout événement à côté d'eux. — Page 80

velles, parce que je lui ai trouvé mauvaise mine dans la journée; rien de plus simple.

— C'est on ne peut plus ingénieux, monseigneur, dit Aurilly.

— Entends-tu ce qu'ils disent? demanda Monsoreau à son valet.

— Non, monseigneur; mais, s'ils continuent de parler, nous ne pouvons manquer de les entendre, puisqu'ils viennent de ce côté.

— Monseigneur, dit Aurilly, voici un tas de pierres qui semble fait exprès pour cacher Votre Altesse.

— Oui; mais attends, peut-être y a-t-il moyen de voir à travers les fentes des rideaux.

En effet, comme nous l'avons dit, Diane avait rallumé ou rapproché la lampe, et une légère lueur filtrait du dedans au dehors.

Le duc et Aurilly tournèrent et retournèrent pendant plus de dix minutes, afin de chercher un point d'où leurs regards pussent pénétrer dans l'intérieur de la chambre. Pendant ces différentes évolutions, Monsoreau bouillait d'impatience et arrêtait souvent sa main sur le canon du mousquet, moins froid que cette main.

— Oh! souffrirai-je cela? murmura-t-il; dévorerai-je encore cet affront? Non, non : tant pis, ma patience est à bout. Mordieu! ne pouvoir ni dormir, ni veiller, ni même souffrir tranquille, parce qu'un caprice honteux s'est logé dans le cerveau oisif de ce misérable prince! Non, je ne suis pas un valet complaisant; je suis le comte de Monsoreau; et qu'il vienne de ce côté, je lui fais, sur mon honneur, sauter la cervelle. Allume la mèche, René, allume...

En ce moment, justement le prince, voyant qu'il était impossible à ses regards de pénétrer à travers l'obstacle, en était revenu à son projet, et s'apprêtait à se cacher dans les décombres, tandis qu'Aurilly allait frapper à la porte, quand tout à coup, oubliant la distance qu'il y avait entre lui et le prince, Aurilly posa vivement sa main sur le bras du duc d'Anjou.

— Eh bien, monsieur, dit le prince étonné, qu'y a-t-il?

— Venez, monseigneur, venez, dit Aurilly.

— Mais pourquoi cela?

— Ne voyez-vous rien briller à gauche? Venez, monseigneur, venez.

— En effet, je vois comme une étincelle au au milieu de ces pierres.

— C'est la mèche d'un mousquet ou d'une arquebuse, monseigneur.

— Ah! ah! fit le duc, et qui diable peut être embusqué là?

— Quelque ami ou quelque serviteur de Bussy. Éloignons-nous, faisons un détour, et revenons d'un autre côté. Le serviteur donnera l'alarme, et nous verrons Bussy descendre par la fenêtre.

— En effet, tu as raison, dit le duc; viens.

Tous deux traversèrent la rue pour regagner la place où ils avaient attaché leurs chevaux.

— Ils s'en vont, dit le valet.

— Oui, dit Monsoreau. Les as-tu reconnus?

— Mais il me semble bien, à moi, que c'est le prince et Aurilly.

— Justement. Mais tout à l'heure j'en serai plus sûr encore.

— Que va faire monseigneur?

— Viens.

Pendant ce temps, le duc et Aurilly tournaient par la rue Sainte-Catherine, avec l'intention de longer les jardins et de revenir par le boulevard de la Bastille.

Monsoreau rentrait et ordonnait de préparer sa litière.

Ce qu'avait prévu le duc arriva. Au bruit que fit Monsoreau, Bussy prit l'alarme : la lumière s'éteignit de nouveau, la fenêtre se rouvrit, l'échelle de corde fut fixée, et Bussy, à son grand regret, obligé de fuir comme Roméo, mais sans avoir, comme Roméo, vu se lever le premier rayon du jour et entendu chanter l'alouette.

Au moment où il mettait pied à terre et où Diane lui renvoyait l'échelle, le duc et Aurilly débouchaient à l'angle de la Bastille. Ils virent, juste au-dessous de la fenêtre de la belle Diane, une ombre suspendue entre le ciel et la terre; mais cette ombre disparut presque aussitôt au coin de la rue Saint-Paul.

— Monsieur, disait le valet, nous allons réveiller toute la maison.

— Qu'importe? répondait Monsoreau furieux; je suis le maître ici, ce me semble, et j'ai bien le droit de faire chez moi ce que voulait y faire M. le duc d'Anjou.

La litière était prête. Monsoreau envoya chercher deux de ses gens qui logeaient rue des Tournelles, et, lorsque ces gens, qui avaient l'habitude de l'accompagner depuis sa blessure, furent arrivés et eurent pris place aux deux portières, la machine partit au trot de deux robustes chevaux, et, en moins d'un quart d'heure, fut à la porte de l'hôtel d'Anjou.

Le duc et Aurilly venaient de rentrer depuis si peu de temps, que leurs chevaux n'étaient pas encore débridés.

Monsoreau, qui avait ses entrées libres chez le prince, parut sur le seuil juste au moment où celui-ci, après avoir jeté son feutre sur un fauteuil, tendait ses bottes à un valet de chambre.

Cependant un valet, qui l'avait précédé de quelques pas, annonça M. le grand veneur.

La foudre brisant les vitres de la chambre du prince n'eût pas plus étonné celui-ci que l'annonce qui venait de se faire entendre.

— Monsieur de Monsoreau! s'écria-t-il avec une inquiétude qui perçait à la fois et dans sa pâleur et dans l'émotion de sa voix.

— Oui, monseigneur, moi-même, dit le comte en comprimant ou plutôt en essayant de comprimer le sang qui bouillait dans ses artères.

L'effort qu'il faisait sur lui-même fut si violent, que M. de Monsoreau sentit ses jambes qui manquaient sous lui, et tomba sur un siège placé à l'entrée de la chambre.

— Mais, dit le duc, vous vous tuerez, mon

cher ami, et, dans ce moment même, vous êtes si pâle, que vous semblez près de vous évanouir.

— Oh! que non, monseigneur, j'ai, pour le moment, des choses trop importantes à confier à Votre Altesse. Peut-être m'évanouirai-je après, c'est possible.

— Voyons, parlez, mon cher comte, dit François tout bouleversé.

— Mais pas devant vos gens, je suppose, dit Monsoreau.

Le duc congédia tout le monde, même Aurilly. Les deux hommes se trouvèrent seuls.

— Votre Altesse rentre? dit Monsoreau.

— Comme vous voyez, comte.

— C'est bien imprudent à Votre Altesse d'aller ainsi la nuit par les rues.

— Qui vous dit que j'ai été par les rues?

— Dame! cette poussière qui couvre vos habits, monseigneur...

— Monsieur de Monsoreau, dit le prince avec un accent auquel il n'y avait pas à se méprendre, faites-vous donc encore un autre métier que celui de grand veneur?

— Le métier d'espion? oui, monseigneur. Tout le monde s'en mêle aujourd'hui, un peu plus, un peu moins; et moi comme les autres.

— Et que vous rapporte ce métier, monsieur?

— De savoir ce qui se passe.

— C'est curieux, fit le prince en se rapprochant de son timbre pour être à portée d'appeler.

— Très-curieux, dit Monsoreau.

— Alors, contez-moi ce ce que vous avez à me dire.

— Je suis venu pour cela.

— Vous permettez que je m'assoie?

— Pas d'ironie, monseigneur, envers un humble et fidèle ami comme moi, qui ne vient à cette heure et dans l'état où il est que pour vous rendre un signalé service. Si je me suis assis, monseigneur, c'est, sur mon honneur, que je ne puis rester debout.

— Un service? reprit le duc, un service?

— Oui.

— Parlez donc.

— Monseigneur, je viens à Votre Altesse de la part d'un puissant prince.

— Du roi?

— Non, de monseigneur le duc de Guise.

— Ah! dit le prince, de la part du duc de Guise! c'est autre chose. Approchez-vous et parlez bas.

CHAPITRE XXII

COMMENT M. LE DUC D'ANJOU SIGNA, ET COMMENT, APRÈS AVOIR SIGNÉ, IL PARLA.

I l se fit un instant de silence entre le duc d'Anjou et Monsoreau. Puis, rompant le premier ce silence:

— Eh bien, monsieur le comte, demanda le duc, qu'avez-vous à me dire de la part de MM. de Guise?

— Beaucoup de choses, monseigneur.

— Ils vous ont donc écrit?

— Oh! non pas; MM. de Guise n'écrivent plus depuis l'étrange disparition de maître Nicolas David.

— Alors, vous avez donc été à l'armée?

— Non, monseigneur; ce sont eux qui sont venus à Paris.

— MM. de Guise sont à Paris! s'écria le duc.

— Oui, monseigneur.

— Et je ne les ai pas vus!

— Ils sont trop prudents pour s'exposer, et pour exposer en même temps Votre Altesse.

— Et je ne suis pas prévenu?

— Si fait, monseigneur, puisque je vous préviens.

— Mais que viennent-ils faire?

— Mais ils viennent, monseigneur, au rendez-vous que vous leur avez donné.

— Moi! je leur ai donné rendez-vous?

— Sans doute, le même jour où Votre Altesse a été arrêtée, elle avait reçu une lettre de MM. de Guise, et elle leur avait fait répondre verbalement, par moi-même, qu'ils n'avaient qu'à se trouver à Paris du 31 mai au 2 juin. Nous sommes au 31 mai; si vous avez oublié MM. de Guise, MM. de Guise, comme vous voyez, ne vous ont pas oublié, monseigneur.

François pâlit. Il s'était passé tant d'événements depuis ce jour, qu'il avait oublié ce rendez-vous, si important qu'il fût.

— C'est vrai, dit-il; mais les relations qui existaient à cette époque entre MM. de Guise et moi n'existent plus.

— S'il en est ainsi, monseigneur, dit le comte, vous ferez bien de les en prévenir : car je crois qu'ils jugent les choses tout autrement.

— Comment cela?

— Oui, peut-être vous croyez-vous délié envers eux, monseigneur; mais eux continuent de se croire liés envers vous.

— Piége, mon cher comte, leurre auquel un homme comme moi ne se laisse pas deux fois prendre.

— Et où monseigneur a-t-il été pris une fois?

— Comment! où ai-je été pris? Au Louvre, mordieu!

— Est-ce par la faute de MM. de Guise?

— Je ne dis pas, murmura le duc, je ne dis pas; seulement je dis qu'ils n'ont en rien aidé à ma fuite.

— C'eût été difficile, attendu qu'ils étaient en fuite eux-mêmes.

— C'est vrai, murmura le duc.

— Mais, vous une fois en Anjou, n'ai-je pas été chargé de vous dire, de leur part, que vous pouviez toujours compter sur eux comme ils pouvaient compter sur vous, et que le jour où vous marcheriez sur Paris, ils y marcheraient de leur côté?

— C'est encore vrai, dit le duc; mais je n'ai point marché sur Paris.

— Si fait, monseigneur, puisque vous y êtes.

— Oui; mais je suis à Paris comme l'allié de mon frère.

— Monseigneur me permettra de lui faire observer qu'il est plus que l'allié des Guise.

— Que suis-je donc?

— Monseigneur est leur complice.

Le duc d'Anjou se mordit les lèvres.

— Et vous dites qu'ils vous ont chargé de m'annoncer leur arrivée?

— Oui, Votre Altesse, ils m'ont fait cet honneur.

— Mais ils ne vous ont pas communiqué les motifs de leur retour?

— Ils m'ont tout communiqué, monseigneur, me sachant l'homme de confiance de Votre Altesse, motifs et projets.

— Ils ont donc des projets? Lesquels?

— Les mêmes, toujours.

— Et ils les croient praticables?

— Ils les tiennent pour certains.

— Et ces projets ont toujours pour but?...

Le duc s'arrêta, n'osant prononcer les mots qui devaient naturellement suivre ceux qu'il venait de dire.

Monsoreau acheva la pensée du duc.

— Pour but de vous faire roi de France; oui, monseigneur.

Le duc sentit la rougeur de la joie lui monter au visage.

— Mais, demanda-t-il, le moment est-il favorable?

— Votre sagesse en décidera.

— Ma sagesse?

— Oui, voici les faits, faits visibles, irrécusables.

— Voyons.

— La nomination du roi comme chef de la Ligue n'a été qu'une comédie, vite appréciée, et jugée aussitôt qu'appréciée. Or, maintenant la réaction s'opère, et l'État tout entier se soulève contre la tyrannie du roi et de ses créatures. Les prêches sont des appels aux armes, les églises des lieux où l'on maudit le roi en place de prier Dieu. L'armée frémit d'impatience, les bourgeois s'associent, nos émissaires ne rapportent que signatures et adhésions nouvelles à la Ligue; enfin le règne de Valois touche à son terme. Dans une pareille occurrence, MM. de Guise ont besoin de choisir un compétiteur sérieux au trône, et leur choix s'est naturellement arrêté sur vous. Maintenant renoncez-vous à vos idées d'autrefois?

Le duc ne répondit pas.

Monsoreau parut sur le seuil. — PAGE 82.

— Eh bien, demanda Monsoreau, que pense monseigneur?

— Dame! répondit le prince, je pense...

— Monseigneur sait qu'il peut, en toute franchise, s'expliquer avec moi.

— Je pense, dit le duc, que mon frère n'a pas d'enfants; qu'après lui le trône me revient; qu'il est d'une vacillante santé. Pourquoi donc me remuerais-je avec tous ces gens, pourquoi compromettrais-je mon nom, ma dignité, mon affection, dans une rivalité inutile; pourquoi enfin essayerais-je de prendre avec danger ce qui me reviendra sans péril?

— Voilà justement, dit Monsoreau, où est l'erreur de Votre Altesse : le trône de votre frère ne vous reviendra que si vous le prenez. MM. de Guise ne peuvent être rois eux-mêmes, mais ils ne laisseront régner qu'un roi de leur façon; ce roi, qu'ils doivent substituer au roi régnant, ils avaient compté que ce serait Votre Altesse; mais, au refus de Votre Altesse, je vous en préviens, ils en chercheront un autre.

— Et qui donc, s'écria le duc d'Anjou en fronçant le sourcil, qui donc osera s'asseoir sur le trône de Charlemagne?

— Un Bourbon, au lieu d'un Valois : voilà tout, monseigneur; fils de saint Louis pour fils de saint Louis.

— Le roi de Navarre? s'écria François.

— Pourquoi pas? il est jeune, il est brave; il n'a pas d'enfants, c'est vrai; mais on est sûr qu'il en peut avoir.

— Il est huguenot.

— Lui! est-ce qu'il ne s'est pas converti à la Saint-Barthélemy?

— Oui, mais il a abjuré depuis.

— Eh! monseigneur, ce qu'il a fait pour la vie, il le fera pour le trône.

— Ils croient donc que je céderai mes droits sans les défendre?

— Je crois que le cas est prévu.

— Je les combattrai rudement.

— Peuh! ils sont gens de guerre.

— Je me mettrai à la tête de la Ligue.

— Ils en sont l'âme.

— Je me réunirai à mon frère.

— Votre frère sera mort.

— J'appellerai les rois de l'Europe à mon aide.

— Les rois de l'Europe feront volontiers la guerre à des rois; mais ils y regarderont à deux fois avant de faire la guerre à un peuple.

— Comment, à un peuple?

— Sans doute, MM. de Guise sont décidés à tout, même à constituer des États, même à faire une république.

François joignit les mains dans une angoisse inexprimable. Monsoreau était effrayant avec ses réponses qui répondaient si bien.

— Une république? murmura-t-il.

— Oh! mon Dieu! oui, comme en Suisse, comme à Gênes, comme à Venise.

— Mais mon parti ne souffrira point que l'on fasse ainsi de la France une république.

— Votre parti? dit Monsoreau. Eh! monseigneur, vous avez été si désintéressé, si magnanime, que, sur ma parole, votre parti ne se compose plus guère que de M. de Bussy et de moi.

— Le duc ne put réprimer un sourire sinistre.

— Je suis lié, alors, dit-il.

— Mais à peu près, monseigneur.

— Alors, qu'a-t-on besoin de recourir à moi, si je suis, comme vous le dites, dénué de toute puissance?

— C'est-à-dire, monseigneur, que vous ne pouvez rien sans MM. de Guise; mais que vous pouvez tout avec eux.

— Je peux tout avec eux?

— Oui, dites un mot, et vous êtes roi.

Le duc se leva fort agité, se promena par la chambre, froissant tout ce qui tombait sous sa main : rideaux, portières, tapis de table; puis enfin il s'arrêta devant Monsoreau.

— Tu as dit vrai, comte, quand tu as dit que je n'avais plus que deux amis, toi et Bussy.

Et il prononça ces paroles avec un sourire de bienveillance qu'il avait eu le temps de substituer à sa pâle fureur.

— Ainsi donc, fit Monsoreau, l'œil brillant de joie.

— Ainsi donc, fidèle serviteur, reprit le duc, parle, je t'écoute.

— Vous l'ordonnez, monseigneur?

— Oui.

— Eh bien, en deux mots, monseigneur, voici le plan.

Le duc pâlit, mais il s'arrêta pour écouter.

Le comte reprit :

— C'est dans huit jours la Fête-Dieu, n'est-ce pas, monseigneur?

— Oui.

— Le roi, pour cette sainte journée, médite depuis longtemps une grande procession aux principaux couvents de Paris.

— C'est son habitude de faire tous les ans pareille procession à pareille époque.

— Alors, comme Votre Altesse se le rappelle, le roi est sans gardes, ou du moins les gardes restent à la porte. Le roi s'arrête devant chaque reposoir, il s'y agenouille, y dit cinq *Pater* et cinq *Ave*, le tout accompagné des sept psaumes de la pénitence.

— Je sais tout cela.

— Il ira à l'abbaye Sainte-Geneviève comme aux autres.

— Sans contredit.

— Seulement, comme un accident sera arrivé en face du couvent...

— Un accident?

— Oui, un égout se sera enfoncé pendant la nuit.

— Eh bien?

— Le reposoir ne pourra être sous le porche, il sera dans la cour même.

— J'écoute.

— Attendez donc : le roi entrera, quatre ou cinq personnes entreront avec lui; mais derrière le roi et ces quatre ou cinq personnes, on fermera les portes.

— Et alors?

— Alors, reprit Monsoreau, Votre Altesse connaît les moines qui feront les honneurs de l'abbaye à Sa Majesté!

— Ce seront les mêmes?

— Qui étaient là quand on a sacré Votre Altesse, justement.

— Ils oseront porter la main sur l'oint du Seigneur?

— Oh! pour le tondre, voilà tout : vous connaissez ce quatrain :

De trois couronnes, la première
Tu perdis, ingrat et fuyard;
La seconde court grand hasard;
Des ciseaux feront la dernière.

— On osera faire cela? s'écria le duc l'œil brillant d'avidité; on touchera un roi à la tête?

— Oh! il ne sera plus roi alors.

— Comment cela?

— N'avez-vous pas entendu parler d'un frère génovéfain, d'un saint homme qui fait des discours en attendant qu'il fasse des miracles?

— De frère Gorenflot?

— Justement.

— Le même qui voulait prêcher la Ligue l'arquebuse sur l'épaule?

— Le même.

— Eh bien, on conduira le roi dans sa cellule; une fois là, le frère se charge de lui faire signer son abdication; puis, quand il aura abdiqué, madame de Montpensier entrera les ciseaux à la main. Les ciseaux sont achetés; madame de Montpensier les porte pendus à son côté. Ce sont de charmants ciseaux d'or massif, et admirablement ciselés : A tout seigneur tout honneur.

François demeura muet; son œil faux s'était dilaté comme celui d'un chat qui guette sa proie dans l'obscurité.

— Vous comprenez le reste, monseigneur, continua le comte. On annonce au peuple que le roi, éprouvant un saint repentir de ses fautes, a exprimé le vœu de ne plus sortir du couvent; si quelques-uns doutent que la vocation soit réelle, M. le duc de Guise tient l'armée, M. le cardinal tient l'Église, M. de Mayenne tient la bourgeoisie; avec ces trois pouvoirs-là on fait croire au peuple à peu près tout ce que l'on veut.

— Mais on m'accusera de violence! dit le duc après un instant.

— Vous n'êtes pas tenu de vous trouver là.

— On me regardera comme un usurpateur.

— Monseigneur oublie l'abdication.

— Le roi refusera.

— Il paraît que frère Gorenflot est non-seulement un homme très-capable, mais encore un homme très-fort.

— Le plan est donc arrêté?

— Tout à fait.

— Et l'on ne craint pas que je le dénonce?

— Non, monseigneur, car il y en a un autre, non moins sûr, arrêté contre vous, dans le cas où vous trahiriez.

— Ah! ah! dit François.

— Oui, monseigneur, et celui-là, je ne le connais pas; on me sait trop votre ami pour me l'avoir confié. Je sais qu'il existe, voilà tout.

— Alors je me rends, comte; que faut-il faire?

— Approuver.

— Eh bien, j'approuve.

— Oui, mais cela ne suffit point, de l'approuver de paroles.

— Comment donc faut-il l'approuver encore?

— Par écrit.

— C'est une folie que de supposer que je consentirai à cela.

— Et pourquoi?

— Si la conjuration avorte.

— Justement, c'est pour le cas où elle avorterait qu'on demande la signature de monseigneur.

— On veut donc se faire un rempart de mon nom?

— Pas autre chose.

— Alors je refuse mille fois.

— Vous ne pouvez plus.

— Je ne peux plus refuser?

— Non.

— Êtes-vous fou?

— Refuser, c'est trahir.

— En quoi?

— En ce que je ne demandais pas mieux que de taire, et que c'est Votre Altesse qui m'a ordonné de parler.

— Eh bien, soit; que ces messieurs le prennent comme ils voudront; j'aurai choisi mon danger, au moins.

— Monseigneur, prenez garde de mal choisir.

— Je risquerai, dit François un peu ému, mais essayant néanmoins de conserver sa fermeté.

— Dans votre intérêt, monseigneur, dit le comte, je ne vous le conseille pas.

— Mais je me compromets en signant

Je le jure par mon nom et sur ce poignard. PAGE 89.

— En refusant de signer, vous faites bien pis :
vous vous assassinez!

François frissonna.

— On oserait? dit-il.

— On osera tout, monseigneur. Les conspirateurs sont trop avancés; il faut qu'ils réussissent, à quelque prix que ce soit.

Le duc tomba dans une indécision facile à
comprendre.

— Je signerai, dit-il.

— Quand cela?

— Demain.

— Non, monseigneur, si vous signez, il faut
signer tout de suite.

— Mais encore faut-il que MM. de Guise rédi-
gent l'engagement que je prends vis-à-vis d'eux.

— Il est tout rédigé, monseigneur, je l'apporte.

Monsoreau tira un papier de sa poche : c'était
une adhésion pleine et entière au plan que nous
connaissons.

Le duc le lut d'un bout à l'autre, et, à mesure qu'il lisait, le comte pouvait le voir pâlir; lorsqu'il eut fini, les jambes lui manquèrent, et il s'assit ou plutôt il tomba devant la table.

— Tenez, monseigneur, dit Monsoreau en lui présentant la plume.

— Il faut donc que je signe? dit François en appuyant la main sur son front, car la tête lui tournait.

— Il le faut si vous le voulez, personne ne vous y force.

— Mais si, l'on me force, puisque vous me menacez d'un assassinat.

— Je ne vous menace pas, monseigneur, Dieu m'en garde, je vous préviens; c'est bien différent.

— Donnez, fit le duc.

Et, comme faisant un effort sur lui-même, il prit ou plutôt il arracha la plume des mains du comte, et signa.

Monsoreau le suivait d'un œil ardent de haine et d'espoir. Quand il lui vit poser la plume sur le papier, il fut obligé de s'appuyer sur la table; sa prunelle semblait se dilater à mesure que la main du duc formait les lettres qui composaient son nom.

— Ah! dit-il quand le duc eut fini.

Et, saisissant le papier d'un mouvement non moins violent que le duc avait saisi la plume, il le plia, l'enferma entre sa chemise et l'étoffe en tresse de soie qui remplaçait le gilet à cette époque, boutonna son pourpoint et croisa son manteau par-dessus.

Le duc regardait faire avec étonnement, ne comprenant rien à l'expression de ce visage pâle, sur lequel passait comme un éclair de féroce joie.

— Et maintenant, monseigneur, dit Monsoreau, soyez prudent.

— Comment cela? demanda le duc.

— Oui; ne courez plus par les rues le soir avec Aurilly, comme vous venez de le faire il n'y a qu'un instant encore.

— Qu'est-ce à dire?

— C'est-à-dire que, ce soir, monseigneur, vous avez été poursuivre d'amour une femme que son mari adore, et dont il est jaloux au point de... ma foi, oui, de tuer quiconque l'approcherait sans sa permission.

— Serait-ce, par hasard, de vous et de votre femme que vous voudriez parler?

— Oui, monseigneur, puisque vous avez deviné si juste du premier coup, je n'essayerai pas même de nier. J'ai épousé Diane de Méridor; elle est à moi, et personne ne l'aura, moi vivant,

du moins, pas même un prince. Et tenez, monseigneur, pour que vous en soyez bien sûr, je le jure par mon nom et sur ce poignard.

Et il mit la lame du poignard presque sur la poitrine du prince, qui recula.

— Monsieur, vous me menacez! dit François, pâle de colère et de rage.

— Non, mon prince; comme tout à l'heure, je vous avertis seulement.

— Et de quoi m'avertissez-vous?

— Que personne n'aura ma femme.

— Et moi, maître sot, s'écria le duc d'Anjou hors de lui, je vous réponds que vous m'avertissez trop tard, et que quelqu'un l'a déjà.

Monsoreau poussa un cri terrible en enfonçant ses deux mains dans ses cheveux.

— Ce n'est pas vous? balbutia-t-il, ce n'est pas vous, monseigneur?

Et son bras, toujours armé, n'avait qu'à s'étendre pour aller percer la poitrine du prince.

François se recula.

— Vous êtes en démence, comte, dit-il en s'apprêtant à frapper sur le timbre.

— Non, je vois clair, je parle raison et j'entends juste; vous venez de dire que quelqu'un possède ma femme; vous l'avez dit.

— Je le répète.

— Nommez cette personne et prouvez le fait.

— Qui était embusqué, ce soir, à vingt pas de votre porte, avec un mousquet?

— Moi.

— Eh bien, comte, pendant ce temps...

— Pendant ce temps...

— Un homme était chez vous, ou plutôt chez votre femme.

— Vous l'avez vu entrer?

— Je l'ai vu sortir.

— Par la porte?

— Par la fenêtre.

— Vous avez reconnu cet homme?

— Oui, dit le duc.

— Nommez-le, s'écria Monsoreau, nommez-le, monseigneur, ou je ne réponds de rien.

Le duc passa sa main sur son front, et quelque chose comme un sourire passa sur ses lèvres.

— Monsieur le comte, dit-il, foi de prince du sang, sur mon Dieu et sur mon âme, avant huit jours, je vous ferai connaître l'homme qui possède votre femme.

— Vous le jurez? s'écria Monsoreau.

— Je vous le jure.

— Eh bien, monseigneur, à huit jours, dit

comte en frappant sa poitrine à l'endroit où était le papier signé du prince... à huit jours, ou vous comprenez.

— Revenez dans huit jours : voilà tout ce que j'ai à vous dire.

— Aussi bien cela vaut mieux, dit Monso-reau. Dans huit jours j'aurai toutes mes forces, et il a besoin de toutes ses forces celui qui veut se venger.

Et il sortit en faisant au prince un geste d'adieu que l'on eût pu facilement prendre pour un geste de menace.

CHAPITRE XXIII

UNE PROMENADE AUX TOURNELLES.

Cependant peu à peu les gentilshommes angevins étaient revenus à Paris.

Dire qu'ils y rentraient avec confiance, on ne le croirait pas. Ils connaissaient trop bien le roi, son frère et sa mère, pour espérer que les choses se passassent en embrassades de famille.

Ils se rappelaient toujours cette chasse qui leur avait été faite par les amis du roi, et ils ne voulaient pas se décider à croire qu'on pût leur donner un triomphe pour pendant à cette cérémonie assez désagréable.

Ils revenaient donc timidement, et se glissaient en ville armés jusqu'à la gorge, prêts à faire feu sur le moindre geste suspect, et ils dégaînèrent cinquante fois, avant d'arriver à l'hôtel d'Anjou, contre des bourgeois qui n'avaient commis d'autre crime que de les regarder passer. Antraguet surtout se montrait féroce, et reportait toutes ces disgrâces à MM. les mignons du roi, se promettant de leur en dire, à l'occasion, deux mots fort explicites.

Il fit part de ce projet à Ribérac, homme de bon conseil, et celui-ci lui répondit qu'avant de se donner un pareil plaisir il fallait avoir à sa portée une frontière ou deux.

— On s'arrangera pour cela, dit Antraguet.

Le duc leur fit bon accueil. C'étaient ses hommes à lui, comme MM. de Maugiron, Quélus, Schomberg et d'Épernon étaient ceux du roi.

Il débuta par leur dire :

— Mes amis, on songe à vous tuer un peu, à ce qu'il paraît. Le vent est à ces sortes de réceptions ; gardez-vous bien.

— C'est fait, monseigneur, répliqua Antraguet ; mais ne convient-il pas que nous allions offrir à Sa Majesté nos très-humbles respects ? Car enfin, si nous nous cachons, cela ne fera pas honneur à l'Anjou. Que vous en semble ?

— Vous avez raison, dit le duc ; allez, et, si vous le voulez, je vous accompagnerai.

Les trois jeunes gens se consultèrent du regard. A ce moment, Bussy entra dans la salle et vint embrasser ses amis.

— Eh ! dit-il, vous êtes bien en retard ! Mais qu'est-ce que j'entends ? Son Altesse qui propose d'aller se faire tuer au Louvre comme César dans le sénat de Rome ! Songez donc que chacun de MM. les mignons emporterait volontiers un petit morceau de monseigneur sous son manteau.

— Mais, cher ami, nous voulons nous frotter un peu à ces messieurs.

Bussy se mit à rire.

— Eh ! eh ! dit-il, on verra, on verra.

Le duc le regarda très-attentivement.

— Allons au Louvre, fit Bussy; mais nous seulement : monseigneur restera dans son jardin à abattre des têtes de pavot.

François feignit de rire très-joyeusement. Le fait est qu'au fond il se trouvait heureux de n'avoir plus la corvée à faire.

Les Angevins se parèrent superbement. C'étaient de fort grands seigneurs, qui mangeaient volontiers en soie, velours et passementerie, le revenu des terres paternelles.

Leur réunion était un mélange d'or, de pierreries et de brocart, qui, sur le chemin, fit crier noël au populaire, dont le flair infaillible devinait, sous ces beaux atours, des cœurs embrasés de haine pour les mignons du roi.

Henri III ne voulut pas recevoir ces messieurs de l'Anjou, et ils attendirent vainement dans la galerie. Ce furent MM. de Quélus, Maugiron, Schomberg et d'Épernon, qui, saluant avec politesse et témoignant tous les regrets du monde, vinrent annoncer cette nouvelle aux Angevins.

— Ah ! messire, dit Antraguet, — car Bussy s'effaçait le plus possible, — la nouvelle est triste; mais, passant par votre bouche, elle perd beaucoup de son désagrément.

— Messieurs, dit Schomberg, vous êtes la fine fleur de la grâce et de la courtoisie. Vous plaît-il que nous métamorphosions cette réception, qui est manquée, en une petite promenade?

— Oh ! messieurs, nous allions vous le demander, dit vivement Antraguet, à qui Bussy toucha légèrement le bras pour lui dire :

— Tais-toi donc, et laisse-les faire.

— Où irions-nous donc bien? dit Quélus en cherchant.

— Je connais un charmant endroit du côté de la Bastille, fit Schomberg.

— Messieurs, nous vous suivons, dit Ribérac; marchez devant.

En effet, les quatre amis sortirent du Louvre, suivis des quatre Angevins, et se dirigèrent par les quais vers l'ancien enclos des Tournelles, alors Marché-aux-Chevaux, sorte de place unie, plantée de quelques arbres maigres, et semée çà et là de barrières destinées à arrêter les chevaux ou à les attacher.

Chemin faisant, les huit gentilshommes s'étaient pris par le bras, et, avec mille civilités, s'entretenaient de sujets gais et badins, au grand ébahissement des bourgeois, qui regrettaient leurs vivat de tout à l'heure, et disaient que les Angevins venaient de pactiser avec les pourceaux d'Hérode.

On arriva.

Quélus prit la parole.

— Voyez le beau terrain, dit-il; voyez l'endroit solitaire, et comme le pied tient bien sur ce salpêtre.

— Ma foi, oui, répliqua Antraguet en battant plusieurs appels.

— Eh bien, continua Quélus, nous avions pensé, ces messieurs et moi, que vous voudriez bien, un de ces jours, nous accompagner jusqu'ici pour seconder, tiercer et quarter M. de Bussy, votre ami, qui nous a fait l'honneur de nous appeler tous quatre.

— C'est vrai, dit Bussy à ses amis stupéfaits.

— Il n'en avait rien dit, s'écria Antraguet.

— Oh ! M. de Bussy est un homme qui sait le prix des choses, repartit Maugiron. Accepteriez-vous, messieurs de l'Anjou?

— Certes, oui, répliquèrent les trois Angevins d'une seule voix; l'honneur est tel, que nous nous en réjouissons.

— C'est à merveille, dit Schomberg en se frottant les mains. Vous plaît-il maintenant que nous nous choisissions l'un l'autre?

— J'aime assez cette méthode, dit Ribérac avec des yeux ardents... et alors...

— Non pas, interrompit Bussy, cela n'est pas juste. Nous avons tous les mêmes sentiments, donc nous sommes inspirés de Dieu; c'est Dieu qui fait les idées humaines, messieurs, je vous l'assure; eh bien, laissons à Dieu le soin de nous appareiller. Vous savez d'ailleurs que rien n'est plus indifférent au cas où nous conviendrions que le premier libre charge les autres.

— Et il le faut ! et il le faut ! s'écrièrent les mignons.

— Alors raison de plus; faisons comme firent les Horaces : tirons au sort.

— Tirèrent-ils au sort? dit Quélus en réfléchissant.

— J'ai tout lieu de le croire, répondit Bussy.

— Alors imitons-les.

— Un moment, dit encore Bussy. Avant de connaître nos antagonistes, convenons des règles du combat. Il serait malséant que les conditions du combat suivissent le choix des adversaires.

— C'est simple, fit Schomberg; nous nous battrons jusqu'à ce que mort s'ensuive, comme a dit M. de Saint-Luc.

— Sans doute; mais comment nous battrons-nous?

— Avec l'épée et la dague, dit Bussy; nous sommes tous exercés.

— A pied? dit Quélus.

— Eh! que voulez-vous faire d'un cheval? On n'a pas les mouvements libres.

— A pied, soit.

— Quel jour?

— Mais le plus tôt possible.

— Non, dit d'Épernon; j'ai mille choses à régler, un testament à faire; pardon, mais je préfère attendre... Trois ou six jours nous aiguiseront l'appétit.

— C'est parler en brave, dit Bussy assez ironiquement.

— Est-ce convenu?

— Oui. Nous nous entendrons toujours à merveille.

— Alors tirons au sort, dit Bussy.

— Un moment, fit Antraguet; je propose ceci: divisons le terrain en gens impartiaux. Comme les noms vont sortir au hasard deux par deux, coupons quatre compartiments sur le terrain pour chacune des quatre paires.

— Bien dit.

— Je propose, pour le numéro 1, le carré long entre deux tilleuls... Il y a belle place.

— Accepté.

— Mais le soleil?

— Tant pis pour le second de la paire; il sera tourné à l'est.

— Non pas, messieurs, ce serait injuste, dit Bussy. Tuons-nous, mais ne nous assassinons pas. Décrivons un demi-cercle et opposons-nous tous à la lumière; que le soleil nous frappe de profil.

Bussy montra la position, qui fut acceptée; puis on tira les noms.

Schomberg sortit le premier, Ribérac le second. Ils furent désignés pour la première paire.

Quélus et Antraguet furent les seconds.

Livarot et Maugiron les troisièmes. Au nom de Quélus, Bussy, qui croyait l'avoir pour champion, fronça le sourcil.

D'Épernon, se voyant forcément accouplé à Bussy, pâlit, et fut obligé de se tirer la moustache pour rappeler quelques couleurs à ses joues.

— Maintenant, messieurs, dit Bussy, jusqu'au jour du combat, nous nous appartenons les uns aux autres. — C'est à la vie à la mort; nous sommes amis. Voulez-vous bien accepter un dîner à l'hôtel Bussy?

Tous saluèrent en signe d'assentiment, et revinrent chez Bussy, où un somptueux festin les réunit jusqu'au matin.

CHAPITRE XXIV

OÙ CHICOT S'ENDORT.

outes ces dispositions des Angevins avaient été remarquées par le roi d'abord et par Chicot. Henri s'agitait dans l'intérieur du Louvre, attendant impatiemment que ses amis revinssent de leur promenade avec messieurs de l'Anjou.

Chicot avait suivi de loin la promenade, examiné en connaisseur ce que personne ne pouvait comprendre aussi bien que lui, et, après s'être convaincu des intentions de Bussy et de Quélus, il avait rebroussé chemin vers la demeure de Monsoreau.

C'était un homme rusé que Monsoreau; mais, quant à duper Chicot, il n'y pouvait prétendre. Le Gascon lui apportait force compliments de condoléance de la part du roi; comment ne pas le recevoir à merveille?

Chicot trouva Monsoreau couché. La visite de la veille avait brisé tous les ressorts de cette organisation à peine reconstruite; et Remy, une main sur son menton, guettait avec dépit les premières atteintes de la fièvre qui menaçait de ressaisir sa victime.

Néanmoins Monsoreau put soutenir la conversation, et dissimuler assez habilement sa colère contre le duc d'Anjou pour que tout autre que Chicot ne l'eût pas soupçonnée. Mais plus il était discret et réservé, plus le Gascon découvrait sa pensée.

— En effet, se disait-il, un homme ne peut être si passionné pour M. d'Anjou sans qu'il y ait quelque chose sous jeu.

Chicot, qui se connaissait en malades, voulut savoir également si la fièvre du comte n'était pas une comédie à l'instar de celle qu'avait jouée naguère Nicolas David.

Mais Remy ne trompait pas; et, à la première pulsation du pouls de Monsoreau :

— Celui-là est malade réellement, pensa Chicot, et ne peut rien entreprendre. Il reste M. de Bussy; voyons un peu de quoi il est capable.

Et il courut à l'hôtel de Bussy, qu'il trouva tout éblouissant de lumières, tout embaumé de vapeurs qui eussent fait pousser à Gorenflot des exclamations de joie.

— Est-ce que M. de Bussy se marie? demanda-t-il à un laquais.

— Non, monsieur, répliqua celui-ci, M. de Bussy se réconcilie avec plusieurs seigneurs de la cour, et on célèbre cette réconciliation par un repas; fameux repas, allez.

— A moins qu'il ne les empoisonne, ce dont je le sais incapable, pensa Chicot, Sa Majesté est encore en sûreté de ce côté-là.

Il retourna au Louvre, et aperçut Henri qui se promenait dans une salle d'armes en maugréant. Il avait envoyé trois courriers à Quélus, et, comme ces gens ne comprenaient pas pourquoi Sa Majesté était dans l'inquiétude, ils s'étaient arrêtés tout simplement chez M. de Birague le fils, où tout homme aux livrées du roi trouvait toujours un verre plein, un jambon entamé et des fruits confits.

C'était la méthode de Birague pour demeurer en faveur.

Chicot apparaissant à la porte du cabinet, Henri poussa une grande exclamation.

— Oh! cher ami, dit-il, sais-tu ce qu'ils sont devenus?

— Qui cela? tes mignons?

— Hélas! oui, mes pauvres amis.

— Ils doivent être bien bas en ce moment, répliqua Chicot.

— On me les aurait tués? s'écria Henri en se

redressant la menace dans les yeux; ils seraient morts!

— Morts, j'en ai peur...

— Tu le sais et tu ris, païen!

— Attends donc, mon fils; morts, oui; mais morts ivres.

— Ah! bouffon... que tu m'as fait du mal! Mais pourquoi calomnies-tu ces gentilshommes?

— Je les glorifie, au contraire.

— Tu railles toujours... Voyons, du sérieux, je t'en supplie; sais-tu qu'ils sont sortis avec les Angevins?

— Pardieu! si je le sais.

— Eh bien qu'est-il résulté?

— Eh bien, il est résulté ce que je t'ai dit : ils sont morts ivres, ou peu s'en faut.

— Mais Bussy, Bussy!

— Bussy les soûle, c'est un homme bien dangereux.

— Chicot, par grâce!

— Eh bien, oui, Bussy leur donne à dîner, à tes amis; est-ce que tu trouves cela bien, toi?

— Bussy leur donne à dîner! Oh! c'est impossible; des ennemis jurés!

— Justement; s'ils étaient amis, ils n'éprouveraient pas le besoin de s'enivrer ensemble. Écoute, as-tu de bonnes jambes?

— Que veux-tu dire?

— Irais-tu bien jusqu'à la rivière?

— J'irais jusqu'au bout du monde pour être témoin d'une chose pareille.

— Eh bien, va seulement jusqu'à l'hôtel Bussy, tu verras ce prodige.

— Tu m'accompagnes?

— Merci, j'en arrive.

— Mais enfin, Chicot...

— Oh! non, non, tu comprends que moi qui ai vu, je n'ai pas besoin de me convaincre; mes jambes sont diminuées de trois pouces à force de me rentrer dans le ventre. Si j'allais jusque-là, elles commenceraient au genou. Va, mon fils, va.

Le roi lui lança un regard de colère.

— Tu es bien bon, dit Chicot, de te faire de la bile pour ces gens-là! Ils rient, festinent et font de l'opposition à ton gouvernement. Réponds à toutes ces choses en philosophe : ils rient, rions; ils dînent, fais-nous servir quelque chose de bon et de chaud; ils font de l'opposition, viens nous coucher après souper.

Le roi ne put s'empêcher de sourire.

— Tu peux te flatter d'être un vrai sage, dit Chicot. Il y a eu, en France, des rois chevelus, un roi hardi, un roi grand, des rois paresseux :

je suis sûr que l'on t'appellera Henri le patient... Ah! mon fils, c'est une si belle vertu... quand on n'en a pas d'autre!

— Trahi! se dit le roi, trahi... Ces gens-là n'ont pas même des mœurs de gentilshommes.

— Ah çà! tu es inquiet de tes amis, s'écria Chicot en poussant le roi vers la salle dans laquelle on venait de servir le souper; tu les plains comme s'ils étaient morts; et, lorsqu'on te dit qu'ils ne sont pas morts, tu pleures et tu t'inquiètes encore... Henri, tu geins toujours.

— Vous m'impatientez, monsieur Chicot.

— Voyons, aimerais-tu mieux qu'ils eussent chacun sept ou huit grands coups de rapière dans l'estomac? sois donc conséquent.

— J'aimerais à pouvoir compter sur des amis, dit Henri d'une voix sombre.

— Oh! ventre-de-biche! répondit Chicot, compte sur moi, je suis là, mon fils; seulement, nourris-moi. — Je veux du faisan... et des truffes, ajouta-t-il en tendant son assiette.

Henri et son unique ami se couchèrent de bonne heure; le roi soupirant d'avoir le cœur si vide, Chicot essoufflé d'avoir l'estomac si plein.

Le lendemain, au petit lever du roi, se présentèrent MM. de Quélus, Schomberg, Maugiron et d'Épernon; l'huissier avait coutume d'ouvrir, il ouvrit la portière aux gentilshommes.

Chicot dormait encore; le roi n'avait pu dormir. Il sauta furieux hors de son lit, et, arrachant les appareils parfumés qui couvraient ses joues et ses mains :

— Hors d'ici! cria-t-il, hors d'ici!

L'huissier, stupéfait, expliqua aux jeunes gens que le roi les congédiait. Ils se regardèrent avec une stupeur égale.

— Mais, sire, balbutia Quélus, nous voulions dire à Votre Majesté...

— Que vous n'êtes plus ivres, vociféra Henri, n'est-ce pas?

Chicot ouvrit un œil.

— Pardon, sire, reprit Quélus avec gravité, Votre Majesté fait erreur...

— Je n'ai pourtant pas bu le vin d'Anjou, moi!

— Ah!... fort bien, fort bien!... dit Quélus en souriant... Je comprends; oui. Eh bien!...

— Eh bien, quoi?

— Que Votre Majesté demeure seule avec nous, et nous causerons, s'il lui plaît.

— Je hais les ivrognes et les traîtres.

— Sire! s'écrièrent d'une commune voix les trois gentilshommes.

— Patience, messieurs, dit Quélus en les arrêtant; Sa Majesté a mal dormi, et aura fait de méchants rêves. Un mot donnera le réveil meilleur à notre très-vénéré prince.

Cette impertinente excuse, prêtée par un sujet à son roi, fit impression sur Henri. Il devina que des gens assez hardis pour dire de pareilles choses ne pouvaient avoir rien fait que d'honorable.

— Parlez, dit-il, et soyez bref.

— C'est possible, sire, mais c'est difficile.

— Oui... on tourne longtemps autour de certaines accusations.

— Non, sire, on y va tout droit, fit Quélus en regardant Chicot et l'huissier comme pour réitérer à Henri sa demande d'une audience particulière.

Le roi fit un geste : l'huissier sortit. Chicot ouvrit l'autre œil, et dit :

— Ne faites pas attention à moi, je dors comme un bœuf.

Et, refermant ses deux yeux, il se mit à ronfler de tous ses poumons.

CHAPITRE XXV

OU CHICOT S'ÉVEILLE.

Quand on vit que Chicot dormait si consciencieusement, personne ne s'occupa de lui. D'ailleurs, on avait assez pris l'habitude de considérer Chicot comme un meuble de la chambre à coucher du roi.

— Votre Majesté, dit Quélus en s'inclinant, ne sait que la moitié des choses, et, j'ose le dire, la moitié la moins intéressante. Assurément, et personne de nous n'a l'intention de le nier, assurément nous avons dîné tous chez M. de Bussy, et je dois même dire, en l'honneur de son cuisinier, que nous y avons fort bien dîné.

— Il y avait surtout d'un certain vin d'Autriche ou de Hongrie, dit Schomberg, qui, en vérité, m'a paru merveilleux.

— Oh! le vilain Allemand, interrompit le roi; il aime le vin, je m'en étais toujours douté.

— Moi, j'en étais sûr, dit Chicot, je l'ai vu vingt fois ivre.

Schomberg se retourna de son côté :

— Ne fais pas attention, mon fils, dit le Gascon, le roi te dira que je rêve tout haut.

Schomberg revint à Henri.

— Ma foi, sire, dit-il, je ne me cache ni de mes amitiés ni de mes haines; c'est bon, le bon vin.

— N'appelons pas bonne une chose qui nous fait oublier Notre-Seigneur, dit le roi d'un ton réservé.

Schomberg allait répondre, ne voulant sans doute pas abandonner si promptement une si belle cause, quand Quélus lui fit un signe.

— C'est juste, dit Schomberg, continue.

— Je disais donc, sire, reprit Quélus, que, pendant le repas et surtout avant, nous avons eu les entretiens les plus sérieux et les plus intéressants concernant particulièrement les intérêts de Votre Majesté.

— Nous faisons l'exorde bien long, dit Henri, c'est mauvais signe.

— Ventre-de-biche! que ce Valois est bavard! s'écria Chicot.

— Oh! oh! maître Gascon, dit Henri avec hauteur, si vous ne dormez pas, sortez d'ici.

— Pardieu, dit Chicot, si je ne dors pas, c'est que tu m'empêches de dormir; ta langue claque comme les cresselles du vendredi saint.

Quélus, voyant qu'on ne pouvait, dans ce logis royal, aborder sérieusement un sujet, si sérieux qu'il fût, tant l'habitude avait rendu tout le monde frivole, soupira, haussa les épaules, et se leva dépité.

— Sire, dit d'Épernon en se dandinant, il s'agit cependant de graves matières.

— De graves matières? répéta Henri.

— Sans doute, si toutefois la vie de huit braves gentilshommes semble mériter à Votre Majesté la peine qu'on s'en occupe.

— Qu'est-ce à dire? s'écria le roi.

— C'est à dire que j'attends que le roi veuille bien m'écouter.

— J'écoute, mon fils, j'écoute, dit Henri en posant sa main sur l'épaule de Quélus.

— Eh bien, je vous disais, sire, que nous avions causé sérieusement; et, maintenant, voici le résultat de nos entretiens : la royauté est menacée, affaiblie.

— C'est-à-dire que tout le monde semble conspirer contre elle, s'écria Henri.

— Elle ressemble, continua Quélus, à ces dieux étranges qui, pareils aux dieux de Tibère et de Caligula, tombaient en vieillesse sans pouvoir mourir, et continuaient à marcher dans leur immortalité par le chemin des infirmités mortelles. Ces dieux, arrivés à ce point-là, ne s'arrêtent, dans leur décrépitude toujours croissante, que si un beau dévouement de quelque sectateur les rajeunit et les ressuscite. Alors, régénérés par la transfusion d'un sang jeune, ardent et généreux, ils recommencent à vivre et redeviennent forts et puissants. Eh bien, sire, votre royauté est semblable à ces dieux-là, elle ne peut plus vivre que par des sacrifices.

— Il parle d'or, dit Chicot; Quélus, mon fils, va-t'en prêcher par les rues de Paris, et je parie un bœuf contre un œuf que tu éteins Lincestre, Cahier, Cotton, et même ce foudre d'éloquence que l'on nomme Gorenflot.

Henri ne répliqua rien; il était évident qu'un grand changement se faisait dans son esprit : il avait d'abord attaqué les mignons par des regards hautains; puis, peu à peu, le sentiment de la vérité l'ayant saisi, il redevenait réfléchi, sombre, inquiet.

— Allez, dit-il, vous voyez que je vous écoute, Quélus.

— Sire, reprit celui-ci, vous êtes un très-grand roi; mais vous n'avez plus d'horizons devant vous; la noblesse vient vous poser des barrières au delà desquelles vos yeux ne voient plus rien, si ce n'est les barrières, déjà grandissantes, qu'à son tour vous pose le peuple. Eh bien, sire, vous qui êtes un vaillant, dites, que fait-on à la guerre quand un bataillon vient se placer, muraille menaçante, à trente pas d'un autre bataillon? Les lâches regardent derrière eux, et, voyant l'espace libre, ils fuient; les braves baissent la tête et fondent en avant.

— Eh bien, soit; en avant! s'écria le roi; par la mordieu! ne suis-je pas le premier gentilhomme de mon royaume? a-t-on mené plus belles batailles, je vous le demande, que celles de ma jeunesse? et le siècle à la fin duquel nous touchons a-t-il beaucoup de noms plus retentissants que ceux de Jarnac et de Moncontour? En avant donc, messieurs! et je marcherai le premier, c'est mon habitude, dans la mêlée, à ce que je présume.

— Eh bien, oui, sire, s'écrièrent les jeunes gens électrisés par cette belliqueuse démonstration du roi, en avant!

Chicot se mit sur son séant.

— Paix, là-bas, vous autres, dit-il, laissez continuer mon orateur. Va, Quélus, va, mon fils, tu as déjà dit de belles et de bonnes choses, et il t'en reste encore à dire; continue, mon ami, continue.

— Oui, Chicot, et toi aussi tu as raison, comme cela t'arrive souvent. Au reste, oui, je continuerai, et pour dire à Sa Majesté que le moment est venu, pour la royauté, d'agréer un de ces sacrifices dont nous parlions tout à l'heure. Contre tous ces remparts qui enferment insensiblement Votre Majesté, quatre hommes vont marcher, sûrs d'être encouragés par vous, sire, et d'être glorifiés par la postérité.

— Que dis-tu, Quélus? demanda le roi, les yeux brillants d'une joie tempérée par la sollicitude, quels sont ces quatre hommes?

— Moi et ces messieurs, dit le jeune homme avec le sentiment de fierté qui grandit tout homme jouant sa vie pour un principe ou pour une passion; moi et ces messieurs, nous nous dévouons, sire.

— A quoi?

— A votre salut.

— Contre qui?

— Contre vos ennemis.

— Des haines de jeunes gens, s'écria Henri.

— Oh! voilà l'expression du préjugé vulgaire, sire; et la tendresse de Votre Majesté pour nous

Adieu, mes petits lions, je m'en vais à l'hôtel de Bussy. — Page 99.

est si généreuse, qu'elle consent à se déguiser sous ce trivial manteau; mais nous la reconnaissons. Parlez en roi, sire, et non en bourgeois de la rue Saint-Denis. Ne feignez pas de croire que Maugiron déteste Antraguet, que Schomberg est gêné par Livarot, que d'Épernon jalouse Bussy, et que Quélus en veut à Ribérac. Eh! non pas, ils sont tous jeunes, beaux et bons; amis et ennemis, tous pourraient s'aimer comme frères. Mais ce n'est point une rivalité d'hommes à hommes qui nous met l'épée à la main, c'est la querelle de France contre Anjou, la querelle du droit populaire contre le droit divin; nous nous présentons comme champions de la royauté dans cette lice où descendent des champions de la Ligue, et nous venons vous dire : « Bénissez-nous, seigneur; souriez à ceux qui vont mourir pour vous. Votre bénédiction les fera peut-être vaincre, votre sourire les aidera à mourir. »

Henri, suffoqué par les larmes, ouvrit ses bras à Quélus et aux autres. Il les réunit sur son cœur; et ce n'était pas un spectacle sans intérêt, un tableau sans expression, que cette scène où le mâle courage s'alliait aux émotions d'une tendresse profonde, que le dévouement sanctifiait à cette heure.

Chicot, sérieux et assombri, Chicot, la main sur son front, regardait du fond de l'alcôve, et cette figure, ordinairement refroidie par l'indifférence ou contractée par le rire du sarcasme, n'était pas la moins noble et la moins éloquente des six.

— Ah! mes braves! dit enfin le roi, c'est un beau dévouement, c'est une noble tâche, et je suis fier aujourd'hui, non pas de régner sur la France, mais d'être votre ami. Toutefois, comme je connais mes intérêts mieux que personne, je n'accepterai pas un sacrifice dont le résultat, glorieux en espérance, me livrerait, si vous veniez à échouer, entre les mains de mes ennemis. Pour faire la guerre à Anjou, France suffit, croyez-moi. Je connais mon frère, les Guise et la Ligue : souvent, dans ma vie, j'ai dompté des chevaux plus fougueux et plus insoumis.

— Mais, sire, s'écria Maugiron, des soldats ne raisonnent pas ainsi; ils ne peuvent faire entrer la mauvaise chance dans l'examen d'une question de ce genre; question d'honneur, question de conscience, que l'homme poursuit dans sa conviction sans s'inquiéter comment il jugera dans sa justice.

— Pardonnez-moi, Maugiron, répondit le roi, un soldat peut aller en aveugle, mais le capitaine réfléchit.

— Réfléchissez donc, sire, et laissez-nous faire, nous qui ne sommes que soldats, dit Schomberg; d'ailleurs, je ne connais pas la mauvaise chance, moi, j'ai toujours du bonheur.

— Ami! ami! interrompit tristement le roi, je n'en puis dire autant, moi; il est vrai que tu n'as que vingt ans.

— Sire, interrompit Quélus, les paroles obligeantes de Votre Majesté ne font que redoubler notre ardeur. Quel jour devrons-nous croiser le fer avec MM. de Bussy, Livarot, Antraguet et Ribérac?

— Jamais; je vous le défends absolument. Jamais, entendez-vous bien?

— De grâce, sire, excusez-nous, reprit Quélus; le rendez-vous a été pris hier, avant le dîner, paroles sont dites et nous ne pouvons les reprendre.

— Excusez-moi, monsieur, répondit Henri, le roi délie des serments et des paroles, en disant : Je veux ou je ne veux pas; car le roi est la

toute-puissance. Faites dire à ces messieurs que je vous ai menacés de toute ma colère si vous en venez aux mains; et, pour que vous n'en doutiez pas vous-mêmes, je jure de vous exiler si...

— Arrêtez, sire, dit Quélus : car, si vous pouvez nous relever de nos paroles, Dieu seul peut vous relever de la vôtre. Ne jurez donc pas, car, si pour une pareille cause nous avons mérité votre colère, et que cette colère se traduise par l'exil, nous irons en exil avec joie, parce que, n'étant plus sur les terres de Votre Majesté, nous pourrons alors tenir notre parole et rencontrer nos adversaires en pays étranger.

— Si ces messieurs s'approchent de vous à la distance seulement d'une portée d'arquebuse, s'écria Henri, je les fais jeter tous les quatre à la Bastille.

— Sire, dit Quélus, le jour où Votre Majesté se conduirait ainsi, nous irions, nu-pieds et la corde au cou, nous présenter à maître Laurent Testu, le gouverneur, pour qu'il nous incarcérât avec ces gentilshommes.

— Je leur ferai trancher la tête, mordieu! Je suis le roi, j'espère!

— S'il arrivait pareille chose à nos ennemis, sire, nous nous couperions la gorge au pied de leur échafaud.

Henri garda longtemps le silence, et, relevant ses yeux noirs :

— A la bonne heure, dit-il, voilà de bonne et brave noblesse. C'est bien... Si Dieu ne bénissait pas une cause défendue par de tels gens!...

— Ne sois pas impie... ne blasphème pas! dit solennellement Chicot en descendant de son lit et en s'avançant vers le roi. Oui, ce sont là de nobles cœurs; mais Dieu fait ce qu'il veut, entends-tu, mon maître. Allons, fixe un jour à ces jeunes gens. C'est ton affaire, et non de dicter ses devoirs au Tout-Puissant.

— Oh! mon Dieu! mon Dieu! murmura Henri.

— Sire, nous vous en supplions, dirent les quatre gentilshommes en inclinant la tête et en pliant le genou.

— Eh bien, soit. En effet, Dieu est juste, il nous doit la victoire; mais, au surplus, nous saurons la préparer par des voies chrétiennes et judicieuses. Chers amis, souvenez-vous que Jarnac fit ses dévotions avec exactitude avant de combattre la Châtaigneraie : c'était une rude lame que ce dernier, mais il s'oublia dans les fêtes, les festins, il alla voir des femmes, abominable péché! Bref, il tenta Dieu, qui, peut-être, souriait à sa jeunesse, à sa beauté, à sa vigueur, et lui voulait sauver la vie. Jarnac lui coupa le jarret cependant. Écoutez-moi, nous allons entrer en dévotions; si j'avais le temps, je ferais porter vos épées à Rome pour que le saint-père les bénît toutes... Mais nous avons la châsse de sainte Geneviève qui vaut les meilleures reliques. Jeûnons ensemble, macérons-nous, et sanctifions le grand jour de la Fête-Dieu; puis le lendemain...

— Ah! sire, merci, merci! s'écrièrent les quatre jeunes gens... c'est dans huit jours.

Et ils se précipitèrent sur les mains du roi, qui les embrassa tous encore une fois, et rentra dans son oratoire en fondant en larmes.

— Notre cartel est tout rédigé, dit Quélus; il ne faut qu'y mettre le jour et l'heure. Écris, Maugiron, sur cette table... avec la plume du roi; écris : « Le lendemain de la Fête-Dieu! »

— Voilà qui est fait, répondit Maugiron; quel est le héraut qui portera cette lettre?

— Ce sera moi, s'il vous plaît, dit Chicot en s'approchant; seulement je veux vous donner un conseil, mes petits : Sa Majesté parle de jeûnes, de macérations et de châsses... c'est merveilleux comme vœu fait après une victoire; mais, avant le combat, j'aime mieux l'efficacité d'une bonne nourriture, d'un vin généreux, d'un sommeil solitaire de huit heures par jour ou par nuit. Rien ne donne au poignet la souplesse et le nerf comme une station de trois heures à table, — sans ivresse du moins. — J'approuve assez le roi sur le chapitre des amours, cela est trop attendrissant, vous ferez bien de vous en sevrer.

— Bravo, Chicot! s'écrièrent ensemble les jeunes gens.

— Adieu, mes petits lions, répondit le Gascon, je m'en vais à l'hôtel de Bussy.

Il fit trois pas et revint.

— A propos, dit-il; ne quittez pas le roi pendant ce beau jour de la Fête-Dieu; n'allez à la campagne ni les uns ni les autres : demeurez au Louvre comme une poignée de paladins. C'est convenu, hein? Oui; alors je vais faire votre commission.

Et Chicot, sa lettre à la main, ouvrit l'équerre de ses longues jambes, et disparut.

CHAPITRE XXVI

LA FÊTE-DIEU.

Pendant ces huit jours, les événements se préparèrent, comme une tempête se prépare au fond des cieux dans les jours calmes et lourds de l'été.

Monsoreau, remis sur pied après quarante-huit heures de fièvre, s'occupa de guetter lui-même son larron d'honneur; mais, comme il ne découvrit personne, il demeura plus convaincu que jamais de l'hypocrisie du duc d'Anjou et de ses mauvaises intentions au sujet de Diane.

Bussy ne discontinua pas ses visites de jour à la maison du grand veneur. Seulement il fut averti par Remy des fréquents espionnages du convalescent, et s'abstint de venir la nuit par la fenêtre!

Chicot faisait deux parts de son temps :

L'une était consacrée à son maître bien-aimé

Henri de Valois, qu'il quittait le moins possible, le surveillant comme fait une mère de son enfant.

L'autre était pour son tendre ami Gorenflot, qu'il avait déterminé à grand'peine, depuis huit jours, à retourner à sa cellule, où il l'avait reconduit et où il avait reçu de l'abbé, messire Joseph Foulon, le plus charmant accueil.

A cette première visite, on avait fort parlé de la piété du roi; et le prieur paraissait on ne peut plus reconnaissant à Sa Majesté de l'honneur qu'elle faisait à l'abbaye en la visitant. Cet honneur était même plus grand qu'on ne s'y était attendu d'abord : Henri, sur la demande du vénérable abbé, avait consenti à passer la journée et la nuit en retraite dans un couvent.

Chicot confirma l'abbé dans cette espérance, à laquelle il n'osait s'arrêter, et, comme on savait que Chicot avait l'oreille du roi, on l'invita fort à revenir, ce que Chicot promit de faire. Quant à Gorenflot, il grandit de dix coudées aux yeux des moines. C'était, en effet, un coup de partie à lui d'avoir ainsi capté toute la confiance de Chicot ; Machiavel, de politique mémoire, n'eût pas mieux fait.

Invité à revenir, Chicot revint; et, comme avec lui, dans ses poches, sous son manteau, dans ses larges bottes, il apportait des flacons de vins des crus les plus rares et les plus recherchés, frère Gorenflot le recevait encore mieux que messire Joseph Foulon.

Alors il s'enfermait des heures entières dans la cellule du moine, partageant, au dire général, ses études et ses extases. L'avant-veille de la Fête-Dieu, il passa même la nuit tout entière dans le couvent; le lendemain, le bruit courait à l'abbaye que Gorenflot avait déterminé Chicot à prendre la robe.

Quant au roi, il donnait, pendant ce temps, de bonnes leçons d'escrime à ses amis, cherchant avec eux des coups nouveaux, et s'étudiant surtout à exercer d'Épernon, à qui le sort avait donné un si rude adversaire, et que l'attente du jour décisif préoccupait fort visiblement.

Quelqu'un qui eût parcouru la ville à de certaines heures de la nuit eût rencontré, dans le quartier Sainte-Geneviève, les moines étranges dont nos premiers chapitres ont fourni quelques descriptions, et qui ressemblaient beaucoup plus à des reîtres qu'à des frocards. Enfin nous pourrions ajouter, pour compléter le tableau que nous avons commencé d'esquisser; nous pourrions ajouter, disons-nous, que l'hôtel de

Guise était devenu, à la fois, l'antre le plus mystérieux et le plus turbulent, le plus peuplé au dedans et le plus désert au dehors qu'il se puisse voir; que des conciliabules se tenaient, chaque soir, dans la grande salle, après qu'on avait eu soin de fermer hermétiquement les jalousies, et que ces conciliabules étaient précédés de dîners auxquels on n'invitait que des hommes et que présidait cependant madame de Montpensier.

Ces sortes de détails, que nous trouvons dans les mémoires du temps, nous sommes forcé de les donner à nos lecteurs, attendu qu'ils ne les trouveraient pas dans les archives de la police. En effet, la police de ce bénin règne ne soupçonnait même pas ce qui se tramait, quoique le complot, comme on le pourra voir, fût d'importance, et les dignes bourgeois qui faisaient leur ronde nocturne, salade en tête et hallebarde au poing, ne le soupçonnaient pas plus qu'elle, n'étant point gens à deviner d'autres dangers que ceux qui résultent du feu, des voleurs, des chiens enragés et des ivrognes querelleurs.

De temps en temps, quelque patrouille s'arrêtait bien devant l'hôtel de la Belle-Étoile, rue de l'Arbre-Sec ; mais maître la Hurière était connu pour un si zélé catholique, que l'on ne doutait point que le grand bruit qui se menait chez lui ne fût mené pour la plus grande gloire de Dieu.

Voilà dans quelles conditions la ville de Paris atteignit, jour par jour, le matin de cette grande solennité abolie par le gouvernement constitutionnel, et qu'on appelle la Fête-Dieu.

Le matin de ce grand jour, il faisait un temps superbe, et les fleurs qui jonchaient les rues envoyaient au loin leurs parfums embaumés. Ce matin, disons-nous, Chicot qui, depuis quinze jours, couchait assidûment dans la chambre du roi, réveilla Henri de bonne heure; personne n'était encore entré dans la chambre royale.

— Ah! mon pauvre Chicot, s'écria Henri, foin de toi! Je n'ai jamais vu homme plus mal choisir son temps. Tu me tires du plus doux songe que j'aie fait de ma vie.

— Et que rêvais-tu donc, mon fils? demanda Chicot.

— Je rêvais que Quélus avait transpercé Antraguet d'un coup de seconde, et qu'il nageait, ce cher ami, dans le sang de son adversaire. Mais voici le jour. Allons prier le Seigneur que mon rêve se réalise. Appelle, Chicot, appelle!

— Que veux-tu donc?

— Mon cilice et mes verges.

Veux-tu causer avec ton ami? tu ne t'en repentiras pas, Valois, foi de Chicot.
PAGE 101.

— Tu n'aimerais pas mieux un bon déjeuner? demanda Chicot.

— Païen, dit Henri, qui veux entendre la messe de la Fête-Dieu l'estomac plein!

— C'est juste.

— Appelle, Chicot, appelle!

— Patience, dit Chicot, il est huit heures à peine, et tu as le temps de te fustiger jusqu'à ce soir. Causons premièrement : veux-tu causer avec ton ami? tu ne t'en repentiras pas, Valois, foi de Chicot.

— Eh bien, causons, dit Henri; mais fais vite.

— Comment divisons-nous notre journée, mon fils?

— En trois parties.

— En l'honneur de la sainte Trinité, très-bien. Voyons ces trois parties.

— D'abord la messe à Saint-Germain-l'Auxerrois.

— Bien.

— Au retour au Louvre, la collation.

— Très-bien !

— Puis processions de pénitents par les rues, en s'arrêtant, pour faire des stations, dans les principaux couvents de Paris, en commençant par les Jacobins et en finissant par Sainte-Geneviève, où j'ai promis au prieur de faire retraite jusqu'au lendemain dans la cellule d'une espèce de saint qui passera la nuit en prières pour assurer le succès de nos armes.

— Je le connais.

— Le saint ?

— Parfaitement.

— Tant mieux, tu m'accompagneras, Chicot; nous prierons ensemble.

— Oui, sois tranquille.

— Alors, habille-toi et viens.

— Attends donc !

— Quoi ?

— J'ai encore quelques détails à te demander.

— Ne peux-tu les demander tandis qu'on m'accommodera ?

— J'aime mieux te les demander tandis que nous sommes seuls.

— Fais donc vite, le temps se passe.

— Ta cour, que fait-elle ?

— Elle me suit.

— Ton frère ?

— Il m'accompagne.

— Ta garde ?

— Les gardes françaises m'attendent avec Crillon au Louvre; les Suisses m'attendent à la porte de l'abbaye.

— A merveille ! dit Chicot, me voilà renseigné.

— Je puis donc appeler ?

— Appelle.

Henri frappa sur un timbre.

— La cérémonie sera magnifique, continua Chicot.

— Dieu nous en saura gré, je l'espère.

— Nous verrons cela demain. Mais, dis-moi, Henri, avant que personne n'entre, tu n'as rien autre chose à me dire ?

— Non. Ai-je oublié quelque détail du cérémonial ?

— Ce n'est pas de cela que je te parle.

— De quoi me parles-tu donc ?

— De rien.

Mais tu me demandes...

— S'il est bien arrêté que tu vas à l'abbaye Sainte-Geneviève ?

— Sans doute.

— Et que tu y passes la nuit ?

— Je l'ai promis.

— Eh bien, si tu n'as rien à me dire, mon fils, je te dirai, moi, que ce cérémonial ne me convient pas, à moi.

— Comment ?

— Non, et quand nous aurons dîné...

— Quand nous aurons dîné ?

— Je te ferai part d'une autre disposition que j'ai imaginée.

— Soit, j'y consens.

— Tu n'y consentirais pas, mon fils, que ce serait encore la même chose.

— Que veux-tu dire ?

— Chut ! voici ton service qui entre dans l'antichambre.

En effet, les huissiers ouvrirent les portières, et l'on vit paraître le barbier, le parfumeur et le valet de chambre de Sa Majesté, qui, s'emparant du roi, se mirent à exécuter conjointement, sur son auguste personne, une de ces toilettes que nous avons décrites dans le commencement de cet ouvrage.

Lorsque la toilette de Sa Majesté fut aux deux tiers, on annonça Son Altesse monseigneur le duc d'Anjou.

Henri se retourna de son côté, préparant son meilleur sourire pour le recevoir.

Le duc était accompagné de M. de Monsoreau, de d'Épernon et Aurilly.

D'Épernon et d'Aurilly restèrent en arrière.

Henri, à la vue du comte encore pâle et dont la mine était plus effrayante que jamais, ne put retenir un mouvement de surprise.

Le duc s'aperçut de ce mouvement, qui n'échappa point non plus au comte.

— Sire, dit le duc, c'est M. de Monsoreau qui vient présenter ses hommages à Votre Majesté.

— Merci, monsieur, dit Henri; et je suis d'autant plus touché de votre visite que vous avez été bien blessé, n'est-ce pas ?

— Oui, sire.

— A la chasse, m'a-t-on dit.

— A la chasse, sire.

— Mais vous allez mieux à présent, n'est-ce pas ?

— Je suis rétabli.

— Sire, dit le duc d'Anjou, ne vous plairait-il pas qu'après nos dévotions faites, M. le comte de Monsoreau nous allât préparer une belle chasse dans les bois de Compiègne ?

— Mais, dit Henri, ne savez-vous pas que demain ?...

Il allait dire : « quatre de mes amis se rencontrent avec quatre des vôtres; » mais il se rappela que le secret avait dû être gardé, et il s'arrêta.

— Je ne sais rien, sire, reprit le duc d'Anjou, et si Votre Majesté veut m'informer...

— Je voulais dire, reprit Henri, que, passant la nuit prochaine en dévotions à l'abbaye Sainte-Geneviève, je ne serais peut-être pas prêt pour demain ; mais que M. le comte parte toujours : si ce n'est demain, ce sera après-demain que la chasse aura lieu.

— Vous entendez? dit le duc à Monsoreau, qui s'inclina.

— Oui, monseigneur, répondit le comte.

En ce moment entrèrent Schomberg et Quélus ; le roi les reçut à bras ouverts.

— Encore un jour! dit Quélus en saluant le roi.

— Mais plus qu'un jour, heureusement! dit Schomberg.

Pendant ce temps, Monsoreau disait, de son côté, au duc :

— Vous me faites exiler, à ce qu'il paraît, monseigneur.

— Le devoir d'un grand veneur n'est-il point de préparer les chasses du roi? dit en riant le duc.

— Je m'entends, répondit Monsoreau, et je vois ce que c'est. C'est ce soir qu'expire le huitième jour de délai que Votre Altesse m'a demandé, et Votre Altesse préfère m'envoyer à Compiègne que de tenir sa promesse. Mais, que Votre Altesse y prenne garde; d'ici à ce soir, je puis, d'un seul mot...

François saisit le comte par le poignet.

— Taisez-vous, dit-il, car, au contraire, je le tiens cette promesse que vous réclamez.

— Expliquez-vous.

— Votre départ pour la chasse sera connu de tout le monde, puisque l'ordre est officiel.

— Eh bien?

— Eh bien, vous ne partirez pas ; mais vous vous cacherez aux environs de votre maison. Alors, vous croyant parti, viendra l'homme que vous voulez connaître; le reste vous regarde, car je ne me suis engagé à rien autre chose, ce me semble.

— Ah ! ah ! si cela se fait ainsi ! dit Monsoreau.

— Vous avez ma parole, dit le duc.

— J'ai mieux que cela, monseigneur, j'ai votre signature.

— Eh! oui, mordieu, je le sais bien.

Et le duc s'éloigna de Monsoreau pour se rapprocher de son frère; Aurilly toucha le bras de d'Épernon.

— C'est fait, dit-il.

— Quoi? qu'y a-t-il de fait?

— M. de Bussy ne se battra point demain.

— M. de Bussy ne se battra point demain?

— J'en réponds.

— Et qui l'en empêchera?

— Qu'importe! pourvu qu'il ne se batte point.

— Si cela arrive, mon cher sorcier, il y a mille écus pour vous.

— Messieurs, dit Henri qui venait d'achever sa toilette, à Saint-Germain-l'Auxerrois!

— Et de là à l'abbaye Sainte-Geneviève? demanda le duc.

— Certainement, répondit le roi,

— Comptez là-dessus, dit Chicot en bouclant le ceinturon de sa rapière.

Et Henri passa dans la galerie, où toute sa cour l'attendait.

Cher comte, le duc d'Anjou est un perfide, un lâche. — Page 105.

CHAPITRE XXVII

LEQUEL AJOUTERA ENCORE A LA CLARTÉ DU CHAPITRE PRÉCÉDENT.

L a veille au soir, quand tout avait été décidé et arrêté entre les Guise et les Angevins, M. de Monsoreau était rentré chez lui et y avait trouvé Bussy.

Alors, songeant que ce brave gentilhomme, auquel il portait toujours une grande amitié, pou-vait, n'étant prévenu de rien, se compromettre cruellement le lendemain, il l'avait pris à part.

— Mon cher comte, lui avait-il dit, voudriez-vous bien me permettre de vous donner un conseil?

— Comment donc! avait répondu Bussy, je vous en prie, faites.

— A votre place, je m'absenterais demain de Paris.

— Moi! Et pourquoi cela?

— Tout ce que je puis vous dire, c'est que votre absence vous sauverait, selon toute probabilité, d'un grand embarras.

— D'un grand embarras? reprit Bussy regardant le comte jusqu'au fond des yeux, et lequel?

— Ignorez-vous ce qui doit se passer demain?

— Complétement.

— Sur l'honneur?

— Foi de gentilhomme.

— M. d'Anjou ne vous a rien confié?

— Rien. M. d'Anjou ne me confie que les choses qu'il peut dire tout haut, et j'ajouterai presque qu'il peut dire à tout le monde.

— Eh bien, moi qui ne suis pas le duc d'Anjou, moi qui aime mes amis pour eux et non pour moi, je vous dirai, mon cher comte, qu'il se prépare pour demain des événements graves, et que les partis d'Anjou et de Guise méditent un coup dont la déchéance du roi pourrait bien être le résultat.

Bussy regarda M. de Monsoreau avec une certaine défiance; mais sa figure exprimait la plus entière franchise, et il n'y avait point à se tromper à cette expression.

— Comte, lui répondit-il, je suis au duc d'Anjou, vous le savez, c'est-à-dire que ma vie et mon épée lui appartiennent. Le roi, contre lequel je n'ai jamais rien ostensiblement entrepris, me garde rancune, et n'a jamais manqué l'occasion de me dire ou de me faire une chose blessante. Et demain même, — Bussy baissa la voix, — je vous dis cela, mais je le dis à vous seul, comprenez-vous bien? demain je vais risquer ma vie pour humilier Henri de Valois dans la personne de ses favoris.

— Ainsi, demanda Monsoreau, vous êtes résolu à subir toutes les conséquences de votre attachement au duc d'Anjou?

— Oui.

— Vous savez où cela vous entraîne, peut-être?

— Je sais où je compte m'arrêter; quelque motif que j'aie de me plaindre du roi, jamais je ne lèverai la main sur l'oint du Seigneur; je laisserai faire les autres, et je suivrai, sans frapper et sans provoquer personne, M. le duc d'Anjou, afin de le défendre en cas de péril.

M. de Monsoreau réfléchit un instant, et, posant sa main sur l'épaule de Bussy :

— Cher comte, lui dit-il, le duc d'Anjou est un perfide, un lâche, un traître, capable, sur une jalousie ou une crainte, de sacrifier son serviteur le plus fidèle, son ami le plus dévoué; cher comte, abandonnez-le, suivez le conseil d'un ami, allez passer la journée de demain dans votre petite maison de Vincennes, allez où vous voudrez, mais n'allez pas à la procession de la Fête-Dieu.

Bussy le regarda fixement.

— Mais pourquoi suivez-vous le duc d'Anjou vous-même? répliqua-t-il.

— Parce que, pour des choses qui intéressent mon honneur, répondit le comte, j'ai besoin de lui quelque temps encore.

— Eh bien, c'est comme moi, dit Bussy; pour des choses qui intéressent aussi mon honneur, je suivrai le duc.

Le comte de Monsoreau serra la main de Bussy, et tous deux se quittèrent.

Nous avons dit, dans le chapitre précédent, ce qui se passa le lendemain, au lever du roi.

Monsoreau rentra chez lui, et annonça à sa femme son départ pour Compiègne; en même temps, il donna l'ordre de faire tous les préparatifs de ce départ.

Diane entendit la nouvelle avec joie. Elle savait de son mari le duel futur de Bussy et d'Épernon; mais d'Épernon était celui des mignons du roi qui avait la moindre réputation de courage et d'adresse : elle n'avait donc qu'une crainte mêlée d'orgueil en songeant au combat du lendemain.

Bussy s'était présenté dès le matin chez le duc d'Anjou et l'avait accompagné au Louvre, tout en se tenant dans la galerie. Le duc le prit en revenant de chez son frère, et tout le cortége royal s'achemina vers Saint-Germain-l'Auxerrois.

En voyant Bussy si franc, si loyal, si dévoué, le prince avait eu quelques remords; mais deux choses combattaient en lui les bonnes dispositions : le grand empire que Bussy avait pris sur lui, comme toute nature puissante sur une nature faible, et qui lui inspirait la crainte que, tout en se tenant debout près de son trône, Bussy ne fût le véritable roi; puis, l'amour de Bussy pour madame de Monsoreau, amour qui éveillait toutes les tortures de la jalousie au fond du cœur du prince.

Cependant il s'était dit, car Monsoreau lui inspirait, de son côté, des inquiétudes presque aussi grandes que Bussy, cependant il s'était dit :

— Ou Bussy m'accompagnera, et, en me secondant par son courage, fera triompher ma cause, et alors, si j'ai triomphé, peu m'importe ce que dira et ce que fera le Monsoreau; ou Bussy m'abandonnera, et alors je ne lui dois plus rien, et je l'abandonne à mon tour.

Le résultat de cette double réflexion dont Bussy était l'objet, faisait que le prince ne quittait pas un instant des yeux le jeune homme. Il le vit, avec son visage calme et souriant, entrer à l'église, après avoir galamment cédé le pas à M. d'Épernon, son adversaire, et s'agenouiller un peu en arrière.

Le prince fit alors signe à Bussy de se rapprocher de lui. Dans la position où il se trouvait, il était obligé de tourner complètement la tête, tandis qu'en le faisant mettre à sa gauche, il n'avait besoin que de tourner les yeux.

La messe était commencée depuis un quart d'heure à peu près, quand Remy entra dans l'église et vint s'agenouiller près de son maître. Le duc tressaillit à l'apparition du jeune médecin, qu'il savait être confident des secrètes pensées de Bussy.

En effet, au bout d'un instant, après quelques paroles échangées tout bas, Remy glissa un billet au comte.

Le prince sentit un frisson passer dans ses veines : une petite écriture fine et charmante formait la suscription de ce billet.

— C'est d'elle, dit-il ; elle lui annonce que son mari quitte Paris.

Bussy glissa le billet dans le fond de son chapeau, l'ouvrit et lut.

Le prince ne voyait plus le billet ; mais il voyait le visage de Bussy, que dorait un rayon de joie et d'amour.

— Ah ! malheur à toi si tu ne m'accompagnes pas ! murmura-t-il.

Bussy porta le billet à ses lèvres et le glissa sur son cœur.

Le duc regarda autour de lui. Si Monsoreau eût été là, peut-être le duc n'eût-il pas eu la patience d'attendre le soir pour lui nommer Bussy.

La messe finie, on reprit le chemin du Louvre, où une collation attendait le roi dans ses appartements et les gentilshommes dans la galerie. Les Suisses étaient en haie à partir de la porte du Louvre ; Crillon et les gardes françaises étaient rangés dans la cour.

Chicot ne perdait pas plus le roi de vue que le duc d'Anjou ne perdait Bussy.

En entrant au Louvre, Bussy s'approcha du duc.

— Pardon, monseigneur, fit-il en s'inclinant ; je désirerais dire deux mots à Votre Altesse.

— Pressés ? demanda le duc.

— Très-pressés, monseigneur.

— Ne pourras-tu me les dire pendant la procession ? nous marcherons à côté l'un de l'autre.

— Monseigneur m'excusera ; mais je l'arrêtais justement pour lui demander la permission de ne pas l'accompagner.

— Comment cela ? demanda le duc d'une voix dont il ne put complétement dissimuler l'altération.

— Monseigneur, demain est un grand jour, Votre Altesse le sait, puisqu'il doit vider la querelle entre l'Anjou et la France ; je désirerais donc me retirer dans ma petite maison de Vincennes, et y faire retraite toute la journée.

— Ainsi, tu ne viens pas à la procession où vient la cour, où vient le roi ?

— Non, monseigneur, avec la permission toutefois de Votre Altesse.

— Tu ne me rejoindras pas même à Sainte-Geneviève ?

— Monseigneur, je désire avoir toute la journée à moi.

— Mais cependant, dit le duc, si une occasion se présente, dans le courant de la journée, où j'aie besoin de mes amis !...

— Comme monseigneur n'en aurait besoin, dit-il, que pour tirer l'épée contre son roi, je lui demande doublement congé, répondit Bussy : mon épée est engagée contre M. d'Épernon.

Monsoreau avait dit la veille au prince qu'il pouvait compter sur Bussy. Tout était donc changé depuis la veille, et ce changement venait du billet apporté par le Haudoin à l'église.

— Ainsi, dit le duc les dents serrées, tu abandonnes ton seigneur et maître, Bussy ?

— Monseigneur, dit Bussy, l'homme qui joue sa vie le lendemain dans un duel acharné, sanglant, mortel, comme sera le nôtre, je vous en réponds, celui-là n'a plus qu'un seul maître, et c'est ce maître-là qui aura mes dernières dévotions.

— Tu sais qu'il s'agit pour moi du trône, et tu me quittes !

— Monseigneur, j'ai assez travaillé pour vous ; je travaillerai encore assez demain ; ne me demandez pas plus que ma vie.

— C'est bien ! répliqua le duc d'une voix sourde ; vous êtes libre, allez, monsieur de Bussy.

Bussy, sans s'inquiéter de cette froideur soudaine, salua le prince, descendit l'escalier du Louvre, et, une fois hors du palais, s'achemina vivement vers sa maison.

Le duc appela Aurilly.

Aurilly parut.

— Eh bien, monseigneur? demanda le joueur de luth.

— Eh bien, il s'est condamné lui-même.

— Il ne vous suit pas?

— Non.

— Il va au rendez-vous du billet?

— Oui.

— Alors c'est pour ce soir?

— C'est pour ce soir.

— M. de Monsoreau est-il prévenu?

— Du rendez-vous, oui; de l'homme qu'il trouvera au rendez-vous, pas encore.

— Ainsi vous êtes décidé à sacrifier le comte?

— Je suis décidé à me venger, dit le prince. Je ne crains plus qu'une chose maintenant.

— Laquelle?

— C'est que le Monsoreau ne se fie à sa force et à son adresse, et que Bussy ne lui échappe.

— Que monseigneur se rassure.

— Comment?

— M. de Bussy est-il bien décidément condamné?

— Oui, mordieu! Un homme qui me tient en tutelle, qui me prend ma volonté et qui en fait sa volonté; qui me prend ma maîtresse et qui en fait la sienne; une espèce de lion dont je suis moins le maître que le gardien. Oui, oui, Aurilly, il est condamné sans appel, sans miséricorde.

— Eh bien, comme je vous le disais, que monseigneur se rassure : s'il échappe à un Monsoreau, il n'échappera point à un autre.

— Et quel est cet autre?

— Monseigneur m'ordonne de le nommer?

— Oui, je te l'ordonne.

— Cet autre est M. d'Épernon.

— D'Épernou! d'Épernon, qui doit se battre contre lui demain?

— Oui, monseigneur.

— Conte-moi donc cela.

Aurilly allait commencer le récit demandé, quand on appela le duc. Le roi était à table, et il s'étonnait de n'y pas voir le duc d'Anjou, ou plutôt Chicot venait de lui faire observer cette absence, et le roi demandait son frère.

— Tu me conteras tout cela à la procession, dit le duc.

Et il suivit l'huissier qui l'appelait.

Maintenant, que nous n'aurons pas le loisir, préoccupé que nous serons d'un plus grand personnage, de suivre le duc et Aurilly dans les rues de Paris, disons à nos lecteurs ce qui s'é-

tait passé entre d'Épernon et le joueur de luth.

Le matin, vers le point du jour, d'Épernon s'était présenté à l'hôtel d'Anjou, et avait demandé à parler à Aurilly.

Depuis longtemps, le gentilhomme connaissait le musicien. Ce dernier avait été appelé à lui enseigner le luth, et plusieurs fois l'élève et le maître s'étaient réunis pour racler la basse ou pincer la viole, comme c'était la mode en ce temps-là, non-seulement en Espagne, mais encore en France.

Il en résultait qu'une assez tendre amitié, tempérée par l'étiquette, unissait les deux musiciens.

D'ailleurs M. d'Épernon, Gascon subtil, pratiquait la méthode d'insinuation, qui consiste à arriver aux maîtres par les valets, et il y avait peu de secrets chez le duc d'Anjou dont il ne fût instruit par son ami Aurilly.

Ajoutons que, par suite de son habileté diplomatique, il ménageait le roi et le duc, flottant de l'un à l'autre, dans la crainte d'avoir pour ennemi le roi futur, et pour se conserver le roi régnant.

Cette visite à Aurilly avait pour but de causer avec lui de son duel prochain avec Bussy. Ce duel ne laissait pas de l'inquiéter vivement. Pendant sa longue vie, la partie saillante du caractère de d'Épernon ne fut jamais la bravoure; or il eût fallu être plus que brave, il eût fallu être téméraire pour affronter de sang-froid le combat avec Bussy : se battre avec lui, c'était affronter une mort certaine. Quelques-uns l'avaient osé qui avaient mesuré la terre dans la lutte et qui ne s'en étaient pas relevés.

Au premier mot que d'Épernon dit au musicien du sujet qui le préoccupait, celui-ci, qui connaissait la sourde haine que son maître nourrissait contre Bussy, celui-ci, disons-nous, abonda dans son sens, plaignant bien tendrement son élève, en lui annonçant que, depuis huit jours, M. de Bussy faisait des armes, deux heures chaque matin, avec un clairon des gardes, la plus perfide lame que l'on eût encore rencontrée à Paris, une sorte d'artiste en coups d'épée, qui, voyageur et philosophe, avait emprunté aux Italiens leur jeu prudent et serré, aux Espagnols leurs feintes subtiles et brillantes, aux Allemands l'inflexibilité du poignet et la logique des ripostes, enfin aux sauvages Polonais, que l'on appelait alors des Sarmates, leurs voltes, leurs bonds, leurs prostrations subites, et les étreintes corps à corps.

D'Épernon, pendant cette longue énumération de chances contraires, mangea de terreur tout le carmin qui lustrait ses ongles.

— Ah çà! mais je suis mort! dit-il moitié riant, moitié pâlissant.

— Dame! répondit Aurilly.

— Mais c'est absurde, s'écria d'Épernon, d'aller sur le terrain avec un homme qui doit indubitablement nous tuer. C'est comme si l'on jouait aux dés avec un homme qui serait sûr d'amener tous les coups le double six.

— Il fallait songer à cela avant de vous engager, monsieur le duc.

— Peste, dit d'Épernon, je me dégagerai. On n'est pas Gascon pour rien. Bien fou qui sort volontairement de la vie, et surtout à vingt-cinq ans. Mais j'y pense, mordieu; oui, ceci est de la logique. Attends!

— Dites.

— M. de Bussy est sûr de me tuer, dis-tu?

— Je n'en doute pas un seul instant.

— Alors ce n'est plus un duel, s'il est sûr, c'est un assassinat.

— Au fait!

— Et si c'est un assassinat, que diable...

— Eh bien?

— Il est permis de prévenir un assassinat par...

— Par?...

— Par... un meurtre.

— Sans doute.

— Qui m'empêche, puisqu'il veut me tuer, de le tuer auparavant? moi!

— Oh! mon Dieu! rien du tout, et j'y songeais même.

— Est-ce que mon raisonnement n'est pas clair?

— Clair comme le jour.

— Naturel?

— Très-naturel!

— Seulement, au lieu de le tuer cruellement de mes mains, comme il veut le faire à mon égard, eh bien, moi qui abhorre le sang, je laisserai ce soin à quelque autre.

— C'est-à-dire que vous payerez des sbires?

— Ma foi, oui! comme M. de Guise, M. de Mayenne, pour Saint-Mégrin.

— Cela vous coûtera cher.

— J'y mettrai trois mille écus.

— Pour trois mille écus, quand vos sbires sauront à qui ils ont affaire, vous n'aurez guère que six hommes.

— N'est-ce point assez donc?

— Six hommes! M. de Bussy en aura tué quatre avant d'être seulement effleuré. Rappelez-vous l'échauffourée de la rue Saint-Antoine, dans laquelle il a blessé Schomberg à la cuisse, vous au bras, et presque assommé Quélus.

— Je mettrai six mille écus, s'il le faut, dit d'Épernon. Mordieu! si je fais la chose, je veux la bien faire, et qu'il n'en réchappe pas.

— Vous avez votre monde? dit Aurilly.

— Dame! répliqua d'Épernon, j'ai çà et là des gens inoccupés, des soldats en retraite, des braves, après tout, qui valent bien ceux de Venise et de Florence.

— Très-bien, très-bien! Mais prenez garde.

— A quoi?

— S'ils échouent, ils vous dénonceront.

— J'ai le roi pour moi.

— C'est quelque chose; mais le roi ne peut vous empêcher d'être tué par M. de Bussy.

— Voilà qui est juste, et parfaitement juste, dit d'Épernon rêveur.

— Je vous indiquerais bien une combinaison, dit Aurilly.

— Parle, mon ami, parle.

— Mais, vous ne voudriez peut-être pas faire cause commune?

— Je ne répugnerais à rien de ce qui doublerait mes chances de me défaire de ce chien enragé.

— Eh bien, certain ennemi de votre ennemi est jaloux.

— Ah! ah!

— De sorte qu'à cette heure même...

— Eh bien, à cette heure même... achève donc!

— Il lui tend un piège.

— Après?

— Mais il manque d'argent; avec les six mille écus, il ferait votre affaire en même temps que la sienne. Vous ne tenez point à ce que l'honneur du coup vous revienne, n'est-ce pas?

— Mon Dieu, non! je ne demande autre chose, moi, que de demeurer dans l'obscurité.

— Envoyez donc vos hommes au rendez-vous, sans vous faire connaître, et il les utilisera.

— Mais encore faudrait-il, si mes hommes ne me connaissent pas, que je connusse cet homme, moi.

— Je vous le ferai voir ce matin.

— Où cela?

— Au Louvre.

— C'est donc un gentilhomme?

— Oui.

— Aurilly, séance tenante, les six mille écus seront à ta disposition.

— C'est donc arrêté ainsi?

— Irrévocablement.

— Au Louvre donc!

— Au Louvre.

Nous avons vu, dans le chapitre précédent, comment Aurilly dit à d'Épernon :

— Soyez tranquille, M. de Bussy ne se battra pas avec vous demain!

CHAPITRE XXVIII

LA PROCESSION.

ussitôt la collation finie, le roi était rentré dans sa chambre avec Chicot, pour y prendre ses habits de pénitent, et il en était sorti, un instant après, les pieds nus, les reins ceints d'une corde, et le capuchon rabattu sur le visage.

Pendant ce temps, les courtisans avaient fait la même toilette.

Le temps était magnifique, le pavé jonché de fleurs; on parlait de reposoirs plus splendides les uns que les autres, et surtout de celui que les génovéfains avaient dressé dans la crypte de la chapelle.

Un peuple immense bordait le chemin qui conduisait aux quatre stations que devait faire le roi, et qui étaient aux jacobins, aux carmes, aux capucins et aux génovéfains.

Le clergé de Saint-Germain-l'Auxerrois ouvrait la marche. L'archevêque de Paris portait le Saint-Sacrement. Entre le clergé et l'archevêque, marchaient à reculons de jeunes garçons qui secouaient les encensoirs, et de jeunes filles qui effeuillaient des roses.

Puis venait le roi, les pieds nus, comme nous avons dit, et suivi de ses quatre amis, les pieds nus comme lui et enfroqués comme lui.

Le duc d'Anjou suivait, mais dans son costume ordinaire; toute sa cour angevine l'accompagnait, mêlée aux grands dignitaires de la couronne, qui marchaient à la suite du prince, chacun gardant le rang que l'étiquette lui assignait.

Puis enfin venaient les bourgeois et le peuple.

Il était déjà plus d'une heure de l'après-midi lorsqu'on quitta le Louvre. Crillon et les gardes françaises voulaient suivre le roi. Mais celui-ci leur fit signe que c'était inutile, et Crillon et les gardes demeurèrent pour garder le palais.

Il était près de six heures du soir quand, après avoir fait ses stations aux différents reposoirs, la tête du cortège commença d'apercevoir le porche dentelé de la vieille abbaye, et les génovéfains, le prieur en tête, disposés sur les trois marches, qui formaient le seuil, pour recevoir Sa Majesté.

Pendant la marche qui séparait l'abbaye de la dernière station, qui était celle que l'on avait faite au couvent des capucins, le duc d'Anjou, qui était sur pied depuis le matin, s'était trouvé mal de fatigue : il avait alors demandé au roi la permission de se retirer dans son hôtel, permission que le roi lui avait accordée.

Ses gentilshommes s'étaient alors détachés du cortège et s'étaient retirés avec lui, comme pour indiquer bien hautement que c'était le duc qu'ils suivaient et non le roi.

Mais le fait était que, comme trois d'entre eux devaient se battre le lendemain, ils désiraient ne pas se fatiguer outre mesure.

A la porte de l'abbaye, le roi, sous le prétexte que Quélus, Maugiron, Schomberg et d'Épernon n'avaient pas moins besoin de repos que Livarot, Ribérac et Antraguet, le roi, disons-nous, leur donna congé aussi.

L'archevêque, qui officiait depuis le matin, et qui n'avait encore rien pris, non plus que les autres prêtres, tombait de fatigue; le roi prit pitié de ces saints martyrs, et, arrivé, comme nous l'avons dit, à la porte de l'abbaye, il les renvoya tous.

Puis, se retournant vers le prieur, Joseph Foulon :

— Me voici, mon père, dit-il en nasillant, je viens, comme un pêcheur que je suis, chercher le repos dans votre solitude.

Le prieur s'inclina.

Alors s'adressant à ceux qui avaient résisté à cette rude journée et qui l'avaient suivi jusque-là :

— Je vous remercie, messieurs, dit-il, allez en paix.

Chacun salua respectueusement, et le royal pénitent monta une à une, en se frappant la poitrine, les marches de l'abbaye.

A peine Henri avait-il dépassé le seuil de l'abbaye, que les portes en furent fermées derrière lui.

Le roi était si profondément absorbé dans ses méditations, qu'il ne parut pas remarquer cette circonstance, qui, d'ailleurs, après le congé donné par le roi à sa suite, n'avait rien d'extraordinaire.

— Nous allons d'abord, dit le prieur au roi, conduire Votre Majesté dans la crypte, que nous avons ornée de notre mieux en l'honneur du roi du ciel et de la terre.

Le roi se contenta de répondre par un geste d'assentiment et marcha derrière le prieur.

Mais, aussitôt qu'il fut passé sous la sombre arcade où se tenaient immobiles deux rangées de moines, aussitôt qu'on l'eut vu tourner l'angle de la cour qui conduisait à la chapelle, vingt capuchons sautèrent en l'air, et l'on vit resplendir, dans la demi-teinte, des yeux étincelants de la joie et de l'orgueil du triomphe.

Certes, ce n'étaient point là des figures de moines paresseux et poltrons ; la moustache épaisse, le teint basané, dénotaient chez eux la force et l'activité. Bon nombre démasquaient des visages sillonnés de cicatrices, et, à côté du plus fier de tous, de celui qui portait la cicatrice la plus illustre et la plus célèbre, apparaissait,

triomphante et exaltée, la figure d'une femme couverte d'un froc.

Cette femme agita une paire de ciseaux d'or qui pendaient à une chaîne nouée à sa ceinture, et s'écria :

— Ah ! mes frères, nous tenons enfin le Valois.

— Ma foi ! ma sœur, je le crois comme vous, répondit le balafré.

— Pas encore, pas encore, murmura le cardinal.

— Comment cela ?

— Oui, aurons-nous assez de troupes bourgeoises pour maintenir Crillon et ses gardes?

— Nous avons mieux que des troupes bourgeoises, répliqua le duc de Mayenne, et, croyez-moi, il ne sera pas échangé un seul coup de mousquet.

— Voyons, dit la duchesse de Montpensier, comment entendez-vous cela ? J'aurais cependant bien voulu un peu de tapage, moi.

— Eh bien, ma sœur, je vous le dis à regret, vous en serez privée. Quand le roi sera pris, il criera; mais nul ne répondra à ses cris. Nous lui ferons alors, par persuasion ou par violence, mais sans nous montrer, signer une abdication. Aussitôt l'abdication courra la ville et disposera en notre faveur les bourgeois et les soldats.

— Le plan est bon et ne peut échouer maintenant, dit la duchesse.

— Il est un peu brutal, fit le cardinal de Guise en secouant la tête.

— Le roi refusera de signer l'abdication, ajouta le Balafré; il est brave, il aimera mieux mourir.

— Qu'il meure alors ! s'écrièrent Mayenne et la duchesse.

— Non pas, répliqua fermement le duc de Guise, non pas! Je veux bien succéder à un prince qui abdique et que l'on méprise; mais je ne veux pas remplacer un homme assassiné que l'on plaindra. D'ailleurs, dans vos plans, vous oubliez M. le duc d'Anjou, qui, si le roi est tué, réclamera la couronne.

— Qu'il réclame, mordieu! qu'il réclame, dit Mayenne; voici notre frère le cardinal qui a prévu le cas : M. le duc d'Anjou sera compris dans l'acte d'abdication de son frère; M. le duc d'Anjou a eu des relations avec les huguenots, il est indigne de régner.

— Avec les huguenots, êtes-vous sûr de cela?

— Pardieu, puisqu'il a fui par l'aide du roi de Navarre.

— Bien.

— Puis une autre clause en faveur de notre maison suit la clause de déchéance : cette clause vous fera lieutenant du royaume, mon frère, et de la lieutenance à la royauté il n'y aura qu'un pas.

— Oui, oui, dit le cardinal, j'ai prévu tout cela; mais il se pourrait que les gardes françaises, pour s'assurer que l'abdication est bien réelle et surtout bien volontaire, forçassent l'abbaye. Crillon n'entend pas raillerie, et il serait homme à dire au roi : Sire, il y a danger de la vie, c'est bien; mais, avant tout, sauvons l'honneur.

— Cela regardait le général, dit Mayenne, et le général a pris ses précautions. Nous avons ici, pour soutenir le siége, quatre-vingts gentils-hommes, et j'ai fait distribuer des armes à cent moines. Nous tiendrons un mois contre une armée. Sans compter qu'en cas d'infériorité nous avons le souterrain pour fuir avec notre proie.

— Et que fait le duc d'Anjou dans ce moment?

— A l'heure du danger, il a faibli comme toujours. Le duc d'Anjou est rentré chez lui, où il attend, sans doute, de nos nouvelles entre Bussy et Monsoreau.

— Eh! mon Dieu, c'est ici qu'il faudrait qu'il fût, et non chez lui.

— Je crois que vous vous trompez, mon frère, dit le cardinal, le peuple et la noblesse eussent vu, dans cette réunion des deux frères, un guet-apens contre la famille. Comme nous le disions tout à l'heure, nous devons, avant toute chose, éviter de jouer le rôle d'usurpateur. Nous héritons, voilà tout. En laissant le duc d'Anjou libre, la reine mère indépendante, nous nous faisons bénir de tous et admirer de nos partisans, et nul n'aura le plus petit mot à nous dire. Sinon, nous aurons contre nous Bussy et cent autres épées fort dangereuses,

— Bah! Bussy se bat demain contre les mignons.

— Parbleu! il les tuera : la belle affaire! et ensuite il sera des nôtres, dit le duc de Guise. Quant à moi, je le fais général d'une armée en Italie, où la guerre éclatera sans nul doute. C'est un homme supérieur et que j'estime fort, que le seigneur de Bussy.

— Et moi, en preuve que je ne l'estime pas moins que vous, mon frère, si je deviens veuve, dit la duchesse de Montpensier, moi, je l'épouse.

— L'épouser, ma sœur! s'écria Mayenne.

— Tiens, dit la duchesse, il y a de plus grandes dames que moi qui ont fait plus pour lui, et il n'était pas général d'armée à cette époque.

— Allons, allons, dit Mayenne, nous verrons tout cela plus tard; à l'œuvre maintenant!

— Qui est près du roi? demanda le duc de Guise.

— Le prieur et frère Gorenflot, à ce que je crois, dit le cardinal. Il faut qu'il ne voie que des visages de connaissance, sans cela, il s'effaroucherait tout d'abord.

— Oui, dit Mayenne, mangeons les fruits de la conspiration, mais ne les cueillons pas.

— Est-ce qu'il est déjà dans la cellule? dit madame de Montpensier, impatiente de donner au roi la troisième couronne qu'elle lui promettait depuis si longtemps...

— Oh! non pas, il verra d'abord le grand reposoir de la crypte, et il adorera les saintes reliques.

— Ensuite?

— Ensuite, le prieur lui adressera quelques paroles sonores sur la vanité des biens de ce monde; après quoi le frère Gorenflot, vous savez, celui qui a prononcé ce magnifique discours pendant la soirée de la Ligue...

— Oui, eh bien?

— Le frère Gorenflot essayera d'obtenir de sa conviction ce que nous répugnons d'arracher à sa faiblesse.

— En effet, cela vaudrait infiniment mieux ainsi, dit le duc rêveur.

— Bah! Henri est superstitieux et affaibli, dit Mayenne, je réponds qu'il cédera à la peur de l'enfer.

— Et moi, je suis moins convaincu que vous, dit le duc; mais nos vaisseaux sont brûlés, il n'y a plus à revenir en arrière. Maintenant, après la tentative du prieur, après le discours de Gorenflot, si l'un et l'autre échouent, nous essayerons du dernier moyen, c'est-à-dire de l'intimidation.

— Et alors je tondrai mon Valois, s'écria la duchesse, revenant toujours à sa pensée favorite.

En ce moment, une sonnette retentit sous les voûtes assombries par les premières ombres de la nuit.

— Le roi descend à la crypte, dit le duc de Guise; allons, Mayenne, appelez vos amis et redevenons moines.

Aussitôt les capuchons recouvrirent fronts audacieux, yeux ardents et cicatrices parlantes ; puis trente ou quarante moines, conduits par les trois frères, se dirigèrent vers l'ouverture de la crypte.

— ∞ —

CHAPITRE XXIX

CHICOT 1er.

L e roi était plongé dans un recueillement qui promettait un succès facile aux projets de MM. de Guise.

Il visita la crypte avec toute la communauté, baisa la châsse, et termina toutes les cérémonies en se frappant la poitrine à coups redoublés et en marmottant les psaumes les plus lugubres.

Le prieur commença ses exhortations, que le roi écouta en donnant les mêmes signes de contrition fervente.

Enfin, sur un geste du duc de Guise, Joseph Foulon s'inclina devant Henri et lui dit :

— Sire, vous plairait-il de venir maintenant déposer votre couronne terrestre aux pieds du maître éternel?

— Allons... répliqua simplement le roi.

Et aussitôt toute la communauté, formant la haie sur son passage, s'achemina vers les cellules, dont on entrevoyait, à gauche, le corridor principal.

Henri semblait très-attendri. Ses mains ne cessaient de battre sa poitrine; le gros chapelet, qu'il roulait vivement, sonnait sur les têtes de mort en ivoire suspendues à sa ceinture.

On arriva enfin à la cellule : au seuil, se carrait Gorenflot, le visage enluminé, l'œil brillant comme une escarboucle.

— Ici? fit le roi.

— Ici même, répliqua le gros moine.

Le roi pouvait hésiter, en effet, parce qu'au bout de ce corridor on voyait une porte, ou plutôt une grille assez mystérieuse, ouvrant sur une pente rapide et n'offrant à l'œil que des ténèbres épaisses.

Henri entra dans la cellule.

— *Hic portus salutis?* murmura-t-il de sa voix émue.

— Oui, répondit Foulon, *ici est le port.*

— Laissez-nous, fit Gorenflot avec un geste majestueux.

Et aussitôt la porte se referma; les pas des assistants s'éloignèrent.

Le roi, avisant un escabeau dans le fond de la cellule, s'y plaça, les deux mains sur les genoux.

— Ah! te voilà, Hérodes! te voilà, païen! te voilà, Nabuchodonosor! dit Gorenflot sans transition aucune et en appuyant ses épaisses mains sur ses hanches.

Le roi sembla surpris.

— Est-ce à moi, dit-il, que vous parlez, mon frère?

— Oui, c'est à toi que je parle; et à qui donc? Peut-on dire une injure qui ne te soit pas convenable?

— Mon frère... murmura le roi.

— Bah! tu n'as pas de frère ici. Voilà assez longtemps que je médite un discours... tu l'auras... Je le divise en trois points, comme tout bon prédicateur. D'abord tu es un tyran, ensuite tu es un satyre, enfin tu es un détrôné; voilà sur quoi je vais parler.

— Détrôné! mon frère... dit avec explosion le roi perdu dans l'ombre.

— Ni plus, ni moins. Ce n'est pas ici comme en Pologne, et tu ne t'enfuiras pas...

— Un guet-apens!

— Oh! Valois, apprends qu'un roi n'est qu'un homme, lorsqu'il est homme encore.

— Des violences, mon frère!

— Pardieu! crois-tu que nous t'emprisonnions pour te ménager?

— Vous abusez de la religion, mon frère.

— Est-ce qu'il y a une religion! s'écria Gorenflot.

— Oh! fit le roi, un saint dire de pareilles choses!

— Tant pis, j'ai dit.

— Vous vous damnerez...

— Est-ce qu'on se damne!

— Vous parlez en mécréant, mon frère.

— Allons! pas de capucinades; es-tu prêt, Valois?

— A quoi faire?

— A déposer ta couronne. On m'a chargé de t'y inviter; je t'y invite.

— Mais vous faites un péché mortel!

— Oh! oh! fit Gorenflot avec un sourire cynique, j'ai droit d'absolution, et je m'absous d'avance; voyons, renonce, frère Valois.

— A quoi?

— Au trône de France.

— Plutôt la mort!

— Eh! mais tu mourras alors... Tiens, voici le prieur qui revient... décide-toi.

— J'ai mes gardes, mes amis; je me défendrai.

— C'est possible; mais on te tuera d'abord.

— Laisse-moi au moins un instant pour réfléchir.

— Pas un instant, pas une seconde.

— Votre zèle vous emporte, mon frère, dit le prieur.

Et il fit, de la main, un geste qui voulait dire au roi : « Sire, votre demande vous est accordée. »

Et le prieur referma la porte.

Henri tomba dans une rêverie profonde.

— Allons! dit-il, acceptons le sacrifice.

Dix minutes s'étaient écoulées tandis que Henri réfléchissait; on heurta aux guichets de la cellule.

— C'est fait, dit Gorenflot, il accepte.

Le roi entendit comme un murmure de joie et de surprise autour de lui, dans le corridor.

— Lisez-lui l'acte, dit une voix qui fit tressaillir le roi... à tel point qu'il regarda par les grillages de la porte.

Et un parchemin roulé passa de la main d'un moine dans celle de Gorenflot.

Gorenflot fit péniblement lecture de cet acte au roi, dont la douleur était grande et qui cachait son front dans ses mains.

— Et si je refuse de signer? s'écria-t-il en larmoyant.

— C'est vous perdre doublement, repartit la voix du duc de Guise, assourdie par le capuchon. Regardez-vous comme mort au monde, et ne forcez pas des sujets à verser le sang d'un homme qui a été leur roi.

— On ne me contraindra pas, dit Henri.

— Je l'avais prévu, murmura le duc à sa sœur, dont le front se plissa, dont les yeux reflétèrent un sinistre dessein.

Allez, mon frère, ajouta-t-il en s'adressant à Mayenne; faites armer tout le monde, et qu'on se prépare.

— A quoi? dit le roi d'un ton lamentable.

— A tout, répondit Joseph Foulon.

Le désespoir du roi redoubla.

— Corbleu! s'écria Gorenflot, je te haïssais, Valois; mais à présent je te méprise! Allons, signe, ou tu ne périras que de ma main.

— Patientez, patientez, dit le roi, que je me recommande au souverain Maître, que j'obtienne de lui la résignation.

— Il veut réfléchir encore, cria Gorenflot.

— Qu'on lui laisse jusqu'à minuit, dit le cardinal.

— Merci, chrétien charitable, dit le roi dans un paroxysme de désolation. Dieu te le rende!

— C'était réellement un cerveau affaibli, dit le duc de Guise; nous servons la France en le détrônant.

— N'importe, fit la duchesse; tout affaibli qu'il est, j'aurai du plaisir à le tondre.

Pendant ce dialogue, Gorenflot, les bras croisés, accablait Henri des injures les plus violentes et lui racontait tous ses débordements.

Tout à coup un bruit sourd retentit au dehors du couvent.

— Silence! cria la voix du duc de Guise.

Le plus profond silence s'établit. On distingua bientôt des coups frappés fortement et à intervalles égaux sur la porte sonore de l'abbaye.

Mayenne accourut aussi vite que le lui permettait son embonpoint.

— Mes frères, dit-il, une troupe de gens armés se porte au-devant du portail.

— On vient le chercher, dit la duchesse.

— Raison de plus pour qu'il signe vite, dit le cardinal.

— Signe, Valois, signe! cria Gorenflot d'une voix de tonnerre.

— Vous m'avez donné jusqu'à minuit, dit pitoyablement le roi.

— Oh! tu te ravises parce que tu crois être secouru.

— Sans doute, j'ai une chance...

— Pour mourir s'il ne signe aussitôt, répliqua la voix aigre et impérieuse de la duchesse.

Gorenflot saisit le poignet du roi et lui offrit une plume.

Le bruit redoublait au dehors.

— Une nouvelle troupe! vint dire un moine; elle entoure le parvis et le cerne à gauche.

— Allons! crièrent impatiemment Mayenne et la duchesse.

Le roi trempa la plume dans l'encre.

— Les Suisses! accourut dire Foulon; ils envahissent le cimetière à droite. Toute l'abbaye est cernée présentement.

— Eh bien, nous nous défendrons, répliqua résolûment Mayenne. Avec un otage comme celui-là, une place n'est jamais prise à discrétion.

— Il a signé! hurla Gorenflot en arrachant le papier des mains de Henri, qui, abattu, enfouit sa tête dans son capuchon et son capuchon dans ses deux bras.

— Alors nous sommes roi, dit le cardinal au duc. Emporte vite ce précieux papier.

Le roi, dans son accès de douleur, renversa la petite lampe qui seule éclairait cette scène; mais le duc de Guise tenait déjà le parchemin.

— Que faire? que faire? vint demander un moine sous le froc duquel se dessinait un gentilhomme bien complet, bien armé. Crillon arrive avec les gardes françaises, et menace de briser les portes. Écoutez!...

— Au nom du roi! cria la voix puissante de Crillon.

— Bon! il n'y a plus de roi, répliqua Gorenflot par une fenêtre.

— Qui dit cela, maraud? répondit Crillon.

— Moi! moi! moi! fit Gorenflot dans les ténèbres, avec un orgueil des plus provocateurs.

— Qu'on tâche de m'apercevoir ce drôle et de lui planter quelques balles dans le ventre, dit Crillon.

Et Gorenflot, voyant les gardes apprêter leurs armes, fit le plongeon aussitôt et retomba sur son derrière au milieu de la cellule.

— Enfoncez la porte, mons Crillon, dit, au milieu du silence général, une voix qui fit dresser les cheveux à tous les moines, faux ou vrais, qui attendaient dans le corridor.

Cette voix était celle d'un homme qui, sorti des rangs, s'était avancé jusqu'aux marches de l'abbaye.

— Voilà, sire, répliqua Crillon en déchargeant dans la porte principale un vigoureux coup de hache.

Les murs en gémirent.

— Que veut-on?... dit le prieur, paraissant tout tremblant à la fenêtre.

— Ah! c'est vous, messire Foulon, dit la même voix hautaine et calme. Rendez-moi donc mon fou, qui est allé passer la nuit dans une de vos cellules. J'ai besoin de Chicot; je m'ennuie au Louvre.

— Et moi, je m'amuse joliment, va, mon fils, répliqua Chicot se dégageant de son capuchon et fendant la foule des moines, qui s'écartèrent avec un hurlement d'effroi.

A ce moment, le duc de Guise, qui s'était fait apporter une lampe, lisait au bas de l'acte la signature encore fraîche obtenue avec tant de peine :

CHICOT Ier.

— Moi, Chicot Ier! s'écria-t-il; mille damnations!

— Allons, dit le cardinal, nous sommes perdus; fuyons.

— Ah! bah! fit Chicot en distribuant à Gorenflot, presque évanoui, des coups de la corde qu'il portait à se ceinture; ah! bah!

CHAPITRE XXX

LES INTÉRÊTS ET LE CAPITAL.

mesure que le roi avait parlé, à mesure que les conjurés l'avaient reconnu, ils étaient passé de la stupeur à l'épouvante.

L'abdication, signée Chicot Ier, avait changé l'épouvante en rage.

Chicot rejeta son froc sur ses épaules, croisa les bras, et, tandis que Gorenflot fuyait à toutes jambes, il soutint, immobile et souriant, le premier choc.

Ce fut un terrible moment à passer. Les gentilshommes, furieux, s'avancèrent sur le Gascon, bien déterminés à se venger de la cruelle mystification dont ils étaient victimes.

Mais cet homme sans armes, la poitrine couverte de ses deux bras seulement, ce visage au masque railleur, qui semblait défier tant de force de s'attaquer à tant de faiblesse, les arrêta plus encore peut-être que les remontrances du cardinal, lequel leur faisait observer que la mort de Chicot ne servirait à rien, mais, tout au contraire, serait vengée terriblement par le roi, de complicité avec son fou dans cette scène de terrible bouffonnerie.

Il en résulta que les dagues et les rapières s'abaissèrent devant Chicot, qui, soit dévouement, — et il en était capable, — soit pénétration de leur pensée, continua de leur rire au nez.

Cependant les menaces du roi devenaient plus pressantes, et les coups de hache de Crillon plus pressés. Il était évident que la porte ne pouvait résister longtemps à une pareille attaque, qu'on n'essayait pas même de repousser.

Aussi, après un moment de délibération, le duc de Guise donna-t-il l'ordre de la retraite.

Cet ordre fit sourire Chicot.

Pendant les nuits de retraite avec Gorenflot, il avait examiné le souterrain; il avait reconnu la porte de sortie, et il avait dénoncé cette porte au roi, qui y avait placé Tocquenot, lieutenant des gardes suisses.

Il était donc évident que les ligueurs, les uns après les autres, allaient se jeter dans la gueule du loup.

Le cardinal s'éclipsa le premier, suivi d'une vingtaine de gentilshommes. Alors Chicot vit passer le duc avec un pareil nombre à peu près de moines; puis Mayenne, à qui sa difficulté de courir, à cause de son énorme ventre et de son épaisse encolure, avait tout naturellement fait confier le soin de la retraite.

Quand M. de Mayenne passa le dernier devant la cellule de Gorenflot et que Chicot le vit se traîner, alourdi par sa masse, Chicot ne souriait plus, il se tenait les côtes de rire.

Dix minutes s'écoulèrent, pendant lesquelles Chicot prêta l'oreille, croyant toujours entendre le bruit des ligueurs refoulés dans le souterrain; mais, à son grand étonnement, le bruit, au lieu de revenir à lui, continuait de s'éloigner.

Tout à coup une pensée vint au Gascon, qui changea ses éclats de rire en grincements de dents. Le temps s'écoulait, les ligueurs ne revenaient pas; les ligueurs s'étaient-ils aperçus que la porte était gardée, et avaient-ils découvert une autre sortie?

Chicot allait s'élancer hors de la cellule, quand, tout à coup, la porte en fut obstruée par une masse informe qui se vautra à ses pieds en s'arrachant des poignées de cheveux tout autour de la tête.

— Ah! misérable que je suis! s'écriait le moine. Oh! mon bon seigneur Chicot, pardonnez-moi! pardonnez-moi!

Comment Gorenflot, qui était parti le premier, revenait-il seul quand déjà il eût dû être bien loin?

Voilà la question qui se présenta tout naturellement à la pensée de Chicot.

— Oh! mon bon monsieur Chicot, cher seigneur, à moi! continuait de hurler Gorenflot; pardonnez à votre indigne ami, qui se repent et fait amende honorable à vos genoux.

— Mais, demanda Chicot, comment ne t'es-tu pas enfui avec les autres, drôle?

— Parce que je n'ai pas pu passer par où passent les autres, mon bon seigneur; parce que le Seigneur, dans sa colère, m'a frappé d'obésité. Oh! malheureux ventre! oh! misérable bedaine! criait le moine en frappant de ses deux poings la partie qu'il apostrophait. Ah! que ne suis-je mince comme vous, monsieur Chicot! Que c'est beau et surtout que c'est heureux d'être mince!

Chicot ne comprenait absolument rien aux lamentations du moine.

— Mais les autres passent donc quelque part? s'écria Chicot d'une voix de tonnerre; les autres s'enfuient donc?

— Pardieu! dit le moine, que voulez-vous qu'ils fassent? qu'ils attendent la corde? Oh! malheureux ventre!

— Silence! cria Chicot, et répondez-moi.

Gorenflot se redressa sur ses deux genoux.

— Interrogez, monsieur Chicot, répondit-il, vous en avez bien certainement le droit.

— Comment se sauvent les autres?

— A toutes jambes.

— Je comprends... mais par où?

— Par le soupirail.

— Mordieu! par quel soupirail?

— Par le soupirail qui donne dans le caveau du cimetière.

— Est-ce le chemin que tu appelles le souterrain? réponds vite.

— Non, cher monsieur Chicot. La porte du souterrain était gardée extérieurement. Le grand cardinal de Guise, au moment de l'ouvrir, a entendu un Suisse qui disait : *Mich durstet*, ce qui veut dire, à ce qu'il paraît : *J'ai soif.*

— Ventre de biche! s'écria Chicot, je sais ce que cela veut dire; de sorte que les fuyards ont pris un autre chemin?

— Oui, cher monsieur Chicot; ils se sauvent par le caveau du cimetière.

— Qui donne?...

— D'un côté, dans la crypte, de l'autre, sous la porte Saint-Jacques.

— Tu mens!

— Moi, cher seigneur!

— S'ils s'étaient sauvés par le caveau donnant dans la crypte, je les eusse vus repasser devant ta cellule.

— Voilà justement, cher monsieur Chicot; ils ont pensé qu'ils n'auraient pas le temps de faire ce grand détour, et ils sont passés par le soupirail.

— Quel soupirail?

— Par un soupirail qui donne dans le jardin et qui sert à éclairer le passage.

— De sorte que toi...

— De sorte que moi, qui suis trop gros...

— Eh bien?

— Je n'ai jamais pu passer : et l'on s'est mis à me tirer par les pieds, vu que j'interceptais le chemin aux autres.

— Mais, s'écria Chicot, le visage éclairé tout à coup d'une étrange jubilation, si tu n'as pas pu passer...

— Non, et cependant j'ai fait de grands efforts; voyez mes épaules, voyez ma poitrine.

— Alors lui, qui est plus gros que toi.

— Qui, lui?

— Oh! mon Dieu! dit Chicot, si tu es pour moi dans cette affaire-là, je te promets un fier cierge; de sorte qu'il ne pourra pas passer non plus.

— Monsieur Chicot!

— Lève-toi, frocard!

Le moine se leva aussi vite qu'il put.

— Bien, maintenant conduis-moi au soupirail.

— Où vous voudrez, mon cher seigneur.

— Marche devant, malheureux, marche!

Gorenflot se mit à trotter aussi vite qu'il put, en levant, de temps en temps, les bras au ciel, maintenu dans l'allure qu'il avait prise par les coups de corde que lui allongeait Chicot.

Tous deux traversèrent le corridor et descendirent dans le jardin.

— Par ici, dit Gorenflot, par ici.

— Tais-toi, et marche, drôle!

Gorenflot fit un dernier effort et parvint jusqu'auprès d'un massif d'arbres d'où semblaient sortir des plaintes.

— Là, dit-il, là.

Et, au bout de son haleine, il tomba le derrière sur l'herbe.

Chicot fit trois pas en avant et aperçut quelque chose qui s'agitait à fleur de terre.

A côté de ce quelque chose qui ressemblait au train de derrière de l'animal que Diogène appelait un coq à deux pieds et sans plumes, gisaient une épée et un froc.

Il était évident que l'individu qui se trouvait pris si malheureusement s'était successivement défait de tous les objets qui pouvaient le grossir, de sorte que, pour le moment, désarmé de son épée, dépouillé de son froc, il se trouvait réduit à sa plus simple expression.

Et cependant, comme Gorenflot, il faisait des efforts inutiles pour disparaître complétement.

— Mordieu! ventrebleu! sandieu! criait la voix étouffée du fugitif. J'aimerais mieux passer au milieu de toute la garde. Aïe! ne tirez pas si fort, mes amis, je glisserai tout doucement; je sens que j'avance, pas vite, mais j'avance.

— Ventre de biche! M. de Mayenne! murmura Chicot en extase. Mon bon seigneur Dieu, tu as gagné ton cierge.

— Ce n'est pas pour rien que j'ai été surnommé Hercule, reprit la voix étouffée, je soulèverai cette pierre. Hein!

Et il fit un si violent effort, qu'effectivement la pierre trembla.

— Attends, dit tout bas Chicot, attends.

Et il frappa des pieds comme quelqu'un qui accourt à grand bruit.

— Ils arrivent, dirent plusieurs voix dans le souterrain.

— Ah! fit Chicot, comme s'il arrivait tout essoufflé. Ah! c'est donc toi, misérable moine!

— Ne dites rien, monseigneur, murmurèrent les voix, il vous prend pour Gorenflot.

— Ah! c'est donc toi, lourde masse, *pondus immobile!* tiens! ah! c'est donc toi, *indigesta moles!* tiens!

Et, à chaque apostrophe, Chicot, arrivé enfin au but si désiré de sa vengeance, fit retomber de toute la volée de son bras, sur les parties charnues qui s'offraient à lui, la corde avec laquelle il avait déjà flagellé Gorenflot.

— Silence! disaient toujours les voix, il vous prend pour le moine.

En effet, Mayenne ne poussait que des plaintes étouffées, tout en redoublant d'efforts pour soulever la pierre.

— Ah! conspirateur! reprit Chicot; ah! moine indigne! tiens, voilà pour l'ivrognerie! tiens, voilà pour la paresse! tiens, voilà pour la colère; tiens, voilà pour la luxure! tiens, voilà pour la gourmandise! Je regrette qu'il n'y ait que sept péchés capitaux; tiens, tiens, tiens, voilà pour les vices que tu as!

— Monsieur Chicot, disait Gorenflot couvert de sueur; monsieur Chicot, ayez pitié de moi.

— Ah! traître! continua Chicot, frappant toujours, tiens, voilà pour ta trahison!

— Grâce! murmurait Gorenflot, croyant ressentir tous les coups qui tombaient sur Mayenne, grâce, cher monsieur Chicot!

Mais Chicot, au lieu de s'arrêter, s'enivrait de sa vengeance et redoublait de coups.

Si puissant qu'il fût sur lui-même, Mayenne ne pouvait retenir ses gémissements.

— Ah! continua Chicot, que ne plaît-il à Dieu de substituer à ton corps vulgaire, à ta carcasse roturière, les très-hautes et très-puissantes omoplates du duc de Mayenne, à qui je dois une volée de coups de bâton dont les intérêts courent depuis sept ans!... Tiens, tiens, tiens!

Gorenflot poussa un soupir et tomba.

— Chicot! vociféra le duc.

— Oui, moi-même, oui, Chicot, indigne serviteur du roi; Chicot, bras débile, qui voudrait avoir les cent bras de Briarée pour cette occasion.

Et Chicot, de plus en plus exalté, réitéra les coups de corde avec une telle rage, que le patient, rassemblant toutes ses forces, souleva la pierre, dans un paroxysme de la douleur, et, les côtes déchirées, les reins sanglants, tomba entre les bras de ses amis.

Le dernier coup de Chicot frappa dans le vide.

Chicot alors se tourna : le vrai Gorenflot était évanoui, sinon de douleur, du moins d'effroi.

CHAPITRE XXXI

CE QUI SE PASSAIT DU COTÉ DE LA BASTILLE, TANDIS QUE CHICOT PAYAIT SES DETTES À L'ABBAYE SAINTE-GENEVIÈVE.

l était onze heures du soir; le duc d'Anjou attendait impatiemment, dans le cabinet où il s'était retiré à la suite de la faiblesse dont il avait été pris rue Saint-Jacques, qu'un messager du duc de Guise vint lui annoncer l'abdication du roi, son frère.

De la fenêtre à la porte du cabinet et de la porte du cabinet aux fenêtres de l'antichambre, il allait et revenait, regardant la grande horloge, dont les secondes tintaient lugubrement dans leur gaîne de bois doré.

Tout à coup il entendit un cheval qui piaffait dans la cour; il crut que ce cheval pouvait être celui de son messager, et courut s'appuyer au balcon; mais ce cheval, tenu en bride par un palefrenier, attendait son maître.

Le maître sortit des appartements intérieurs; c'était Bussy; Bussy, qui, en sa qualité de capitaine des gardes, venait, avant de se rendre à son rendez-vous, de donner le mot d'ordre pour la nuit.

Le duc, en apercevant ce beau et brave jeune homme, dont il n'avait jamais eu à se plaindre, éprouva un instant de remords; mais, à mesure qu'il le vit s'approcher de la torche que tenait le valet, son visage s'éclaira; et, sur ce visage, le duc lut tant de joie, d'espérance et de bonheur, que toute sa jalousie lui revint.

Cependant Bussy, ignorant que le duc le regardait et épiait les différentes émotions de son visage, Bussy, après avoir donné le mot d'ordre, roula le manteau sur ses épaules, se mit en selle,

et, piquant des deux son cheval, s'élança avec un grand bruit sous la voûte sonore.

Un instant, le duc, inquiet de ne voir arriver personne, eut encore l'idée de faire courir après lui, car il se doutait bien qu'avant de se rendre à la Bastille, Bussy ferait une halte à son hôtel; mais il se représenta le jeune homme riant avec Diane de son amour méprisé, le mettant, lui prince, sur la même ligne que le mari dédaigné, et, cette fois encore, son mauvais instinct l'emporta sur le bon.

Bussy avait souri de bonheur en partant; ce sourire était une insulte au prince : il le laissa aller. S'il eût eu le regard attristé et le front sombre, peut-être l'eût-il retenu.

Cependant, à peine hors de l'hôtel d'Anjou, Bussy quitta son allure précipitée, comme s'il eût craint le bruit de sa propre marche; et, passant à son hôtel, comme l'avait prévu le duc, il remit son cheval aux mains d'un palefrenier qui écoutait respectueusement une leçon d'hippiatrie que lui faisait Remy.

— Ah! ah! dit Bussy reconnaissant le jeune docteur, c'est toi, Remy.

— Oui, monseigneur, en personne.

— Et pas encore couché?

— Il s'en faut de dix minutes, monseigneur. Je rentrais chez moi, ou plutôt chez vous. En vérité, depuis que je n'ai plus mon blessé, il me semble que les jours ont quarante-huit heures.

— T'ennuierais-tu, par hasard? demanda Bussy.

— J'en ai peur!

— Et l'amour?

— Ah! je vous l'ai dit souvent, l'amour, je

m'en défie, et je ne fais en général sur lui que des études utiles.

— Alors Gertrude est abandonnée?

— Parfaitement.

— Ainsi tu t'es lassé?

— D'être battu. C'était ainsi que se manifestait l'amour de mon amazone, brave fille du reste.

— Et ton cœur ne te dit rien pour elle ce soir?

— Pourquoi ce soir, monseigneur?

— Parce que je t'eusse emmené avec **moi**.

— A la Bastille?

— Oui.

— Vous y allez?

— Sans doute.

— Et le Monsoreau?

— A Compiègne, mon cher, où il prépare une chasse pour Sa Majesté.

— Êtes-vous sûr, monseigneur?

— L'ordre lui en a été donné publiquement ce matin.

— Ah!

Remy demeura un instant pensif.

— Alors? dit-il après un instant.

— Alors j'ai passé la journée à remercier Dieu du bonheur qu'il m'envoyait pour cette nuit, et je vais passer la nuit à jouir de ce bonheur.

— Bien. Jourdain, mon épée, fit Remy.

Le palefrenier disparut dans l'intérieur de la maison.

— Tu as donc changé d'avis? demanda Bussy.

— En quoi?

— En ce que tu prends ton épée.

— Oui, je vous accompagne jusqu'à la porte, pour deux raisons.

— Lesquelles?

— La première, de peur que vous ne fassiez, par les rues, quelque mauvaise rencontre.

Bussy sourit.

— Eh! mon Dieu, oui. Riez, monseigneur. Je sais bien que vous ne craignez pas les mauvaises rencontres, et que c'est un pauvre compagnon que le docteur Remy; mais on attaque moins facilement deux hommes qu'un seul. La seconde, parce que j'ai une foule de bons conseils à vous donner.

— Viens, mon cher Remy, viens. Nous nous entretiendrons d'elle; et, après le plaisir de voir la femme qu'on aime, je n'en connais pas de plus grand que celui d'en parler.

— Il y a même des gens, répliqua Remy, qui mettent le plaisir d'en parler avant celui de la voir.

— Mais, dit Bussy, il me semble que le temps est bien incertain.

— Raison de plus : le ciel est tantôt sombre, tantôt clair. J'aime la variété, moi. — Merci, Jourdain, ajouta-t-il, s'adressant au palefrenier, qui lui rapportait sa rapière.

Puis se retournant vers le comte :

— Me voici à vos ordres, monseigneur; partons.

Bussy prit le bras du jeune docteur, et tous deux s'acheminèrent vers la Bastille.

Remy avait dit au comte qu'il avait une foule de bons conseils à lui donner; et, en effet, à peine furent-ils en route, que le docteur commença de tirer du latin mille citations imposantes, pour prouver à Bussy qu'il avait tort de faire, ce soir-là, une visite à Diane, au lieu de se tenir tranquillement dans son lit, attendu que d'ordinaire un homme se bat mal quand il a mal dormi; puis, des apophthegmes de la Faculté, il passa aux mythes de la Fable, et raconta galamment que c'était d'habitude Vénus qui désarmait Mars.

Bussy souriait; Remy insistait.

— Vois-tu, Remy, dit le comte, quand mon bras tient une épée, il s'y attache de telle sorte, que les fibres de la chair prennent la rigueur et la souplesse de l'acier, tandis que, de son côté, l'acier semble s'animer et s'échauffer comme une chair vivante. De ce moment, mon épée est un bras et mon bras est une épée. Dès lors, comprends-tu? il ne s'agit plus de force ni de dispositions. Une lame ne se fatigue pas.

— Non, mais elle s'émousse.

— Ne crains rien.

— Ah! mon cher seigneur, continua Remy, c'est que demain, voyez-vous, il s'agit de faire un combat comme celui d'Hercule contre Antée, comme celui de Thésée contre le Minotaure, comme celui des Trente, comme celui de Bayard; quelque chose d'homérique, de gigantesque, d'impossible; il s'agit qu'on dise dans l'avenir le combat de Bussy comme étant le combat par excellence, et, dans ce combat, je ne veux pas, voyez-vous, je ne veux pas seulement qu'on vous entame la peau.

— Sois tranquille, mon bon Remy; tu verras des merveilles. J'ai, ce matin, mis quatre épées aux mains de quatre ferrailleurs qui, durant huit minutes, n'ont pu, à eux quatre, me toucher une seule fois, tandis que je leur ai mis leurs pourpoints en loques. Je bondissais comme un tigre.

— Je ne dis pas le contraire, maître; mais vos jarrets de demain seront-ils vos jarrets d'aujourd'hui?

Ici Bussy et son chirurgien entamèrent un dialogue latin, fréquemment interrompu par leurs éclats de rire.

Ils parvinrent ainsi au bout de la grande rue Saint-Antoine.

— Adieu, dit Bussy; nous sommes arrivés.

— Si je vous attendais? dit Remy.

— Pourquoi faire?

— Pour être sûr que vous serez de retour avant deux heures, et que vous aurez au moins cinq ou six heures de bon sommeil avant votre duel.

— Si je te donne ma parole?

— Oh! alors cela me suffira. La parole de Bussy, peste! il ferait beau voir que j'en doutasse.

— Eh bien, tu l'as. Dans deux heures, Remy, je serai à l'hôtel.

— Soit. Adieu, monseigneur.

— Adieu, Remy.

Les deux jeunes gens se séparèrent; mais Remy demeura en place. Il vit le comte s'avancer vers la maison, et, comme l'absence de Monsoreau lui donnait toute sécurité, entrer par la porte que lui ouvrit Gertrude, et non pas monter par la fenêtre.

Puis il reprit philosophiquement, à travers les rues désertes, sa marche vers l'hôtel Bussy.

Comme il débouchait de la place Beaudoyer, il vit venir à lui cinq hommes enveloppés de manteaux, et paraissant, sous ces manteaux, parfaitement armés.

Cinq hommes à cette heure, c'était un événement. Il s'effaça derrière l'angle d'une maison en retraite.

— Arrivés à dix pas de lui, ces cinq hommes s'arrêtèrent, et, après un bonsoir cordial, quatre prirent deux chemins différents, tandis que le cinquième demeurait immobile et réfléchissant à sa place.

En ce moment, la lune sortit d'un nuage et éclaira d'un de ses rayons le visage du coureur de nuit.

— M. de Saint-Luc! s'écria Remy.

Saint-Luc leva la tête en entendant prononcer son nom, et vit un homme qui venait à lui.

— Remy! s'écria-t-il à son tour.

— Remy en personne, et je suis heureux de ne pas dire à votre service! attendu que vous me paraissez vous porter à merveille. Est-ce une indiscrétion que de vous demander ce que Votre Seigneurie fait à cette heure si loin du Louvre?

— Ma foi, mon cher, j'examine, par ordre du roi, la physionomie de la ville. Il m'a dit : « Saint-Luc, promène-toi dans les rues de Paris, et, si tu entends dire, par hasard, que j'ai abdiqué, réponds hardiment que ce n'est pas vrai. »

— Et avez-vous entendu parler de cela?

— Personne ne m'en a soufflé le mot. Or, comme il va être minuit, que tout est tranquille et que je n'ai rencontré que M. de Monsoreau, j'ai congédié mes amis, et j'allais rentrer quand tu m'as vu réfléchissant.

— Comment? M. de Monsoreau?

— Oui.

— Vous avez rencontré M. de Monsoreau?

— Avec une troupe d'hommes armés, dix ou douze au moins.

— M. de Monsoreau! impossible!

— Pourquoi cela, impossible?

— Parce qu'il doit être à Compiègne.

— Il devait y être, mais il n'y est pas.

— Mais l'ordre du roi?

— Bah! qui est-ce qui obéit au roi?

— Vous avez rencontré M. de Monsoreau avec dix ou douze hommes?

— Certainement.

— Vous a-t-il reconnu?

— Je le crois.

— Vous n'étiez que cinq.

— Mes quatre amis et moi, pas davantage.

— Et il ne s'est pas jeté sur vous?

— Il m'a évité, au contraire, et c'est ce qui m'étonne. En le reconnaissant, je me suis attendu à une horrible bataille.

— De quel côté allait-il?

— Du côté de la rue de la Tixeranderie.

— Ah! mon Dieu! s'écria Remy.

— Quoi? demanda Saint-Luc, effrayé de l'accent du jeune homme.

— Monsieur de Saint-Luc, il va sans doute arriver un grand malheur.

— Un grand malheur! à qui?

— A M. de Bussy!

— A Bussy? Mordieu! parlez, Remy; je suis de ses amis, vous le savez.

— Quel malheur! M. de Bussy le croyait à Compiègne.

— Eh bien?

— Eh bien, il a cru pouvoir profiter de son absence...

— De sorte qu'il est?...

— Chez madame Diane.

Tiens, tiens, tiens, voilà pour les vices que tu as. — PAGE 117.

— Ah! fit Saint-Luc, cela s'embrouille.

— Oui. Comprenez-vous, dit Remy, il aura eu des soupçons ou on les lui aura suggérés, et il n'aura feint de partir que pour revenir à l'improviste.

— Attendez donc! dit Saint-Luc en se frappant le front.

— Avez-vous une idée? répondit Remy.

— Il y a du duc d'Anjou là-dessous.

— Mais c'est le duc d'Anjou qui, ce matin, a provoqué le départ de M. de Monsoreau.

— Raison de plus. Avez-vous des poumons, mon brave Remy?

— Corbleu! comme des soufflets de forges.

— En ce cas, courons, courons sans perdre un instant. Vous connaissez la maison?

— Oui.

— Marchez devant alors.

Et les deux jeunes gens prirent à travers les rues une course qui eût fait honneur à des daims poursuivis.

— A-t-il beaucoup d'avance sur nous? demanda Remy en courant.

— Qui? le Monsoreau?

— Oui.

— Un quart d'heure à p**   ès, dit Saint-Luc

en franchissant un tas de pierres de cinq pieds de haut.

— Pourvu que nous arrivions à temps! dit Remy en tirant son épée pour être prêt à tout événement.

CHAPITRE XXXII

L'ASSASSINAT.

ussy, sans inquiétude et sans hésitation, avait été reçu sans crainte par Diane, qui croyait être sûre de l'absence de son mari.

Jamais la belle jeune femme n'avait été si joyeuse; jamais Bussy n'avait été si heureux; dans certain moment, dont l'âme ou plutôt l'instinct conservateur sent toute la gravité, l'homme unit ses facultés morales à tout ce que ses sens peuvent lui fournir de ressources physiques, il se concentre et se multiplie. Il aspire de toutes ses forces la vie, qui peut lui manquer d'un moment à l'autre, sans qu'il devine par quelle catastrophe elle lui manquerait.

Diane, émue, et d'autant plus émue qu'elle cherchait à cacher son émotion, Diane, émue des craintes de ce lendemain menaçant, paraissait plus tendre, parce que la tristesse, tombant au fond de tout amour, donne à cet amour le parfum de poésie qui lui manquait; la véritable passion n'est point folâtre, et l'œil d'une femme sincèrement éprise est plus souvent humide que brillant.

Aussi débuta-t-elle par arrêter l'amoureux jeune homme. Ce qu'elle avait à lui dire, ce soir-là, c'est que sa vie était sa vie; ce qu'elle avait à débattre avec lui, c'était les plus sûrs moyens de fuir. Car ce n'était pas le tout que de

vaincre, il fallait, après avoir vaincu, fuir la colère du roi; car jamais Henri, c'était probable, ne pardonnerait au vainqueur la défaite ou la mort de ses favoris.

— Et puis, disait Diane, le bras passé autour du cou de Bussy et dévorant des yeux le visage de son amant, n'es-tu pas le plus brave de France? Pourquoi mettrais-tu un point d'honneur à augmenter ta gloire? Tu es déjà si supérieur aux autres hommes, qu'il n'y aurait pas de générosité à toi de vouloir te grandir encore. Tu ne veux pas plaire aux autres femmes, car tu m'aimes, et tu craindrais de me perdre à jamais, n'est-ce pas, Louis? Louis, défends ta vie. Je ne te dis pas : « Songe à la mort, » car il me semble qu'il n'existe pas au monde un homme assez fort, assez puissant pour tuer mon Louis autrement que par trahison; mais songe aux blessures : on peut être blessé, tu le sais bien, puisque c'est à une blessure reçue en combattant contre ces mêmes hommes que je dois de te connaître.

— Sois tranquille, dit Bussy en riant, je garderai le visage; je ne veux pas être défiguré.

— Oh! garde ta personne tout entière. Qu'elle te soit sacrée, mon Bussy, comme si toi, c'était moi. Songe à la douleur que tu éprouverais si tu me voyais revenir blessée et sanglante; eh bien, la même douleur que tu ressentirais, je l'éprouverais en voyant ton sang. Sois prudent, mon lion trop courageux, voilà tout ce que je te racommande. Fais comme ce Romain dont tu me lisais l'histoire pour me rassurer l'autre jour. Oh! imite-le bien; laisse tes trois amis faire leur combat, porte-toi au secours du plus menacé; mais, si deux hommes, si trois hommes t'attaquent à la fois, fuis; tu te retourneras comme Horace, et tu les tueras les uns après les autres, et à distance.

— Oui, ma chère Diane, dit Bussy.

— Oh! tu me réponds sans m'entendre, Louis; tu me regardes, et tu ne m'écoutes pas!

— Oui, mais je te vois, et tu es bien belle!

— Ce n'est point de ma beauté qu'il s'agit en ce moment, mon Dieu! il s'agit de toi, de ta vie, de notre vie; tiens, c'est bien affreux ce que je vais te dire, mais je veux que tu le saches, cela te rendra, non pas plus fort, mais plus prudent. Eh bien, j'aurai le courage de voir ce duel!

— Toi?

— J'y assisterai.

— Comment cela? impossible, Diane.

— Non! écoute : il y a, tu sais, dans la chambre à côté de celle-ci, une fenêtre qui donne sur une petite cour, et qui regarde de biais l'enclos des Tournelles.

— Oui, je me le rappelle; cette fenêtre élevée de vingt pieds à peu près, et qui domine un treillis de fer, aux pointes duquel, l'autre jour, je faisais tomber du pain que les oiseaux venaient prendre.

— De là, comprends-tu? Bussy, je te verrai. Surtout, place-toi de manière que je te voie; tu sauras que je suis là, tu pourras me voir moi-même. Mais non, insensée que je suis, ne me regarde pas, car ton ennemi peut profiter de ta distraction.

— Et me tuer, n'est-ce pas? tandis que j'aurais les yeux fixés sur toi. Si j'étais condamné, et qu'on me laissât le choix de la mort, Diane, ce serait celle-là que je choisirais.

— Oui, mais tu n'es pas condamné, mais il ne s'agit pas de mourir; il s'agit de vivre au contraire.

— Et je vivrai, sois tranquille; d'ailleurs, je suis bien secondé, crois-moi, tu ne connais pas mes amis; mais je les connais. Antraguet tire l'épée comme moi; Ribérac est froid sur le terrain, et semble n'avoir de vivant que les yeux avec lesquels il dévore son adversaire et le bras avec lequel il le frappe; Livarot brille par une agilité de tigre. La partie est belle, crois-moi,

Diane, trop belle. Je voudrais courir plus de danger pour avoir plus de mérite.

— Eh bien, je te crois, cher ami, et je souris, car j'espère; mais écoute-moi, et promets-moi de m'obéir.

— Oui, pourvu que tu ne m'ordonnes pas de te quitter.

— Eh bien, justement j'en appelle à ta raison.

— Alors il ne fallait pas me rendre fou.

— Pas de concetti, mon beau gentilhomme, de l'obéissance; c'est en obéissant que l'on prouve son amour.

— Ordonne alors.

— Cher ami, tes yeux sont fatigués; il te faut une bonne nuit : quitte-moi.

— Oh! déjà!

— Je vais faire ma prière, et tu m'embrasseras.

— Mais c'est toi qu'on devrait prier comme on prie les anges.

— Et crois-tu donc que les anges ne prient pas Dieu? dit Diane en s'agenouillant.

Et, du fond du cœur, avec des regards qui semblaient, à travers le plafond, aller chercher Dieu sous les voûtes azurées du ciel :

— Seigneur, dit-elle, si tu veux que ta servante vive heureuse et ne meure pas désespérée, protége celui que tu as poussé sur mon chemin, pour que je l'aime et que je n'aime que lui.

Elle achevait ces paroles, Bussy se baissait pour l'envelopper de son bras et ramener son visage à la hauteur de ses lèvres, quand tout à coup une vitre de la fenêtre vola en éclats : puis la fenêtre elle-même, et trois hommes armés parurent sur le balcon, tandis que le quatrième enfourchait la balustrade.

Celui-là avait le visage couvert d'un masque, et tenait dans la main gauche un pistolet, de l'autre une épée nue.

Bussy demeura un instant immobile et glacé par le cri épouvantable que poussa Diane en s'élançant à son cou.

L'homme au masque fit un signe, et ses trois compagnons avancèrent d'un pas; un de ces trois hommes était armé d'une arquebuse.

Bussy, d'un même mouvement, écarta Diane avec la main gauche, tandis que de la droite il tirait son épée.

Puis, se repliant sur lui-même, il l'abaissa lentement et sans perdre de vue ses adversaires.

— Allez, allez, mes braves, dit une voix sé-

Trois hommes armés parurent sur le balcon, tandis que le quatrième enfourchait
la balustrade. — Page 123.

pulcrale qui sortit de dessous le masque de
velours, il est à moitié mort, la peur l'a tué.

— Tu te trompes, dit Bussy, je n'ai jamais
peur !

Diane fit un mouvement pour se rapprocher
de lui.

— Rangez-vous, Diane ! dit-il avec fermeté.

Mais Diane, au lieu d'obéir, se jeta une seconde fois à son cou.

— Vous allez me faire tuer, madame ! dit-il.
Diane s'éloigna, le démasquant entièrement.

Elle comprenait qu'elle ne pouvait venir en aide
à son amant que d'une seule manière : c'était en
obéissant passivement.

— Ah ! ah ! dit la voix sombre, c'est bien
M. de Bussy ; je ne le voulais pas croire, niais
que je suis ! Vraiment, quel ami, quel bon et
excellent ami !

Bussy se taisait, tout en mordant ses lèvres,
et en examinant tout autour de lui quels seraient
ses moyens de défense quand il faudrait en venir aux mains.

Saint-Luc la prit entre ses bras et disparut avec elle par la porte. — PAGE 127.

— Il apprend, continua la voix avec une intonation railleuse que rendait encore plus terrible sa vibration profonde et sombre, il apprend
que le grand veneur est absent, qu'il a laissé sa
femme seule, que cette femme peut avoir peur;
et il vient lui tenir compagnie; et quand cela?
la veille d'un duel. Je le répète, quel bon et excellent ami que le seigneur de Bussy!

— Ah! c'est vous, monsieur de Monsoreau!
dit Bussy. Bon! jetez votre masque. Maintenant
je sais à qui j'ai affaire.

— Ainsi ferai-je, répliqua le grand veneur.
Et il jeta loin de lui le loup de velours noir.
Diane poussa un faible cri. La pâleur du
comte était celle d'un cadavre, tandis que son
sourire était celui d'un damné.

— Çà, finissons, monsieur! dit Bussy; je n'aime
pas les façons bruyantes, et c'était bon pour les
héros d'Homère, qui étaient des demi-dieux, de
parler avant de se battre; moi, je suis un homme,
seulement je suis un homme qui n'a pas peur·
attaquez-moi ou laissez-moi passer

Monsoreau répondit par un rire sourd et strident qui fit tressaillir Diane, mais qui provoqua chez Bussy la plus bouillante colère.

— Passage, voyons! répéta le jeune homme, dont le sang, qui un instant avait reflué vers son cœur, lui montait aux tempes.

— Oh! oh! fit Monsoreau, passage; comment dites-vous cela, monsieur de Bussy?

— Alors, croisez donc le fer, et finissons-en! dit le jeune homme; j'ai besoin de rentrer chez moi, et je demeure loin.

— Vous étiez venu pour coucher ici, monsieur, dit le grand veneur, et vous y coucherez.

Pendant ce temps, la tête de deux autres hommes apparaissait à travers les barres du balcon, et ces deux hommes, enjambant la balustrade, vinrent se placer près de leurs camarades.

— Quatre et deux font six, dit Bussy; où sont les autres?

— Ils sont à la porte et attendent, dit le grand veneur.

Diane tomba sur ses genoux, et, quelque effort qu'elle fît, Bussy entendit ses sanglots.

Il jeta un coup d'œil rapide sur elle, puis ramenant son regard vers le comte:

— Mon cher monsieur, dit-il après avoir réfléchi une seconde, vous savez que je suis un homme d'honneur.

— Oui, dit Monsoreau, vous êtes un homme d'honneur, comme madame est une femme chaste.

— Bien, monsieur, répondit Bussy en faisant un léger mouvement de tête de haut en bas; c'est vif, mais c'est mérité, et tout cela se payera ensemble. Seulement, comme j'ai demain partie liée avec quatre gentilshommes que vous connaissez, et qu'ils ont la priorité sur vous, je réclame la grâce de me retirer ce soir, en vous engageant ma parole de me retrouver où et quand vous voudrez.

Monsoreau haussa les épaules.

— Écoutez, dit Bussy, je jure Dieu, monsieur, que, lorsque j'aurai satisfait MM. de Schomberg, d'Épernon, Quélus et Maugiron, je serai à vous, tout à vous et rien qu'à vous. S'ils me tuent, eh bien, vous serez payé par leurs mains, voilà tout; si, au contraire, je me trouve en fonds pour vous payer moi-même...

Monsoreau se retourna vers ses gens.

— Allons! leur dit-il, sus, mes braves!

— Ah! dit Bussy, je me trompais, ce n'est plus un duel, c'est un assassinat.

— Parbleu! fit Monsoreau.

— Oui, je le vois: nous nous étions trompés tous deux l'un à l'égard de l'autre; mais, songez-y, monsieur, le duc d'Anjou prendra mal la chose.

— C'est lui qui m'envoie, dit Monsoreau.

Bussy frissonna, Diane leva les mains au ciel avec un gémissement.

— En ce cas, dit le jeune homme, j'en appelle à Bussy tout seul. Tenez-vous bien, mes braves!

Et, d'un tour de main, il renversa le prie-Dieu, attira à lui une table, et jeta sur le tout une chaise; de sorte qu'il avait, en une seconde, improvisé comme un rempart entre lui et ses ennemis.

Ce mouvement avait été si rapide, que la balle partie de l'arquebuse ne frappa que le prie-Dieu, dans l'épaisseur duquel elle se logea en s'amortissant; pendant ce temps, Bussy abattait une magnifique crédence du temps de François Iᵉʳ, et l'ajoutait à son retranchement.

Diane se trouva cachée par ce dernier meuble; elle comprenait qu'elle ne pouvait aider Bussy que de ses prières, et elle priait.

Bussy jeta un coup d'œil sur elle, puis sur les assaillants, puis sur son rempart improvisé.

— Allez maintenant, dit-il; mais prenez garde, mon épée pique.

Les braves, poussés par Monsoreau, firent un mouvement vers le sanglier qui les attendait, replié sur lui-même et les yeux ardents; l'un d'eux allongea même la main vers le prie-Dieu pour l'attirer à lui; mais, avant que sa main eût touché le meuble protecteur, l'épée de Bussy, passant par une meurtrière, avait pris le bras dans toute sa longueur, et l'avait percé depuis la saignée jusqu'à l'épaule.

L'homme poussa un cri, et se recula jusqu'à la fenêtre.

Bussy entendit alors des pas rapides dans le corridor, et se crut pris entre deux feux. Il s'élança vers la porte pour en pousser les verrous; mais, avant qu'il l'eût atteinte, elle s'ouvrit.

Le jeune homme fit un pas en arrière pour se mettre en défense à la fois contre ses anciens et contre ses nouveaux ennemis.

Deux hommes se précipitèrent par cette porte.

— Ah! cher maître! cria une voix bien connue, arrivons-nous à temps?

— Rémy! dit le comte.

— Et moi! cria une seconde voix; il paraît que l'on assassine ici?

Bussy reconnut cette voix, et poussa un rugissement de joie.

— Saint-Luc! dit-il.

— Moi-même.

— Ah! ah! dit Bussy, je crois maintenant, cher monsieur de Monsoreau, que vous ferez bien de nous laisser passer, car maintenant, si vous ne vous rangez pas, nous passerons sur vous.

— Trois hommes à moi! cria Monsoreau.

Et l'on vit trois nouveaux assaillants apparaître au-dessus de la balustrade.

— Ah çà, mais ils ont donc une armée? dit Saint-Luc.

— Mon Dieu, Seigneur, protégez-le! priait Diane.

— Infâme! cria Monsoreau.

Et il s'avança pour frapper Diane.

Bussy vit le mouvement. Agile comme un tigre, il sauta d'un bond par-dessus le retranchement; son épée rencontra celle de Monsoreau, puis il se fendit, et le toucha à la gorge; mais la distance était trop grande : il en fut quitte pour une écorchure.

Cinq ou six hommes fondirent à la fois sur Bussy.

Un de ces hommes tomba sous l'épée de Saint-Luc.

— En avant! cria Remy.

— Non pas en avant, dit Bussy; au contraire, Remy, prends et emporte Diane.

Monsoreau poussa un rugissement, et arracha un pistolet des mains d'un des nouveaux venus.

Remy hésitait.

— Mais vous? dit-il.

— Enlève! enlève! cria Bussy. Je te la confie.

— Mon Dieu! murmura Diane, mon Dieu! secourez-le!

— Venez, madame, dit Remy.

— Jamais; non, jamais je ne l'abandonnerai!

Remy l'enleva entre ses bras.

— Bussy, cria Diane; Bussy, à moi! au secours!

La pauvre femme était folle, elle ne distinguait plus ses amis de ses ennemis; tout ce qui l'écartait de Bussy lui était fatal et mortel.

— Va, va, dit Bussy; je te rejoins.

— Oui, hurla Monsoreau; oui, tu la rejoindras, je l'espère.

Bussy vit le Haudouin osciller, puis s'affaisser sur lui-même, et presque aussitôt tomber en entraînant Diane.

Bussy jeta un cri, et se retournant :

— Ce n'est rien, maître, dit Remy; c'est moi qui ai reçu la balle; elle est sauve.

Trois hommes se jetèrent sur Bussy; au moment où il se retournait, Saint-Luc passa entre Bussy et les trois hommes; un des trois tomba.

Les deux autres reculèrent.

— Saint-Luc, dit Bussy; Saint-Luc, par celle que tu aimes, sauve Diane!

— Mais toi?

— Moi, je suis un homme.

Saint-Luc s'élança vers Diane, déjà relevée sur ses genoux, la prit entre ses bras et disparut avec elle par la porte.

— A moi! cria Monsoreau, à moi, ceux de l'escalier!

— Ah! scélérat! cria Bussy. Ah! lâche!

Monsoreau se retira derrière ses hommes.

Bussy tira un revers et poussa un coup de pointe; du premier, il fendit une tête par la tempe; du second, il troua une poitrine.

— Cela déblaye, dit-il.

Puis il revint dans son retranchement.

— Fuyez, maître, fuyez! murmura Remy.

— Moi! fuir... fuir devant des assassins!

Puis, se penchant vers le jeune homme :

— Il faut que Diane se sauve, lui dit-il; mais toi, qu'as-tu?

— Prenez garde! dit Remy, prenez garde!

En effet, quatre hommes venaient de s'élancer par la porte de l'escalier. Bussy se trouvait pris entre deux troupes.

Mais il n'eut qu'une pensée.

— Et Diane! cria-t-il, Diane!

Alors, sans perdre une seconde, il s'élança sur ces quatre hommes; pris au dépourvu, deux tombèrent, un blessé, un mort.

Puis, comme Monsoreau avançait, il fit un pas de retraite, et se trouva derrière son rempart.

— Poussez les verrous, cria Monsoreau, tournez la clef, nous le tenons, nous le tenons!

Pendant ce temps, par un dernier effort, Remy s'était traîné jusque devant Bussy; il venait ajouter son corps à la masse du retranchement.

Il y eut une pause d'un instant.

Bussy, les jambes fléchies, le corps collé à la

Bussy plongea son épée si vigoureusement dans la poitrine du grand veneur, qu'il le cloua au parquet. — Page 130.

muraille, le bras plié, la pointe en arrêt, jeta un rapide regard autour de lui.

Sept hommes étaient couchés à terre, neuf restaient debout.

Bussy les compta des yeux.

Mais, en voyant reluire neuf épées, en entendant Monsoreau encourager ses hommes, en sentant ses pieds clapoter dans le sang, ce vaillant, qui n'avait jamais connu la peur, vit comme l'image de la mort se dresser au fond de la chambre et l'appeler avec son morne sourire.

— Sur neuf, dit-il, j'en tuerai bien cinq encore; mais les quatre autres me tueront. Il me reste des forces pour dix minutes de combat; eh bien, faisons, pendant les dix minutes, ce que jamais homme ne fit ni ne fera.

Alors, détachant son manteau, dont il enveloppa son bras gauche comme d'un bouclier, il fit un bond jusqu'au milieu de la chambre, comme s'il eût été indigne de sa renommée de combattre plus longtemps à couvert.

Là, il rencontra un fouillis dans lequel son épée glissa comme une vipère dans sa couvée; trois fois il vit jour et allongea le bras dans ce jour; trois fois il entendit crier le cuir des baudriers ou le buffle des justaucorps, et trois fois un filet de sang tiède coula jusque sur sa main droite par la rainure de la lame.

Pendant ce temps, il avait paré vingt coups de taille ou de pointe avec son bras gauche. Le manteau était haché.

La tactique des assassins changea en voyant tomber deux hommes et se retirer le troisième : ils renoncèrent à faire usage de l'épée, les uns tombèrent sur lui à coups de crosse de mousquet, les autres tirèrent sur lui leurs pistolets, dont ils ne s'étaient pas encore servis et dont il eut l'adresse d'éviter les balles, soit en se jetant de côté, soit en se baissant. Dans cette heure suprême, tout son être se multipliait, car, non-seulement il voyait, entendait et agissait, mais encore il devinait presque la plus subite et la plus secrète pensée de ses ennemis; Bussy enfin était dans un de ces moments où la créature atteint l'apogée de la perfection; il était moins qu'un dieu, parce qu'il était mortel, mais il était certes plus qu'un homme.

Alors il pensa que tuer Monsoreau ce devait mettre fin au combat : il le chercha donc des yeux parmi ses assassins; mais celui-ci, aussi calme que Bussy était animé, chargeait les pistolets de ses gens, ou, les prenant tout chargés de leurs mains, tirait tout en se tenant masqué derrière ses spadassins.

Mais c'était chose facile pour Bussy que de faire une trouée; il se jeta au milieu des sbires, qui s'écartèrent, et se trouva face à face avec Monsoreau.

En ce moment, celui-ci, qui tenait un pistolet tout armé, ajusta Bussy et fit feu.

La balle rencontra la lame de l'épée, et la brisa à six pouces au-dessous de la poignée.

— Désarmé! cria Monsoreau, désarmé !

Bussy fit un pas de retraite, et, en reculant, ramassa sa lame brisée.

En une seconde, elle fut soudée à son poignet avec son mouchoir.

Et la bataille recommença, présentant ce spectacle prodigieux d'un homme presque sans armes, mais aussi presque sans blessures, épouvantant six hommes bien armés et se faisant un rempart de dix cadavres.

La lutte recommença et redevint plus terrible que jamais; tandis que les gens de Monsoreau se ruaient sur Bussy, Monsoreau, qui avait deviné que le jeune homme cherchait une arme par terre, tirait à lui toutes celles qui pouvaient être à sa portée.

Bussy était entouré; le tronçon de sa lame, ébréché, tordu, émoussé, vacillait dans sa main; la fatigue commençait à engourdir son bras; il regardait autour de lui, quand un des cadavres, ranimé, se relève sur ses genoux, lui met aux mains une longue et forte rapière.

Ce cadavre, c'était Remy, dont le dernier effort était un dévouement.

Bussy poussa un cri de joie, et bondit en arrière, afin de dégager sa main de son mouchoir et de se débarrasser du tronçon devenu inutile.

Pendant ce temps, Monsoreau s'approcha de Remy et lui déchargea, à bout portant, son pistolet dans la tête.

Remy tomba le front fracassé, et, cette fois, pour ne plus se relever.

Bussy jeta un cri, ou plutôt poussa un rugissement.

Les forces lui étaient revenues avec les moyens de défense; il fit siffler son épée en cercle, abattit un poignet à droite et ouvrit une joue à gauche.

La porte se trouvait dégagée par ce double coup.

Agile et nerveux, il s'élança contre elle et essaya de l'enfoncer avec une secousse qui ébranla le mur. Mais les verrous lui résistèrent.

Épuisé de l'effort, Bussy laissa retomber son bras droit, tandis que, du gauche, il essayait de tirer les verrous derrière lui, tout en faisant face à ses adversaires.

Pendant cette seconde, il reçut un coup de feu qui lui perça la cuisse et deux coups d'épée lui entamèrent les flancs.

Mais il avait tiré les verrous et tourné la clef.

Hurlant et sublime de fureur, il foudroya d'un revers le plus acharné des bandits, et, se fendant sur Monsoreau, il le toucha à la poitrine.

Le grand veneur vociféra une malédiction.

— Ah! dit Bussy en tirant la porte, je commence à croire que j'échapperai.

Les quatre hommes jetèrent leurs armes et s'accrochèrent à Bussy : ils ne pouvaient l'atteindre avec le fer, tant sa merveilleuse adresse le faisait invulnérable; ils tentèrent de l'étouffer.

Mais à coups de pommeau d'épée, mais à coups de taille, Bussy les assommait, les hachait sans relâche. Monsoreau s'approcha deux fois du jeune homme et fut touché deux fois encore.

Mais trois hommes s'attachèrent à la poignée de son épée et la lui arrachèrent des mains.

Bussy ramassa un trépied de bois sculpté qui servait de tabouret, frappa trois coups, abattit deux hommes; mais le trépied se brisa sur l'épaule du dernier, qui resta debout.

Celui-là lui enfonça sa dague dans la poitrine.

Bussy le saisit au poignet, arracha la dague, et, la retournant contre son adversaire, il le força de se poignarder lui-même.

Le dernier sauta par la fenêtre.

Bussy fit deux pas pour le poursuivre; mais Monsoreau, étendu parmi les cadavres, se releva à son tour et lui ouvrit le jarret d'un coup de couteau.

Le jeune homme poussa un cri, chercha des yeux une épée, ramassa la première venue, et la plongea si vigoureusement dans la poitrine du grand veneur, qu'il le cloua au parquet.

— Ah! s'écria Bussy, je ne sais pas si je mourrai; mais, du moins, je t'aurai vu mourir!

Monsoreau voulut répondre; mais ce fut son dernier soupir qui passa par sa bouche entr'ouverte.

Bussy alors se traîna vers le corridor, il perdait tout son sang par sa blessure de la cuisse et surtout par celle du jarret.

Il jeta un dernier regard derrière lui.

La lune venait de sortir brillante d'un nuage, sa lumière entrait dans cette chambre inondée de sang; elle vint se mirer aux vitres et illuminer les murailles hachées par les coups d'épées, trouées par les balles, effleurant au passage les pâles visages des morts, qui, pour la plupart, avaient conservé en expirant le regard féroce et menaçant de l'assassin.

Bussy, à la vue de ce champ de bataille peuplé par lui, tout blessé, tout mourant qu'il était, se sentit pris d'un orgueil sublime.

Comme il l'avait dit, il avait fait ce qu'aucun homme n'aurait pu faire.

Il lui restait maintenant à fuir, à se sauver;

mais il pouvait fuir, car il fuyait devant les morts.

Mais tout n'était pas fini pour le malheureux jeune homme.

En arrivant sur l'escalier, il vit reluire des armes dans la cour; un coup de feu partit : la balle lui traversa l'épaule.

La cour était gardée.

Alors il songea à cette petite fenêtre par laquelle Diane lui promettait de regarder le combat du lendemain, et, aussi rapidement qu'il put, il se traîna de ce côté.

Elle était ouverte, en encadrant un beau ciel parsemé d'étoiles. Bussy referma et verrouilla la porte derrière lui; puis il monta sur la fenêtre à grand'peine, enjamba la rampe, et mesura des yeux la grille de fer, afin de sauter de l'autre côté.

— Oh! je n'aurai jamais la force! murmura-t-il.

Mais, en ce moment, il entendit des pas dans l'escalier; c'était la seconde troupe qui montait.

Bussy était hors de défense; il rappela toutes ses forces. S'aidant de la seule main et du seul pied dont il pût se servir encore, il s'élança.

Mais, en s'élançant, la semelle de sa botte glissa sur la pierre.

Il avait tant de sang aux pieds!

Il tomba sur les pointes du fer : les unes pénétrèrent dans son corps, les autres s'accrochèrent à ses habits, et il demeura suspendu.

En ce moment, il pensa au seul ami qui lui restât au monde.

— Saint-Luc! cria-t-il, à moi! Saint-Luc! à moi!

— Ah! c'est vous, monsieur de Bussy? dit tout à coup une voix sortant d'un massif d'arbres?

Bussy tressaillit. Cette voix n'était pas celle de Saint-Luc.

— Saint-Luc! cria-t-il de nouveau, à moi! à moi! ne crains rien pour Diane. J'ai tué le Monsoreau!

Il espérait que Saint-Luc était caché aux environs, et viendrait à cette nouvelle.

— Ah! le Monsoreau est tué? dit une autre voix.

— Oui.

— Bien.

Et Bussy vit deux hommes sortir du massif; ils étaient masqués tous deux.

— Messieurs, dit Bussy, messieurs, au nom

du ciel, secourez un pauvre gentilhomme qui peut échapper encore, si vous le secourez.

— Qu'en pensez-vous, monseigneur? demanda à demi-voix un des deux inconnus.

— Imprudent! dit l'autre.

— Monseigneur! s'écria Bussy, qui avait entendu, tant l'acuité de ses sens s'était augmentée du désespoir de sa situation; monseigneur! délivrez-moi, et je vous pardonnerai de m'avoir trahi!

— Entends-tu? dit l'homme masqué.

— Qu'ordonnez-vous?

— Eh bien, que tu le délivres.

Puis il ajouta avec un rire que cacha son masque :

— De ses souffrances...

Bussy tourna la tête du côté par où venait la voix qui osait parler avec un accent railleur dans un pareil moment.

— Oh! je suis perdu! murmura-t-il.

En effet, au même moment, le canon d'une arquebuse se posa sur sa poitrine, et le coup partit.

La tête de Bussy retomba sur son épaule; ses mains se roidirent.

— Assassin! dit-il, sois maudit!

Et il expira en prononçant le nom de Diane.

Les gouttes de son sang tombèrent du treillis sur celui qu'on avait appelé monseigneur.

— Est-il mort? crièrent plusieurs hommes qui, après avoir enfoncé la porte, apparaissaient à la fenêtre.

— Oui, cria Aurilly, mais fuyez; songez que monseigneur le duc d'Anjou était le protecteur et l'ami de M. de Bussy.

Les hommes n'en demandèrent pas davantage; ils disparurent. Le duc entendit le bruit de leurs pas s'éloigner, décroître et se perdre.

— Maintenant, Aurilly, dit l'autre homme masqué, monte dans cette chambre, et jette-moi par la fenêtre le corps du Monsoreau.

Aurilly monta, reconnut, parmi ce nombre inouï de cadavres, le corps du grand veneur, le chargea sur ses épaules, et, comme le lui avait ordonné son compagnon, il jeta par la fenêtre le corps, qui, en tombant, vint à son tour éclabousser de son sang les habits du duc d'Anjou.

François fouilla sous le justaucorps du grand veneur et en tira l'acte d'alliance signé de sa royale main.

— Voilà ce que je cherchais, dit-il; nous n'avons plus rien à faire ici.

— Et Diane! demanda Aurilly, de la fenêtre.

— Ma foi! je ne suis plus amoureux; et, comme elle ne nous a pas reconnus, détache-la, détache aussi Saint-Luc, et que tous deux s'en aillent où ils voudront.

Aurilly disparut.

— Je ne serai pas roi de France de ce coup-ci encore, dit le duc en déchirant l'acte en morceaux. Mais, de ce coup-ci non plus, je ne serai pas encore décapité pour cause de haute trahison.

CHAPITRE XXXIII

COMMENT FRÈRE GORENFLOT SE TROUVA PLUS QUE JAMAIS ENTRE LA POTENCE ET L'ABBAYE.

L'aventure de la conspiration fut jusqu'au bout une comédie; les Suisses, placés à l'embouchure de ce fleuve d'intrigue, non plus que les gardes françaises embusqués à son confluent, et qui avaient tendu là leurs filets pour y prendre les gros conspirateurs, ne purent pas même saisir le fretin.

Tout le monde avait filé par le passage souterrain.

Ils ne virent donc rien sortir de l'abbaye ; ce qui fit qu'aussitôt la porte enfoncée, Crillon se mit à la tête d'une trentaine d'hommes et fit invasion dans Sainte-Geneviève avec le roi.

Un silence de mort régnait dans les vastes et sombres bâtiments. Crillon, en homme de guerre expérimenté, eût mieux aimé un grand bruit ; il craignait quelque embûche.

Mais en vain se couvrit-on d'éclaireurs, en vain ouvrit-on les portes et les fenêtres, en vain fouilla-t-on la crypte, tout était désert.

Le roi marchait des premiers, l'épée à la main, criant à tue-tête :

— Chicot ! Chicot !

Personne ne répondait.

— L'auraient-ils tué ? disait le roi. Mordieu ! ils me payeraient mon fou le prix d'un gentilhomme.

— Vous avez raison, sire, répondit Crillon, car c'en est un, et des plus braves.

Chicot ne répondait pas, parce qu'il était occupé à fustiger M. de Mayenne, et qu'il prenait un si grand plaisir à cette occupation, qu'il ne voyait ni n'entendait rien de ce qui se passait autour de lui.

Cependant, lorsque le duc eut disparu, lorsque Gorenflot fut évanoui, comme rien ne préoccupait plus Chicot, il entendit appeler et reconnut la voix royale.

— Par ici, mon fils, par ici ! cria-t-il de toute sa force, en essayant de remettre au moins Gorenflot sur son derrière.

Il y parvint et l'adossa contre un arbre.

La force qu'il était obligé d'employer à cette œuvre charitable ôtait à sa voix une partie de sa sonorité, de sorte que Henri crut un instant remarquer que cette voix arrivait à lui empreinte d'un accent lamentable.

Il n'en était cependant rien : Chicot, au contraire, était dans toute l'exaltation du triomphe ; seulement, voyant le piteux état du moine, il se demandait s'il fallait faire percer à jour cette traîtresse bedaine, ou user de clémence envers ce volumineux tonneau.

Il regardait donc Gorenflot comme, pendant un instant, Auguste eût regardé Cinna.

Gorenflot revenait peu à peu à lui, et, si stupide qu'il fût, il ne l'était pas cependant au point de se faire illusion sur ce qui l'attendait ; d'ailleurs, il ne ressemblait pas mal à ces sortes d'animaux incessamment menacés par les hommes, qui sentent instinctivement que jamais la main ne les touche que pour les battre, que jamais la bouche ne les effleure que pour les manger.

Ce fut dans cette disposition intérieure d'esprit qu'il rouvrit les yeux.

— Seigneur Chicot ! s'écria-t-il.

— Ah ! ah ! fit le Gascon, tu n'es donc pas mort ?

— Mon bon seigneur Chicot, continua le moine en faisant un effort pour joindre les deux mains devant son énorme ventre, est-il donc possible que vous me livriez à mes persécuteurs, moi! Gorenflot?

— Canaille! dit Chicot avec un accent de tendresse mal déguisée.

Gorenflot se mit à hurler. Après être parvenu à joindre les mains, il essayait de se les tordre.

— Moi qui ai fait avec vous de si bons dîners! cria-t-il en suffoquant; moi qui buvais si gracieusement, selon vous, que vous m'appeliez toujours le roi des éponges; moi qui aimais tant les poulardes que vous commandiez à la Corne-d'Abondance, que je n'en laissais jamais que les os.

Ce dernier trait parut le sublime du genre à Chicot, et le détermina tout à fait pour la clémence.

— Les voilà! juste Dieu! cria Gorenflot en essayant de se relever, mais sans pouvoir en venir à bout; les voilà! ils viennent, je suis mort! Oh! bon seigneur Chicot, secourez-moi!

Et le moine, ne pouvant parvenir à se relever, se jeta, ce qui était plus facile, la face contre terre.

— Relève-toi, dit Chicot.

— Me pardonnez-vous?

— Nous verrons.

— Vous m'avez tant battu, que cela peut passer comme ça.

Chicot éclata de rire. Le pauvre moine avait l'esprit si troublé, qu'il avait cru recevoir les coups remboursés à Mayenne.

— Vous riez, bon seigneur Chicot? dit-il.

— Eh! sans doute, je ris, animal!

— Je vivrai donc?

— Peut-être.

— Enfin, vous ne ririez pas si votre Gorenflot allait mourir.

— Cela ne dépend pas de moi, dit Chicot; cela dépend du roi: le roi seul a droit de vie et de mort.

Gorenflot fit un effort, et parvint à se caler sur ses deux genoux.

En ce moment, les ténèbres furent envahies par une splendide lumière; une foule d'habits brodés et d'épées flamboyantes, aux lueurs des torches, entoura les deux amis.

— Ah! Chicot! mon cher Chicot! s'écria le roi, que je suis aise de te revoir!

— Vous entendez, mon bon monsieur Chicot, dit tout bas le moine, ce grand prince est heureux de vous revoir.

— Eh bien?

— Eh bien, dans son bonheur, il ne vous refusera point ce que vous lui demanderez; demandez-lui ma grâce.

— Au vilain Hérodes?

— Oh! oh! silence, cher monsieur Chicot!

— Eh bien, sire, demanda Chicot en se retournant vers le roi, combien en tenez-vous?

— Confiteor! disait Gorenflot.

— Pas un, répliqua Crillon. Les traîtres! il faut qu'ils aient trouvé quelque ouverture à nous inconnue.

— C'est probable, dit Chicot.

— Mais tu les as vus? dit le roi.

— Certainement que je les ai vus.

— Tous?

— Depuis le premier jusqu'au dernier.

— Confiteor! répétait Gorenflot, qui ne pouvait sortir de là.

— Tu les as reconnus, sans doute?

— Non, sire.

— Comment! tu ne les as pas reconnus?

— C'est-à-dire, je n'en ai reconnu qu'un seul, et encore...

— Et encore?

— Ce n'était pas à son visage, sire.

— Et lequel as-tu reconnu?

— M. de Mayenne.

— M. de Mayenne? Celui à qui tu devais...

— Eh bien, nous sommes quittes, sire.

— Ah! conte-moi donc cela, Chicot!

— Plus tard, mon fils, plus tard; occupons-nous du présent.

— Confiteor! répétait Gorenflot.

— Ah! vous avez fait un prisonnier, dit tout à coup Crillon en laissant tomber sa large main sur Gorenflot, qui, malgré la résistance que présentait sa masse, plia sous le coup.

Le moine perdit la parole.

Chicot tarda à répondre, permettant que, pour un moment, toutes les angoisses qui naissent de la plus profonde terreur vinssent habiter le cœur du malheureux moine.

Gorenflot faillit s'évanouir une seconde fois en voyant autour de lui tant de colères inassouvies.

Enfin, après un moment de silence, pendant lequel Gorenflot crut entendre bruire à son oreille la trompette du jugement dernier:

— Sire, dit Chicot, regardez bien ce moine.

Un des assistants approcha une torche du visage de Gorenflot; celui-ci ferma les yeux pour avoir moins à faire en passant de ce monde dans l'autre.

— Le prédicateur Gorenflot? s'écria Henri.

— *Confiteor, confiteor, confiteor*, répéta vivement le moine.

— Lui-même, répondit Chicot.

— Celui qui...

— Justement, interrompit le Gascon.

— Ah! ah! fit le roi d'un air de satisfaction.

On eût recueilli la sueur avec une écuelle sur les joues de Gorenflot.

Et il y avait de quoi, car on entendait sonner les épées, comme si le fer lui-même eût été doué de vie et ému d'impatience.

Quelques-uns s'approchèrent menaçants.

Gorenflot les sentit plutôt qu'il ne les vit venir, et poussa un faible cri.

— Attendez, dit Chicot, il faut que le roi sache tout.

Et prenant Henri à l'écart :

— Mon fils, lui dit-il tout bas, rends grâce au Seigneur d'avoir permis à ce saint homme de naître, il y a quelque trente-cinq ans; car c'est lui qui nous a sauvés tous.

— Comment cela?

— Oui, c'est lui qui m'a raconté le complot depuis alpha jusqu'à oméga.

— Quand cela?

— Il y a huit jours à peu près, de sorte que si jamais les ennemis de Votre Majesté le trouvaient, ce serait un homme mort.

Gorenflot n'entendit que les derniers mots.

— Un homme mort!

Et il tomba sur ses deux mains.

— Digne homme, dit le roi en jetant un bienveillant coup d'œil sur cette masse de chair, qui, aux regards de tout homme sensé, ne représentait qu'une somme de matière capable d'absorber et d'éteindre les brasiers d'intelligence; digne homme! nous le couvrirons de notre protection!

Gorenflot saisit au vol ce regard miséricordieux, et demeura, comme le masque du parasite antique, riant d'un côté jusqu'aux dents et pleurant de l'autre jusqu'aux oreilles.

— Et tu feras bien, mon roi, répondit Chicot, car c'est un serviteur des plus étonnants.

— Que penses-tu donc qu'il faille faire de lui? demanda le roi.

— Je pense que tant qu'il sera dans Paris, il courra gros risque.

— Si je lui donnais des gardes? dit le roi.

Gorenflot entendit cette proposition de Henri.

— Bon! dit-il, il paraît que j'en serai quitte pour la prison. J'aime encore mieux cela que l'estrapade; et, pourvu qu'on me nourrisse bien...

— Non pas, dit Chicot, inutile; il suffit que tu me permettes de l'emmener.

— Où cela?

— Chez moi.

— Eh bien, emmène-le, et reviens au Louvre, où je vais retrouver nos amis, pour les préparer au jour de demain.

— Levez-vous, mon révérend père, dit Chicot au moine.

— Il raille, murmura Gorenflot; mauvais cœur!

— Mais relève-toi donc, brute! reprit tout bas le Gascon en lui donnant un coup de genou au derrière.

— Ah! j'ai bien mérité cela! s'écria Gorenflot.

— Que dit-il donc? demanda le roi.

— Sire, reprit Chicot, il se rappelle toutes ses fatigues, il énumère toutes ses tortures, et, comme je lui promets la protection de Votre Majesté, il dit dans la conscience de ce qu'il vaut : « J'ai bien mérité cela! »

— Pauvre diable! dit le roi: aies-en bien soin, au moins, mon ami.

— Ah! soyez tranquille, sire; quand il est avec moi, il ne manque de rien.

— Ah! monsieur Chicot! s'écria Gorenflot, mon cher monsieur Chicot, où me mène-t-on?

— Tu le sauras tout à l'heure. En attendant, remercie Sa Majesté, monstre d'iniquités! remercie.

— De quoi?

— Remercie, te dis-je!

— Sire, balbutia Gorenflot, puisque votre gracieuse Majesté...

— Oui, dit Henri, je sais tout ce que vous avez fait dans votre voyage de Lyon, pendant la soirée de la Ligue, et aujourd'hui enfin. Soyez tranquille, vous serez récompensé selon vos mérites.

Gorenflot poussa un soupir.

— Où est Panurge? demanda Chicot.

— Dans l'écurie, pauvre bête!

— Eh bien, va le chercher, monte dessus, et reviens me trouver ici.

— Oui, monsieur Chicot.

Et le moine s'éloigna le plus vite qu'il put, étonné de ne pas être suivi par des gardes.

— Maintenant, mon fils, dit Chicot, garde vingt hommes pour ton escorte, et détaches-en dix autres avec M. de Crillon.

— Où dois-je les envoyer?

— A l'hôtel d'Anjou, et qu'on t'amène ton frère.

— Pourquoi cela?

— Pour qu'il ne se sauve pas une seconde fois.

— Est-ce que mon frère...

— T'es-tu mal trouvé d'avoir suivi mes conseils aujourd'hui?

— Non, par la mordieu!

— Eh bien, fais ce que je te dis.

Henri donna l'ordre au colonel des gardes françaises de lui amener le duc d'Anjou au Louvre.

Crillon, qui n'avait pas une profonde tendresse pour le prince, partit aussitôt.

— Et toi? dit Henri.

— Moi, j'attends mon saint.

— Et tu me rejoins au Louvre?

— Dans une heure.

— Alors je te quitte.

— Va, mon fils.

Henri partit avec le reste de la troupe.

Quant à Chicot, il s'achemina vers les écuries, et, comme il entrait dans la cour, il vit apparaître Gorenflot monté sur Panurge.

Le pauvre diable n'avait pas même eu l'idée d'essayer de se soustraire au sort qui l'attendait.

— Allons, allons, dit Chicot en prenant Panurge par la longe, dépêchons, on nous attend.

Gorenflot ne fit pas l'ombre de la résistance, seulement il versait tant de larmes, qu'on eût pu le voir maigrir à vue d'œil.

— Quand je le disais! murmurait-il; quand je le disais!

Chicot tirait Panurge à lui, tout en haussant les épaules.

CHAPITRE XXXIV

OU CHICOT DEVINE POURQUOI D'ÉPERNON AVAIT DU SANG AUX PIEDS ET N'EN AVAIT PAS AUX JOUES.

e roi, en rentrant au Louvre, trouva ses amis couchés et dormant d'un paisible sommeil.

Les événements historiques ont une singulière influence, c'est de refléter leur grandeur sur les circonstances qui les ont précédés.

Ceux qui considéreront donc les événements qui devaient arriver le matin même, car le roi rentrait vers deux heures au Louvre ; ceux, disons-nous, qui considéreront ces événements avec le prestige que donne la prescience, trouveront peut-être quelque intérêt à voir le roi, qui vient de manquer perdre la couronne, se réfugier près de ses trois amis, qui, dans quelques heures, doivent affronter pour lui un danger où ils risquent de perdre la vie.

Le poëte, cette nature privilégiée qui ne prévoit pas, mais qui devine, trouvera, nous en sommes certain, mélancoliques et charmants ces jeunes visages que le sommeil rafraîchit, que la confiance fait sourire, et qui, pareils à des frères couchés dans le dortoir paternel, reposent sur leurs lits rangés à côté les uns des autres.

Henri s'avança légèrement au milieu d'eux, suivi par Chicot, qui, après avoir déposé son patient en lieu de sûreté, était venu rejoindre le roi.

Un lit était vide, celui de d'Épernon.

— Pas rentré encore, l'imprudent! murmura le roi; ah! le malheureux! ah! le fou! se battre contre Bussy, l'homme le plus brave de France, le plus dangereux du monde, et n'y pas plus songer!

— Tiens, au fait, dit Chicot.

— Qu'on le cherche! qu'on l'amène! s'écria le roi. Puis qu'on me fasse venir Miron; je veux qu'il endorme cet étourdi, fût-ce malgré lui. Je veux que le sommeil le rende robuste et souple, et en état de se défendre.

— Sire, dit un huissier, voici M. d'Épernon qui rentre à l'instant même.

D'Épernon venait de rentrer, en effet. Apprenant le retour du roi, et se doutant de la visite qu'il allait faire au dortoir, il se glissait vers la chambre commune, espérant y arriver inaperçu.

Mais on le guettait, et, comme nous l'avons vu, on annonça son retour au roi. Voyant qu'il n'y avait pas moyen d'échapper à la mercuriale, il aborda le seuil, tout confus.

— Ah! te voilà enfin! dit Henri; viens ici, malheureux, et vois tes amis.

D'Épernon jeta un regard tout autour de la chambre, et fit signe qu'effectivement il avait vu.

— Vois tes amis, continua Henri : ils sont sages, ils ont compris de quelle importance est le jour de demain; et toi, malheureux, au lieu de prier comme ils ont fait, et de dormir comme ils font, tu vas courir le passe-dix et les ribaudes. Cordieu! que tu es pâle! et la belle figure que tu feras demain, si tu n'en peux déjà plus ce soir!

D'Épernon était bien pâle, en effet, si pâle, que la remarque du roi le fit rougir.

— Allons, continua Henri, couche-toi, je le veux! et dors. Pourras-tu dormir, seulement?

— Moi? dit d'Épernon comme si une pareille question le blessait au fond du cœur.

— Je te demande si tu auras le temps de dormir. Sais-tu que vous vous battez au jour; que, dans cette malheureuse saison, le jour vient à

Il tomba sur les pointes du fer, et il demeura suspendu. — Page 130.

quatre heures? il en est deux; deux heures te restent à peine.

— Deux heures bien employées, dit d'Épernon, suffisent à bien des choses.

— Tu dormiras?

— Parfaitement, sire.

— Et moi, je n'en crois rien.

— Pourquoi cela?

— Parce que tu es agité, tu penses à demain. Hélas! tu as raison, car demain, c'est aujourd'hui. Mais, malgré moi, m'emporte le désir se-cret de dire que nous ne sommes point encore arrivés au jour fatal.

— Sire, dit d'Épernon, je dormirai, je vous le promets; mais, pour cela, faut-il encore que Votre Majesté me laisse dormir.

— C'est juste, dit Chicot.

En effet, d'Épernon se déshabilla, et se cou-cha avec un calme et même une satisfaction qui parurent de bonne augure au prince et à Chicot.

— Il est brave comme un César, dit le roi.

— Si brave, fit Chicot en se grattant l'oreille,

que, ma parole d'honneur, je n'y comprends plus rien.

— Vois, il dort déjà.

Chicot s'approcha du lit; car il doutait que la sécurité de d'Épernon allât jusque-là.

— Oh! oh! fit-il tout à coup.

— Quoi donc? demanda le roi.

— Regarde.

Et, du doigt, Chicot montra au roi les bottes de d'Épernon.

— Du sang, murmura le roi.

— Il a marché dans le sang, mon fils. Quel brave!

— Serait-il blessé? demanda le roi avec inquiétude.

— Bah! il l'aurait dit. Et puis, à moins qu'il ne fût blessé comme Achille, au talon...

— Tiens, et son pourpoint aussi est taché, vois sa manche. Que lui est-il donc arrivé?

— Peut-être a-t-il tué quelqu'un, dit Chicot.

— Pourquoi faire?

— Pour se faire la main, donc!

— C'est singulier! fit le roi.

Chicot se gratta beaucoup plus sérieusement l'oreille.

— Hum! hum! dit-il.

— Tu ne me réponds pas.

— Si fait: je fais: hum! hum! Cela signifie beaucoup de choses, ce me semble.

— Mon Dieu! dit Henri, que se passe-t-il donc autour de moi, et quel est l'avenir qui m'attend? Heureusement que demain...

— Aujourd'hui, mon fils; tu confonds toujours.

— Oui, c'est vrai.

— Eh bien, aujourd'hui?

— Aujourd'hui je serai tranquille.

— Pourquoi cela?

— Parce qu'ils m'auront tué les Angevins maudits.

— Tu crois, Henri?

— J'en suis sûr, ils sont braves.

— Je n'ai pas entendu dire que les Angevins fussent lâches.

— Non sans doute; mais vois comme ils sont forts, vois le bras de Schomberg: les beaux muscles! les beaux bras!

— Ah! si tu voyais celui d'Antraguet!

— Vois cette lèvre impérieuse de Quélus, et ce front de Maugiron, hautain jusque dans son sommeil! Avec de telles figures on ne peut manquer de vaincre. Ah! quand ces yeux-là lancent l'éclair, l'ennemi est déjà à moitié vaincu.

— Cher ami, dit Chicot en secouant tristement la tête, il y a, au-dessous de fronts aussi hautains que celui-ci, des yeux que je connais, qui lancent des éclairs non moins terribles que ceux sur lesquels tu comptes. Est-ce là tout ce qui te rassure?

— Non, viens, et je te montrerai quelque chose.

— Où cela?

— Dans mon cabinet.

— Et ce quelque chose que tu vas me montrer te donne la confiance de la victoire?

— Oui.

— Viens donc.

— Attends.

Et Henri fit un pas pour se rapprocher des jeunes gens.

— Quoi? demanda Chicot.

— Écoute, je ne veux, demain, ou plutôt aujourd'hui, ni les attrister, ni les attendrir. Je vais prendre congé d'eux tout de suite.

Chicot secoua la tête.

— Prends, mon fils, dit-il.

L'intonation de voix avec laquelle il prononça ces paroles était si mélancolique, que le roi sentit un frisson qui parcourait ses veines et qui conduisait une larme à ses yeux arides.

— Adieu, mes amis, murmura le roi; adieu, mes bons amis.

Chicot se détourna, son cœur n'était pas plus de marbre que celui du roi.

Mais bientôt, comme malgré lui, ses yeux se reportèrent sur les jeunes gens.

Henri se penchait vers eux, et les baisait au front l'un après l'autre.

Une pâle bougie rose éclairait cette scène, et communiquait sa teinte funèbre aux draperies de la chambre et aux visages des acteurs.

Chicot n'était pas superstitieux; mais, lorsqu'il vit Henri toucher de ses lèvres le front de Maugiron, de Quélus et de Schomberg, son imagination lui représenta un vivant désolé qui venait faire ses adieux à des morts déjà couchés sur leurs tombeaux.

— C'est singulier, dit Chicot, je n'ai jamais éprouvé cela; pauvres enfants!

À peine le roi eut-il achevé d'embrasser ses

amis, que d'Épernon rouvrit les yeux pour voir s'il était parti.

Il venait de quitter la chambre, appuyé sur le bras de Chicot.

D'Épernon sauta en bas de son lit, et se mit à effacer du mieux qu'il put les taches de sang empreintes sur ses bottes et sur son habit.

Cette occupation ramena sa pensée vers la scène de la place de la Bastille.

— Je n'eusse jamais eu, murmura-t-il, assez de sang pour cet homme qui en a tant versé ce soir à lui seul.

Et il se recoucha.

Quant à Henri, il conduisit Chicot à son cabinet, et, ouvrant un long coffret d'ébène doublé de satin blanc :

— Tiens, dit-il, regarde.

— Des épées, fit Chicot. Je vois bien. Après.

— Oui, des épées; mais des épées bénites, cher ami.

— Par qui?

— Par notre saint-père le pape lui-même, lequel m'accorde cette faveur. Tel que tu le vois, ce coffret, pour aller à Rome et revenir, me coûte vingt chevaux et quatre hommes; mais j'ai les épées.

— Piquent-elles bien? demanda Chicot.

— Sans doute; mais ce qui fait leur mérite suprême, Chicot, c'est d'être bénites.

— Oui, je le sais bien; mais cela me fait toujours plaisir de savoir qu'elles piquent.

— Païen!

— Voyons, mon fils, maintenant parlons d'autres choses.

— Soit; mais dépêchons.

— Tu veux dormir?

— Non, je veux prier.

— En ce cas, parlons d'affaires. As-tu fait venir M. d'Anjou?

— Oui, il attend en bas.

— Que comptes-tu en faire?

— Je compte le faire jeter à la Bastille.

— C'est fort sage. Seulement choisis un cachot bien profond, bien sûr, bien clos; celui, par exemple, qui a reçu le connétable de Saint-Pol ou Jacques d'Armagnac.

— Oh! sois tranquille.

— Je sais où l'on vend de beau velours noir, mon fils.

— Chicot, c'est mon frère!

— C'est juste, et, à la cour, le deuil de famille se porte en violet. Lui parleras-tu?

— Oui, certainement, ne fût-ce que pour lui ôter tout espoir, en lui prouvant que ses complots sont découverts.

— Hum! fit Chicot.

— Vois-tu quelque inconvénient à ce que je l'entretienne?

— Non; mais, à ta place, je supprimerais le discours et doublerais la prison.

— Qu'on amène le duc d'Anjou! dit Henri.

— C'est égal, dit Chicot en secouant la tête, je m'en tiens à ma première idée.

Un moment après, le duc entra; il était fort pâle et désarmé. Crillon le suivait, tenant son épée à la main.

— Où l'avez-vous trouvé? demanda le roi à Crillon, l'interrogeant du même ton que si le duc n'eût point été là.

— Sire, Son Altesse n'était pas chez elle; mais un instant après que j'eus pris possession de son hôtel au nom de Votre Majesté, Son Altesse est rentrée, et nous l'avons arrêtée sans résistance.

— C'est bien heureux, dit le roi avec dédain.

Puis, se retournant vers le prince :

— Où étiez-vous, monsieur? demanda-t-il.

— Quelque part que je fusse, sire, soyez convaincu, répondit le duc, que je m'occupais de vous.

— Je m'en doute, dit Henri, et votre réponse me prouve que je n'avais pas tort de vous rendre la pareille.

François s'inclina, calme et respectueux.

— Voyons, où étiez-vous? dit le roi en marchant vers son frère, que faisiez-vous tandis qu'on arrêtait vos complices?

— Mes complices? dit François.

— Oui, vos complices, répéta le roi.

— Sire, à coup sûr, Votre Majesté est mal renseignée à mon égard.

— Oh! cette fois, monsieur, vous ne m'échapperez pas, et votre carrière de crimes est terminée. Cette fois encore vous n'hériterez pas de moi, mon frère...

— Sire, sire, par grâce, modérez-vous : il y a bien certainement quelqu'un qui vous aigrit contre moi.

— Misérable! s'écria Henri au comble de la colère, tu mourras de faim dans un cachot de la Bastille.

Et du doigt, Chicot montra au roi les bottes de d'Épernon. — Page 138.

— J'attends vos ordres, sire, et je les bénis, dussent-ils me frapper de mort.

— Mais enfin, où étiez-vous, hypocrite?

— Sire, je sauvais Votre Majesté, et je travaillais à la gloire et à la tranquillité de son règne.

— Oh! fit le roi pétrifié, sur mon honneur, l'audace est grande.

Bah! fit Chicot en se renversant en arrière, contez-nous donc cela, mon prince, ce doit être curieux.

— Sire, je le dirais à l'instant même à Votre Majesté, si Votre Majesté m'eût traité en frère; mais, comme elle me traite en coupable, j'attendrai que l'événement parle pour moi.

Sur ces mots, il salua de nouveau et plus profondément encore que la première fois, le roi son frère, et, se retournant vers Crillon et les autres officiers qui étaient là:

— Çà, dit-il, lequel d'entre vous, messieurs, va conduire le premier prince du sang de France à la Bastille?

Oui, des épées, mais des épées bénites, cher ami. — PAGE 139.

Chicot réfléchissait : un éclair illumina son esprit.

— Ah! ah! murmura-t-il, je crois que je comprends, à cette heure, pourquoi M. d'Épernon avait tant de sang aux pieds et en avait si peu sur les joues.

CHAPITRE XXXV

LE MATIN DU COMBAT.

n beau jour se levait sur Paris; aucun bourgeois ne savait la nouvelle, mais les gentilshommes royalistes et ceux du parti de Guise, ces derniers encore dans la stupeur, s'attendaient à l'événement, et prenaient des mesures de prudence pour complimenter à temps le vainqueur.

Ainsi qu'on l'a vu dans le chapitre précédent, le roi ne dormit point de toute la nuit : il pria et pleura; et, comme, après tout, c'était un homme brave et expérimenté, surtout en matière de duel, il sortit vers trois heures du matin avec Chicot, pour aller rendre à ses amis le seul office qu'il fût en son pouvoir de leur rendre.

Il alla visiter le terrain où devait avoir lieu le combat.

Ce fut une scène bien remarquable, et, disons-le sans raillerie, bien peu remarquée.

Le roi, vêtu d'habits de couleur sombre, enveloppé d'un large manteau, l'épée au côté, les cheveux et les yeux cachés sous les bords de son chapeau, suivit la rue Saint-Antoine jusqu'à trois cents pas en avant de la Bastille; mais, arrivés là, voyant un grand rassemblement de monde un peu au-dessus de la rue Saint-Paul, il ne voulut point se hasarder dans cette foule, prit la rue Sainte-Catherine, et gagna par derrière l'enclos des Tournelles.

Cette foule, on devine ce qu'elle faisait là : elle comptait les morts de la nuit.

Le roi l'évita, et, en conséquence, ne sut rien de ce qui s'était passé.

Chicot, qui avait assisté à la querelle ou plutôt à l'accord qui avait eu lieu huit jours auparavant, expliquait au roi, sur l'emplacement même où l'affaire allait se passer, la place que devaient occuper les combattants, et les conditions du combat.

À peine renseigné, Henri se mit à mesurer l'espace, regarda entre les arbres, calcula la réflexion du soleil, et dit :

— Quélus se trouvera bien exposé : il aura le soleil à droite, juste dans l'œil qui lui reste (1), tandis que Maugiron aura toute l'ombre. Quélus aurait dû prendre la place de Maugiron, et Maugiron, qui a des yeux excellents, celle de Quélus. Voilà qui est bien mal réglé jusqu'à présent. Quant à Schomberg, qui a le jarret faible, il a un arbre pour lui servir de retraite en cas de besoin; voilà qui me rassure pour lui. Mais Quélus, mon pauvre Quélus !

Et il secoua tristement la tête.

— Tu me fais peine, mon roi, dit Chicot. Voyons, ne te tourmente pas ainsi, que diable ! ils auront ce qu'ils auront.

Le roi leva les yeux au ciel et soupira.

— Voyez, mon Dieu! comme il blasphème, murmura-t-il; mais heureusement vous savez que c'est un fou.

Chicot leva les épaules.

— Et d'Épernon, reprit le roi; je suis, par ma foi, injuste, je ne pensais pas à lui; d'Épernon, qui aura affaire à Bussy, comme il va être exposé!... Regarde la disposition du terrain, mon brave Chicot : à gauche, une barrière; à droite, un arbre; derrière, un fossé; d'Épernon, qui aura besoin de rompre à tout moment, car Bussy, c'est un tigre, un lion, un serpent; Bussy,

(1) Quélus avait eu, dans un duel précédent, l'œil gauche crevé d'un coup d'épée.

c'est une épée vivante, qui bondit, qui se déve-
loppe, qui se replie.

— Bah! dit Chicot, je ne suis pas inquiet de
d'Épernon, moi.

— Tu as tort, il se fera tuer.

— Lui! pas si bête; il aura pris ses précautions, va!

— Comment l'entends-tu ?

— J'entends qu'il ne se battra pas , mordieu !

— Allons donc! ne l'as-tu pas entendu tout
à l'heure?

— Justement.

— Eh bien ?

— Eh bien, c'est pour cela que je te répète
qu'il ne se battra point.

— Homme incrédule et méprisant!

— Je connais mon Gascon, Henri; mais, si
tu m'en crois, retirons-nous, cher sire; voilà le
grand jour venu, retournons au Louvre.

— Peux-tu croire que je resterai au Louvre
pendant le combat?

— Ventre de biche! tu y resteras; car, si
l'on te voyait ici, chacun dirait, au cas où tes
amis seraient vainqueurs, que tu as forcé la victoire par quelque sortilége, et, au cas où ils seraient vaincus, que tu leur as porté malheur.

— Eh! que me font les bruits et les interpré-
tations ? Je les aimerai jusqu'au bout.

— Je veux bien que tu sois esprit fort, Henri;
je te fais même mon compliment d'aimer tes
amis; c'est une vertu rare chez les princes; mais
je ne veux pas que tu laisses M. d'Anjou seul au
Louvre.

— Crillon n'est-il pas là ?

— Eh! Crillon n'est qu'un buffle, un rhinocé-
ros, un sanglier, tout ce que tu voudras de brave
et d'indomptable, tandis que ton frère, c'est la
vipère, c'est le serpent à sonnettes, c'est tout
animal dont la puissance est moins dans sa force
que dans son venin.

— Tu as raison, j'aurais dû le faire jeter à la
Bastille.

— Je t'avais bien dit que tu avais tort de le
voir.

— Oui, j'ai été vaincu par son assurance, par
son aplomb, par ce service qu'il prétend m'avoir
rendu.

— Raison de plus pour que tu t'en défies.
Rentrons, mon fils, crois-moi.

Henri suivit le conseil de Chicot et reprit avec
lui le chemin du Louvre, après avoir jeté un dernier regard sur le futur champ du combat.

Déjà tout le monde était sur pied dans le Louvre, lorsque le roi et Chicot y entrèrent. Les jeunes gens s'y étaient éveillés des premiers et se
faisaient habiller par leurs laquais.

Le roi demanda à quelle chose ils s'occu-
paient.

Schomberg faisait des pliés, Quélus se bassi-
nait les yeux avec de l'eau de vigne, Maugiron
buvait un verre de vin d'Espagne, d'Épernon ai-
guisait son épée sur une pierre.

On pouvait le voir d'ailleurs, car il s'était, pour
cette opération, fait apporter un grès à la porte
de la chambre commune.

— Et tu dis que cet homme n'est pas un
Bayard? fit Henri en le regardant avec amour.

— Non, je dis que c'est un rémouleur, voilà
tout, reprit Chicot.

D'Épernon le vit et cria :

— Le roi!

Alors, malgré la résolution qu'il avait prise,
et que même, sans cette circonstance, il n'eût
pas eu la force de maintenir, Henri entra dans
leur chambre.

Nous l'avons déjà dit, c'était un roi plein de
majesté et qui avait une grande puissance sur
lui-même.

Son visage, tranquille et presque souriant,
ne trahissait donc aucun sentiment de son
cœur.

— Bonjour, messieurs, dit-il; je vous trouve
en excellentes dispositions, ce me semble.

— Dieu merci! oui, sire , répliqua Quélus.

— Vous avez l'air sombre, Maugiron.

— Sire, je suis très-superstitieux, comme le
sait Votre Majesté; et, comme j'ai fait de mauvais rêves, je me remets le cœur avec un doigt de
vin d'Espagne.

— Mon ami, dit le roi, il faut se rappeler, et
je parle d'après Miron, qui est un grand docteur,
il faut se rappeler, dis-je, que les rêves dépen-
dent des impressions de la veille, mais n'influent
jamais sur les actions du lendemain, sauf toutefois la volonté de Dieu.

— Aussi, sire, dit d'Épernon, me voyez-vous
aguerri. J'ai aussi fort mal songé cette nuit; mais,
malgré le songe, le bras est bon et le coup d'œil
perçant.

Et il se fendit contre le mur, auquel il fit une
entaille avec son épée fraîche émoulue.

— Oui, dit Chicot, vous avez rêvé que vous
aviez du sang à vos bottes; ce rêve-là n'est pas
mauvais : il signifie que l'on sera un jour un

Quélus s'inclina et baisa la main du roi. — PAGE 145.

triomphateur dans le genre d'Alexandre et de César.

— Mes braves, dit Henri, vous savez que l'honneur de votre prince est en question, puisque c'est sa cause, en quelque sorte, que vous défendez ; mais l'honneur seulement, entendez-vous bien ? Ne vous préoccupez donc pas de la sécurité de ma personne. Cette nuit, j'ai assis mon trône de manière que, d'ici à quelque temps du moins, aucune secousse ne le puisse ébranler. Battez-vous donc pour l'honneur.

— Sire, soyez tranquille ; nous perdrons peut-être la vie, dit Quélus ; mais, en tout cas, l'honneur sera sauf.

— Messieurs, continua le roi, je vous aime tendrement, et je vous estime aussi. Laissez-moi donc vous donner un conseil : pas de fausse bravoure ; ce n'est pas en mourant que vous me donnerez raison, mais en tuant vos ennemis

— Oh! quant à moi, dit d'Epernon, je ne fais pas de quartier.

— Moi, dit Quélus, je ne réponds de rien; je ferai ce que je pourrai, voilà tout.

— Et moi, dit Maugiron, je réponds à Sa Majesté que, si je meurs, je tuerai mon homme coup pour coup.

— Vous vous battez à l'épée seule?

— A l'épée et à la dague, dit Schomberg.

Le roi tenait sa main sur sa poitrine.

Peut-être cette main et ce cœur, qui se touchaient, se parlaient-ils l'un à l'autre de leurs craintes par leurs frémissements et leurs pulsations; mais, à l'extérieur, fier, l'œil sec, la lèvre hautaine, il était bien le roi, c'est-à-dire qu'il envoyait bien des soldats au combat, et non des amis à la mort.

— En vérité, mon roi, lui dit Chicot, tu es vraiment beau en ce moment.

Les gentilshommes étaient prêts, il ne leur restait plus qu'à faire la révérence à leur maître.

— Allez-vous à cheval? dit Henri.

— Non pas, sire, dit Quélus, nous marcherons; c'est un salutaire exercice, il dégage la tête, et Votre Majesté l'a dit mille fois, c'est la tête plus que le bras qui dirige l'épée.

— Vous avez raison, mon fils. Votre main.

Quélus s'inclina et baisa la main du roi : les autres l'imitèrent.

D'Épernon s'agenouilla en disant :

— Sire, bénissez mon épée.

— Non pas, d'Épernon, fit le roi; rendez votre épée à votre page. Je vous réserve des épées meilleures que les vôtres. Apporte les épées, Chicot.

— Non pas, dit le Gascon; donne cette commission au capitaine des gardes, mon fils; je ne suis qu'un fou, moi, qu'un païen même; et les bénédictions du ciel pourraient se changer en sortiléges funestes, si le diable, mon ami, s'avisait de regarder à mes mains et s'apercevait de ce que je porte.

— Quelles sont donc ces épées, sire? demanda Schomberg en jetant un coup d'œil sur la caisse qu'un officier venait d'apporter.

— Des épées d'Italie, mon fils, des épées forgées à Milan· les coquilles en sont bonnes, vous

le voyez; et comme, à l'exception de Schomberg, vous avez tous les mains délicates, le premier coup de fouet vous désarmerait, si vos mains n'étaient bien emboîtées.

— Merci, merci, Majesté, dirent ensemble et d'une seule voix les quatre jeunes gens.

— Allez, il est temps, dit le roi, qui ne pouvait dominer plus longtemps son émotion.

— Sire, demanda Quélus, n'aurons-nous point, pour nous encourager, les regards de Votre Majesté?

— Non, cela ne serait pas convenable; vous vous battrez sans qu'on le sache, vous vous battrez sans mon autorisation. Ne donnons pas de solennité au combat; qu'on le croie surtout le résultat d'une querelle particulière.

Et il les congédia d'un geste vraiment majestueux.

Lorsqu'ils furent hors de sa présence, que les derniers valets eurent franchi le seuil du Louvre, et qu'on n'entendit plus le bruit ni des éperons ni des cuirasses que portaient les écuyers armés en guerre :

— Ah! je me meurs! dit le roi en tombant sur une estrade.

— Et moi, dit Chicot, je veux voir ce duel; j'ai l'idée, je ne sais pourquoi, mais je l'ai, qu'il s'y passera quelque chose de curieux à l'endroit de d'Epernon.

— Tu me quittes, Chicot? dit le roi d'une voix lamentable.

— Oui, dit Chicot, car, si quelqu'un d'entre eux faisait mal son devoir, je serais là pour le remplacer et soutenir l'honneur de mon roi.

— Va donc, dit Henri.

A peine le Gascon eut-il congé, qu'il partit, rapide comme l'éclair.

Le roi alors rentra dans sa chambre, en fit fermer les volets, défendit à qui que ce fût, dans le Louvre, de pousser un cri ou de proférer une parole, et dit seulement à Crillon, qui savait tout ce qui allait se passer :

— Si nous sommes vainqueurs, Crillon, tu me le diras; si, au contraire, nous sommes vaincus, tu frapperas trois coups à ma porte.

— Oui, sire, répondit Crillon en secouant la tête.

CHAPITRE XXXVI

LES AMIS DE BUSSY.

1 les amis du roi avaient passé la nuit à dormir tranquillement, ceux du duc d'Anjou avaient pris la même précaution.

A la suite d'un bon souper auquel ils s'étaient réunis d'eux-mêmes, sans le conseil ni la présence de leur patron, qui ne prenait pas de ses favoris les mêmes inquiétudes que le roi prenait des siens, ils se couchèrent dans de bons lits, chez Antraguet, dont la maison avait été choisie comme lieu de réunion, se trouvant la plus proche du champ de bataille.

Un écuyer, celui de Ribérac, grand chasseur et habile armurier, avait passé toute la journée à nettoyer, fourbir et aiguiser les armes.

Il fut, en outre, chargé de réveiller les jeunes gens au point du jour : c'était son habitude tous les matins de fête, de chasse ou de duel.

Antraguet, avant de souper, s'en était allé voir, rue Saint-Denis, une petite marchande qu'il idolâtrait et qu'on n'appelait, dans tout le quartier, que la belle imagière. Ribérac ravait écrit à sa mère ; Livarot avait fait son testament.

A trois heures sonnant, c'est-à-dire quand les amis du roi s'éveillaient à peine, ils étaient déjà tous sur pied, frais, dispos et armés de bonne sorte.

Ils avaient pris des caleçons et des bas rouges pour que leurs ennemis ne vissent pas leur sang, et que ce sang ne les effrayât point eux-mêmes ; ils avaient des pourpoints de soie grise, afin, si l'on se battait tout habillé, qu'aucun pli ne gênât leurs mouvements. Enfin ils étaient chaussés de souliers sans talons, et leurs pages portaient leurs épées, pour que leur bras et leur épaule n'éprouvassent aucune fatigue.

C'était un admirable temps pour l'amour, pour la bataille ou pour la promenade : le soleil dorait les pignons des toits sur lesquels fondait étincelante la rosée de la nuit.

Une senteur âcre et délicieuse en même temps montait des jardins et se répandait par les rues.

Le pavé était sec et l'air vif.

Avant de sortir de la maison, les jeunes gens avaient fait demander au duc d'Anjou des nouvelles de Bussy.

On leur avait fait répondre qu'il était sorti la veille à dix heures du soir, et qu'il n'était pas rentré depuis.

Le messager s'informa s'il était sorti seul et armé.

Il apprit qu'il était sorti accompagné de Remy, et que tous deux avaient leurs épées.

Au reste, on n'était point inquiet chez le comte ; il faisait souvent des absences semblables ; puis on le savait si fort, si brave et si adroit, que ses absences, même prolongées, causaient peu d'inquiétudes.

Les trois amis se firent répéter tous ces détails.

— Bon, dit Antraguet, n'avez-vous pas entendu dire, messieurs, que le roi avait commandé une grande chasse au cerf dans la forêt de Compiègne, et que M. de Monsoreau avait, à cet effet, dû partir hier?

— Oui, répondirent les jeunes gens.

— Alors je sais où il est : tandis que le grand veneur détourne le cerf, lui chasse la biche du grand veneur. Soyez tranquilles, messieurs, il est plus près du terrain que nous, et il y sera avant nous.

— Oui, dit Livarot, mais fatigué, harassé, n'ayant pas dormi.

Antraguet haussa les épaules.

— Est-ce que Bussy se fatigue? répliqua-t-il. Allons! en route, en route, messieurs, nous le prendrons en passant.

Tous se mirent en marche.

C'était juste le moment où Henri distribuait les épées à leurs ennemis; ils avaient donc dix minutes à peu près d'avance sur eux.

Comme Antraguet demeurait vers Saint-Eustache, ils prirent la rue des Lombards, la rue de la Verrerie et enfin la rue Saint-Antoine.

Toutes ces rues étaient désertes.

Les paysans qui venaient de Montreuil, de Vincennes ou de Saint-Maur-les-Fossés, avec leur lait et leurs légumes, et qui dormaient sur leurs chariots ou sur leurs mules, étaient seuls admis à voir cette fière escouade de trois vaillants hommes suivis de leurs trois pages et de leurs trois écuyers.

Plus de bravades, plus de cris, plus de menaces : lorsqu'on se bat pour tuer ou pour être tué, qu'on sait que le duel, de part et d'autre, sera acharné, mortel, sans miséricorde, on réfléchit; les plus étourdis des trois étaient, ce matin-là, les plus rêveurs.

En arrivant à la hauteur de la rue Sainte-Catherine, tous trois portèrent, avec un sourire qui indiquait qu'une même pensée les tenait en ce moment, leurs yeux vers la petite maison de Monsoreau.

— On verra bien de là, dit Antraguet, et je suis sûr que la pauvre Diane viendra plus d'une fois à sa fenêtre.

— Tiens! dit Ribérac, elle y est déjà venue, ce me semble.

— Pourquoi cela?

— Elle est ouverte.

— C'est vrai. Mais pourquoi cette échelle dressée devant la fenêtre, quand le logis a des portes?

— En effet, c'est bizarre, dit Antraguet.

Tous trois s'approchèrent de la maison, avec le pressentiment intérieur qu'ils marchaient à quelque grave révélation.

— Et nous ne sommes pas les seuls à nous étonner, dit Livarot : voyez ces paysans qui passent, et qui se dressent dans leur voiture pour regarder.

Les jeunes gens arrivèrent sous le balcon.

Un maraîcher y était déjà, et semblait examiner la terre.

— Eh! seigneur de Monsoreau, cria Antraguet, venez-vous nous voir? En ce cas, dépêchez-vous, car nous tenons à arriver les premiers.

Ils attendirent, mais inutilement.

— Personne ne répond, dit Ribérac; mais pourquoi, diable! cette échelle?

— Eh! manant, dit Livarot au maraîcher, que fais-tu là? Est-ce que c'est toi qui as dressé cette échelle?

— Dieu m'en garde, messieurs! répondit-il.

— Et pourquoi cela? demanda Antraguet.

— Regardez donc là-haut.

Tous trois levèrent la tête.

— Du sang! s'écria Ribérac.

— Ma foi, oui, du sang, dit le villageois, et qui est bien noir, même.

— La porte a été forcée; dit en même temps le page d'Antraguet.

Antraguet jeta un coup d'œil de la porte à la fenêtre, et, saisissant l'échelle, il fut sur le balcon en une seconde.

Il plongea son regard dans la chambre.

— Qu'y a-t-il donc? demandèrent les autres, qui le virent chanceler et pâlir.

Un cri terrible fut sa seule réponse.

Livarot était monté derrière lui.

— Des cadavres! la mort! la mort partout! s'écria le jeune homme.

Et tous deux entrèrent dans la chambre.

Ribérac resta en bas, de peur de surprise.

Pendant ce temps, le maraîcher arrêtait, par ses exclamations, tous les passants.

La chambre portait partout les traces de l'horrible lutte de la nuit.

Les taches, ou plutôt une rivière de sang s'était étendue sur le carreau.

Les tentures étaient hachées de coups d'épées et de balles de pistolets.

Les meubles gisaient, brisés et rouges, dans des débris de chair et de vêtements.

— Oh! Remy, le pauvre Remy! dit tout à coup Antraguet.

— Mort? demanda Livarot.

— Déjà froid.

— Mais il faut donc, s'écria Livarot, qu'un régiment de reîtres ait passé par cette chambre!

En ce moment, Livarot vit la porte du corridor ouverte; des traces de sang indiquaient que, de ce côté aussi, avait eu lieu la lutte.

Il suivit les terribles vestiges, et vint jusqu'à l'escalier.

La cour était vide et solitaire.

Pendant ce temps, Antraguet, au lieu de le suivre, prenait le chemin de la chambre voisine.

Il y avait du sang partout : le sang conduisait à la fenêtre.

Il se pencha sur son appui, et plongea son œil effrayé sur le petit jardin.

Le treillage de fer retenait encore le cadavre livide et roide du malheureux Bussy.

A cette vue, ce ne fut pas un cri, mais un rugissement qui s'échappa de la poitrine d'Antraguet.

Livarot accourut.

— Regarde, dit Antraguet, Bussy mort!

— Bussy assassiné, précipité par une fenêtre! Entre, Ribérac, entre!

Pendant ce temps, Livarot s'élançait dans la cour, et rencontrait au bas de l'escalier Ribérac, qu'il emmenait avec lui.

Une petite porte, qui communiquait de la cour au jardin, leur donna passage.

— C'est bien lui! s'écria Livarot.

— Il a le poing haché, dit Ribérac.

— Il a deux balles dans la poitrine.

— Il est criblé de coups de dague.

— Ah! pauvre Bussy! hurlait Antraguet; vengeance! vengeance!

En se retournant, Livarot heurta un second cadavre.

— Monsoreau! cria-t-il.

— Quoi, Monsoreau aussi?

— Oui, Monsoreau percé comme un crible, et qui a eu la tête brisée sur le pavé.

— Ah çà, mais on a donc assassiné tous nos amis, cette nuit!

— Et sa femme, sa femme! cria Antraguet; Diane, madame Diane!

Personne ne répondit, excepté la populace, qui commençait à fourmiller autour de la maison.

C'est en ce moment que le roi et Chicot arrivaient à la hauteur de la rue Sainte-Catherine, et se détournaient pour éviter le rassemblement.

— Bussy! pauvre Bussy! s'écriait Ribérac désespéré.

— Oui, dit Antraguet, on a voulu se défaire du plus terrible de nous tous.

— C'est une lâcheté! c'est une infamie! crièrent les deux autres jeunes gens.

— Allons nous plaindre au duc! cria l'un d'eux.

— Non pas, dit Antraguet, ne chargeons personne du soin de notre vengeance; nous serions mal vengés, ami : attends-moi.

En une seconde il descendit, et rejoignit Livarot et Ribérac.

— Mes amis, dit-il, regardez cette noble figure du plus brave des hommes, voyez les gouttes encore vermeilles de son sang; celui-là nous donne l'exemple; celui-là ne chargeait personne du soin de le venger... Bussy! Bussy! nous ferons comme toi; et, sois tranquille, nous nous vengerons!

En disant ces mots, il se découvrit, posa ses lèvres sur les lèvres de Bussy; et, tirant son épée, il la trempa dans son sang.

— Bussy, dit-il, je jure sur ton cadavre que ce sang sera lavé dans le sang de tes ennemis!

— Bussy, dirent les autres, nous jurons de tuer ou de mourir!

— Messieurs, dit Antraguet, remettant son épée au fourreau, pas de merci, pas de miséricorde, n'est-ce pas?

Les deux jeunes gens étendirent la main sur le cadavre :

— Pas de merci, pas de miséricorde! répétèrent-ils.

— Mais, dit Livarot, nous ne serons plus que trois contre quatre.

— Oui, mais nous n'aurons assassiné personne, nous, dit Antraguet; et Dieu fera forts ceux qui sont innocents. Adieu, Bussy!

— Adieu, Bussy! répétèrent les deux autres compagnons.

Et ils sortirent, l'effroi dans l'âme et la pâleur au front, de cette maison maudite.

Ils y avaient trouvé, avec l'image de la mort, ce désespoir profond qui centuple les forces; ils y avaient recueilli cette indignation généreuse qui rend l'homme supérieur à son essence mortelle.

Ils percèrent avec peine la foule, tant, en un quart d'heure, la foule était devenue considérable.

En arrivant sur le terrain, ils trouvèrent leurs ennemis qui les attendaient, les uns assis sur des pierres, les autres pittoresquement campés sur les barrières de bois.

Ils firent les derniers pas en courant, honteux d'arriver les derniers.

Les quatre mignons avaient avec eux quatre écuyers.

Leurs quatre épées, posées à terre, semblaient attendre et se reposer comme eux.

— Messieurs, dit Quélus en se levant et en saluant avec une espèce de morgue hautaine, nous avons eu l'honneur de vous attendre.

— Excusez-nous, messieurs, dit Antraguet; mais nous fussions arrivés avant vous, sans le retard d'un de nos compagnons.

— M. de Bussy? fit d'Épernon; effectivement, je ne le vois pas. Il paraît qu'il se fait tirer l'oreille, ce matin.

— Nous avons bien attendu jusqu'à présent, dit Schomberg; nous attendrons bien encore.

— M. de Bussy ne viendra pas, répondit Antraguet.

Une stupeur profonde se peignit sur tous les visages; celui de d'Épernon seul exprima un autre sentiment.

— Il ne viendra pas! dit-il; ah! ah! le brave des braves a donc peur?

— Ce ne peut être pour cela, reprit Quélus.

— Vous avez raison, monsieur, dit Livarot.

— Et pourquoi ne viendra-t-il pas? demanda Maugiron.

— Parce qu'il est mort! répliqua Antraguet.

— Mort! s'écrièrent les mignons.

D'Épernon ne dit rien, et pâlit même légèrement.

— Et mort assassiné! reprit Antraguet. Ne le savez-vous pas, messieurs?

— Non, dit Quélus. Et pourquoi le saurions-nous?

— D'ailleurs, est-ce sûr? demanda d'Épernon.

Antraguet tira sa rapière.

— Si sûr, dit-il, que voilà de son sang sur mon épée.

— Assassiné! s'écrièrent les trois amis du roi. M. de Bussy assassiné!

D'Épernon continuait de secouer la tête d'un air de doute.

— Ce sang crie vengeance! dit Ribérac; ne l'entendez-vous pas, messieurs?

— Ah çà! reprit Schomberg, on dirait que votre douleur a un sens.

— Pardieu! fit Antraguet.

— Qu'est-ce à dire? s'écria Quélus.

— *Cherche à qui le crime profite*, dit le légiste, murmura Livarot.

— Ah çà, messieurs, vous expliquerez-vous haut et clair? dit Maugiron d'une voix tonnante.

— Nous venons justement pour cela, messieurs, dit Ribérac, et nous avons plus de sujets qu'il n'en faut pour nous égorger cent fois.

— Alors, vite l'épée à la main, dit d'Épernon en tirant son arme du fourreau; et faisons vite.

— Oh! oh! vous êtes bien pressé, monsieur le Gascon, dit Livarot; vous ne chantiez pas si haut quand nous étions quatre contre quatre.

— Est-ce notre faute, si vous n'êtes plus que trois? répondit d'Épernon.

— Oui, c'est votre faute! s'écria Antraguet; il est mort parce qu'on l'aimait mieux couché dans la tombe que debout sur le terrain; il est mort le poing coupé, pour que son poing ne pût plus soutenir son épée; il est mort parce qu'il fallait à tout prix éteindre ses yeux, dont l'éclair vous eût ébloui tous quatre. Comprenez-vous? suis-je clair?

Schomberg, Maugiron et d'Épernon hurlaient de rage.

— Assez, assez, messieurs! dit Quélus. Retirez-vous, monsieur d'Épernon; nous nous battrons trois contre trois; ces messieurs verront alors si, malgré notre droit, nous sommes gens à profiter d'un malheur que nous déplorons comme eux. Venez, messieurs, venez, ajouta le jeune homme en jetant son chapeau en arrière et en levant la main gauche, tandis que de la droite il faisait siffler son épée; venez, et, en nous voyant combattre à ciel ouvert et sous le regard de Dieu, vous pourrez juger si nous sommes des assassins. Allons, de l'espace! de l'espace!

— Ah! je vous haïssais, dit Schomberg, maintenant je vous exècre!

— Et moi, dit Antraguet, il y a une heure je vous eusse tué, maintenant je vous égorgerais. En garde, messieurs, en garde!

— Avec nos pourpoints ou sans pourpoints? demanda Schomberg.

— Sans pourpoint, sans chemise, dit Antraguet; la poitrine à nu, le cœur à découvert.

Les jeunes gens jetèrent leurs pourpoints et arrachèrent leurs chemises.

— Tiens, dit Quélus en se dévêtant, j'ai perdu ma dague. Elle tenait mal au fourreau, et sera tombée en route.

— Ou vous l'aurez laissée chez M. de Monsoreau, place de la Bastille, dit Antraguet, dans quelque fourreau dont vous n'aurez pas osé la retirer.

Quélus poussa un hurlement de rage, et tomba en garde.

— Mais il n'a pas de dague, monsieur Antraguet, il n'a pas de dague! cria Chicot, qui arrivait en ce moment sur le champ de bataille.

— Tant pis pour lui, dit Antraguet; ce n'est point ma faute.

Et, tirant sa dague de la main gauche, il tomba en garde de son côté.

CHAPITRE XXXVII

LE COMBAT

L e terrain sur lequel allait avoir lieu cette terrible rencontre était ombragé d'arbres, ainsi que nous l'avons vu, et situé à l'écart.

Il n'était fréquenté d'ordinaire que par les enfants, qui venaient y jouer le jour, ou les ivrognes et les voleurs, qui venaient y dormir la nuit.

Les barrières, dressées par les marchands de chevaux, écartaient naturellement la foule, qui, semblable aux flots d'une rivière, suit toujours un courant, et ne s'arrête ou ne revient qu'attirée par quelque remous.

Les passants longeaient cet espace et ne s'y arrêtaient point.

D'ailleurs, il était de trop bonne heure, et l'empressement général se portait vers la maison sanglante de Monsoreau.

Chicot, le cœur palpitant, bien qu'il ne fût pas fort tendre de sa nature, s'assit en avant des laquais et des pages sur une balustrade de bois.

Il n'aimait pas les Angevins, il détestait les mignons; mais les uns et les autres étaient de braves jeunes gens, et sous leur chair courait un sang généreux que bientôt on allait voir jaillir au grand jour.

D'Epernon voulut risquer une dernière fois la bravade.

— Quoi! on a donc bien peur de moi? s'écria-t-il.

— Taisez-vous, bavard! lui dit Antraguet.

— J'ai mon droit, répliqua d'Épernon; la partie fut liée à huit.

— Allons, au large! dit Ribérac impatienté en lui barant le passage.

Il s'en revint avec des airs de tête superbes, et rengaîna son épée.

— Venez, dit Chicot, venez, fleur des braves, sans quoi vous allez perdre encore une paire de souliers comme hier.

— Que dit ce maître fou?

— Je dis que tout à l'heure il y aura du sang par terre, et vous marcheriez dedans, comme vous fîtes cette nuit.

D'Épernon devint blafard. Toute sa jactance tombait sous ce terrible reproche.

Il s'assit à dix pas de Chicot, qu'il ne regardait plus sans terreur.

Ribérac et Schomberg s'approchèrent après le salut d'usage.

Quélus et Antraguet, qui, depuis un instant déjà, étaient tombés en garde, engagèrent le fer en faisant un pas en avant.

Maugiron et Livarot, appuyés chacun sur une barrière, se guettaient en faisant des feintes sur place pour engager l'épée dans leur garde favorite.

Le combat commença comme cinq heures sonnaient à Saint-Paul.

La fureur était peinte sur les traits des combattants; mais leurs lèvres serrées, leur pâleur menaçante l'involontaire tremblement du poi-

gnet, indiquaient que cette fureur était mainte-
nue par eux à force de prudence, et que, pareille à un cheval fougueux, elle ne s'échapperait
point sans de grands ravages.

Il y eut durant plusieurs minutes, ce qui est
un espace de temps énorme, un frottement d'é-
pées qui n'était pas encore un cliquetis. Pas un
coup ne fut porté.

Ribérac, fatigué ou plutôt satisfait d'avoir
tâté son adversaire, baissa la main, et attendit
un moment.

Schomberg fit deux pas rapides, et lui porta
un coup qui fut le premier éclair sorti du
nuage.

Ribérac fut frappé. Sa peau devint livide, et
un jet de sang sortit de son épaule; il rompit
pour se rendre compte à lui-même de sa blessure.

Schomberg voulut renouveler le coup; mais
Ribérac releva son épée par une parade de prime,
et lui porta un coup qui l'atteignit au côté.

Chacun avait sa blessure.

— Maintenant, reposons-nous quelques secondes, si vous voulez, dit Ribérac.

Cependant Quélus et Antraguet s'échauffaient
de leur côté; mais Quélus, n'ayant pas de dague,
avait un grand désavantage; il était obligé de
parer avec son bras gauche, et, comme son bras
était nu, chaque parade lui coûtait une blessure.

Sans être atteint grièvement, au bout de quelques secondes, il avait la main complétement en-
sanglantée.

Antraguet, au contraire, comprenant tout son
avantage, et non moins habile que Quélus, parait avec une mesure extrême. Trois coups de riposte portèrent, et, sans être touché grièvement,
le sang s'échappa de la poitrine de Quélus par
trois blessures.

Mais, à chaque coup, Quélus répéta :

— Ce n'est rien.

Livarot et Maugiron en étaient toujours à la
prudence.

Quant à Ribérac, furieux de douleur et sentant qu'il commençait à perdre ses forces avec
son sang, il fondit sur Schomberg.

Schomberg ne recula pas d'un pas et se contenta de tendre son épée.

Les deux jeunes gens firent coup fourré.

Ribérac eut la poitrine traversée, et Schomberg fut blessé au cou.

Ribérac, blessé mortellement, porta la main
gauche à sa plaie en se découvrant.

Schomberg en profita pour porter à Ribérac un second coup qui lui traversa les
chairs.

Mais Ribérac, de sa main droite, saisit la
main de son adversaire, et, de la gauche, lui enfonça dans la poitrine sa dague jusqu'à la co-
quille.

La lame-aiguë traversa le cœur.

Schomberg poussa un cri sourd et tomba sur
le dos, entraînant avec lui Ribérac, toujours traversé par l'épée.

Livarot, voyant tomber son ami, fit un pas
de retraite rapide et courut à lui, poursuivi par
Maugiron. Il gagna plusieurs pas dans la course,
et, aidant Ribérac dans les efforts qu'il faisait
pour se débarrasser de l'épée de Schomberg, il
lui arracha cette épée de la poitrine.

Mais alors, rejoint par Maugiron, force lui fut
de se défendre avec le désavantage d'un terrain
glissant, d'une garde mauvaise et du soleil dans
les yeux.

Au bout d'une seconde, un coup d'estoc ouvrit
la tête de Livarot, qui laissa échapper son épée
et tomba sur les genoux.

Quélus était vivement serré par Antraguet.
Maugiron se hâta de percer Livarot d'un coup de
pointe. Livarot tomba tout à fait.

D'Épernon poussa un grand cri.

Quélus et Maugiron restaient contre le seul
Antraguet. Quélus était tout sanglant, mais de
blessures légères.

Maugiron était à peu près sauf.

Antraguet comprit le danger. Il n'avait pas
reçu la moindre égratignure; mais il commençait
à se sentir fatigué; ce n'était cependant pas le
moment de demander trêve à un homme blessé
et à un autre tout chaud de carnage. D'un coup
de fouet il écarta violemment l'épée de Quélus,
et, profitant de l'écartement du fer, il sauta légèrement par-dessus une barrière.

Quélus revint par un coup de taille, mais qui
n'entama que le bois.

Mais, en ce moment, Maugiron attaqua Antraguet de flanc. Antraguet se retourna. Quélus
profita du mouvement pour passer sous la barrière.

— Il est perdu, dit Chicot.

— Vive le roi! dit d'Épernon, hardi, mes
lions, hardi!

— Monsieur, du silence, s'il vous plaît, dit Antraguet; n'insultez pas un homme qui se battra jusqu'au dernier souffle.

— Et qui n'est pas encore mort! s'écria Livarot.

Et, au moment où nul ne pensait plus à lui, hideux de la fange sanglante qui lui couvrait le corps, il se releva sur ses genoux et plongea sa dague entre les épaules de Maugiron, qui tomba comme une masse en soupirant:

— Jésus, mon Dieu! je suis mort!

Livarot retomba évanoui; l'action et la colère avaient épuisé le reste de ses forces.

— Monsieur de Quélus, dit Antraguet, baissant son épée, vous êtes un homme brave, rendez-vous, je vous offre la vie.

— Et pourquoi me rendre? dit Quélus, suis-je à terre?

— Non; mais vous êtes criblé de coups, et moi, je suis sain et sauf.

— Vive le roi! cria Quélus, j'ai encore mon épée, monsieur.

Et il se fendit sur Antraguet, qui para le coup, si rapide qu'il eût été.

— Non, monsieur, vous ne l'avez plus, dit Antraguet, saisissant à pleine main la lame près de la garde.

Et il tordit le bras de Quélus, qui lâcha l'épée.

Seulement Antraguet se coupa légèrement un doigt de la main gauche.

— Oh! hurla Quélus, une épée! une épée!

Et, se lançant sur Antraguet d'un bond de tigre, il l'enveloppa de ses deux bras.

Antraguet se laissa prendre au corps, et, passant son épée dans sa main gauche et sa dague dans sa main droite, il se mit à frapper sur Quélus sans relâche et partout, s'éclaboussant à chaque coup du sang de son ennemi, à qui rien ne pouvait faire lâcher prise, et qui criait à chaque blessure:

— Vive le roi!

Il réussit même à retenir la main qui le frappait, et à garrotter, comme eût fait un serpent, son ennemi intact entre ses jambes et ses bras.

Antraguet sentit que la respiration allait lui manquer.

En effet, il chancela et tomba.

Mais, en tombant, comme si tout le devait fa-

voriser ce jour-là, il étouffa, pour ainsi dire, le malheureux Quélus.

— Vive le roi! murmura ce dernier, à l'agonie.

Antraguet parvint à dégager sa poitrine de l'étreinte; il se roidit sur un bras, et, le frappant d'un dernier coup qui lui traversa la poitrine:

— Tiens, lui dit-il, es-tu content?

— Vive le r..., articula Quélus, les yeux à demi fermés.

Ce fut tout; le silence et la terreur de la mort régnaient sur le champ de bataille.

Antraguet se releva tout sanglant, mais du sang de son ennemi; il n'avait, comme nous l'avons dit, qu'une égratignure à la main.

D'Épernon, épouvanté, fit un signe de croix et prit la fuite, comme s'il eût été poursuivi par un spectre.

Antraguet jeta sur ses compagnons et ses ennemis, morts et mourants, le même regard qu'Horace dut jeter sur le champ de bataille qui décidait les destins de Rome.

Chicot accourut et releva Quélus, qui rendait son sang par dix-neuf blessures.

Le mouvement le ranima.

Il rouvrit les yeux.

— Antraguet, sur l'honneur, dit-il, je suis innocent de la mort de Bussy.

— Oh! je vous crois, monsieur, fit Antraguet attendri, je vous crois.

— Fuyez, murmura Quélus, fuyez, le roi ne vous pardonnerait pas.

— Et moi, monsieur, je ne vous abandonnerai pas ainsi, dit Antraguet, dût l'échafaud me prendre.

— Sauvez-vous, jeune homme, dit Chicot, et ne tentez pas Dieu; vous vous sauvez par un miracle, n'en demandez pas deux le même jour.

Antraguet s'approcha de Ribérac, qui respirait encore.

— Eh bien? demanda celui-ci.

— Nous sommes vainqueurs, répondit Antraguet à voix basse pour ne pas offenser Quélus.

— Merci, dit Ribérac. Va-t'en.

Et il retomba évanoui.

Antraguet ramassa sa propre épée, qu'il avait

laissée tomber dans la lutte, puis celles de Qué-lus, de Schomberg et de Maugiron.

— Achevez-moi, monsieur, dit Quélus, ou laissez-moi mon épée.

— La voici, monsieur le comte, dit Antra-guet en la lui offrant avec un salut respec-tueux.

Une larme brilla aux yeux du blessé.

— Nous eussions pu être amis, murmura-t-il.

Antraguet lui tendit la main.

— Bien ! fit Chicot; c'est on ne peut plus che-valeresque. Mais sauve-toi, Antraguet, tu es digne de vivre.

— Et mes compagnons? demanda le jeune homme.

— J'en aurai soin, comme des amis du roi.

Antraguet s'enveloppa du manteau que lui tendait son écuyer, afin que l'on ne vît pas le sang dont il était couvert, et, laissant les morts et les blessés au milieu des pages et des laquais, il disparut par la porte Saint-Antoine.

CHAPITRE XXXVIII

CONCLUSION.

Le roi, pâle d'inquiétude et frémissant au moindre bruit, arpentait la salle d'armes, conjecturant, avec l'expérience d'un homme exercé, tout le temps que ses amis avaient dû employer à joindre et à combattre leurs adversaires, ainsi que toutes les chances bonnes ou mauvaises que leur donnaient leur caractère, leur force et leur adresse.

— A cette heure, avait-il dit d'abord, ils tra-versent la rue Saint-Antoine. Ils entrent dans le champ clos, maintenant. On dégaîne. A cette heure, ils sont aux mains.

Et, à ces mots, le pauvre roi, tout frissonnant, s'était mis en prières.

Mais le fond du cœur absorbait d'autres senti-ments, et cette dévotion des lèvres ne faisait que glisser à la surface.

Au bout de quelques secondes, le roi se re-leva.

— Pourvu que Quélus, dit-il, se souvienne de ce coup de riposte que je lui ai montré, en parant avec l'épée et en frappant avec la dague. Quant à Schomberg, l'homme de sang-froid, il doit tuer ce Ribérac. Maugiron, s'il n'a pas mau-vaise chance, se débarrassera vite de Livarot. Mais d'Épernon! oh! celui-là est mort. Heureu-sement que c'est celui des quatre que j'aime le moins. Mais, malheureusement, ce n'est pas le tout qu'il soit mort, c'est que, lui mort, Bussy, le terrible Bussy, retombe sur les autres en se multipliant. Ah! mon pauvre Quélus! mon pau-vre Schomberg! mon pauvre Maugiron!

— Sire! dit à la porte la voix de Crillon.

— Quoi! déjà! s'écria le roi.

— Non, sire, je n'apporte aucune nouvelle, si ce n'est que le duc d'Anjou demande à parler à Votre Majesté.

— Et pourquoi faire? demanda le roi, dialoguant toujours à travers la porte.

— Il dit que le moment est venu pour lui d'apprendre à Votre Majesté quel genre de service il lui a rendu, et que ce qu'il a à dire au roi calmera une partie des craintes qui l'agitent en ce moment.

— Eh bien, allez donc, dit le roi.

En ce moment et comme Crillon se retournait pour obéir, un pas rapide retentit par les montées, et l'on entendit une voix qui disait à Crillon :

— Je veux parler au roi à l'instant même!

Le roi reconnut la voix et ouvrit lui-même.

— Viens, Saint-Luc, viens, dit-il. Qu'y a-t-il encore? Mais qu'as-tu, mon Dieu, et qu'est-il arrivé? Sont-ils morts?

En effet, Saint-Luc, pâle, sans chapeau, sans épée, tout marbré de taches de sang, se précipitait dans la chambre du roi.

— Sire, s'écria Saint-Luc en se jetant aux genoux du roi, vengeance! je viens vous demander vengeance!

— Mon pauvre Saint-Luc, dit le roi, qu'y a-t-il donc? parle, et qui peut te causer un pareil désespoir?

— Sire, un de vos sujets, le plus noble; un de vos soldats, le plus brave...

La parole lui manqua.

— Hein? fit en avançant Crillon, qui croyait avoir des droits à ce dernier titre surtout.

— A été égorgé cette nuit, traîtreusement égorgé, assassiné! acheva Saint-Luc.

Le roi, préoccupé d'une seule idée, se rassura; ce n'était aucun de ses quatre amis, puisqu'il les avait vus le matin.

— Égorgé, assassiné cette nuit! dit le roi; de qui parles-tu donc, Saint-Luc?

— Sire, vous ne l'aimez pas, je le sais bien, continua Saint-Luc; mais il était fidèle, et, dans l'occasion, je vous le jure, il eût donné tout son sang pour Votre Majesté: sans quoi il n'eût pas été mon ami.

— Ah! fit le roi, qui commençait à comprendre.

Et quelque chose comme un éclair, sinon de joie, du moins d'espérance, illumina son visage.

— Vengeance, sire, pour M. de Bussy! cria Saint-Luc; vengeance!

— Pour M. de Bussy? répéta le roi en appuyant sur chaque mot.

— Oui, pour M. de Bussy, que vingt assassins ont poignardé cette nuit. Et bien leur en a pris d'être vingt, car il en a tué quatorze.

— M. de Bussy mort!...

— Oui, sire.

— Alors, il ne se bat pas ce matin! dit tout à coup le roi, emporté par un mouvement irrésistible.

Saint-Luc lança au roi un regard qu'il ne put soutenir : en se détournant, il vit Crillon, qui, toujours debout près de la porte, attendait de nouveaux ordres.

Il lui fit signe d'amener le duc d'Anjou.

— Non, sire, ajouta Saint-Luc d'une voix sévère, M. de Bussy ne s'est point battu, en effet, et voilà pourquoi je viens demander, non pas vengeance, comme j'ai eu tort de le dire à Votre Majesté, mais justice, car j'aime mon roi, et surtout l'honneur de mon roi par-dessus toutes choses, et je trouve qu'en poignardant M. de Bussy on a rendu un déplorable service à Votre Majesté.

Le duc d'Anjou venait d'arriver à la porte; il s'y tenait debout et immobile comme une statue de bronze.

Les paroles de Saint-Luc avaient éclairé le roi; elles lui rappelaient le service que son frère prétendait lui avoir rendu.

Son regard se croisa avec celui du duc, et il n'eut plus de doute : car, en même temps qu'il lui répondait oui du regard, le duc avait fait de haut en bas un signe imperceptible de tête.

— Savez-vous ce que l'on va dire maintenant? s'écria Saint-Luc. On va dire, si vos amis sont vainqueurs, qu'ils ne le sont que parce que vous avez fait égorger Bussy.

— Et qui dit cela, monsieur? demanda le roi.

— Pardieu! tout le monde, dit Crillon se mêlant, sans façon et comme d'habitude, à la conversation.

— Non, monsieur, dit le roi, inquiet et subjugué par cette opinion de celui qui était le plus brave de son royaume depuis que Bussy était mort, non, monsieur, on ne le dira pas, car vous me nommerez l'assassin.

Saint-Luc vit une ombre se projeter.

C'était le duc d'Anjou, qui venait de faire deux

pas dans la chambre. Il se retourna et le reconnut.

— Oui, sire, je le nommerai! dit-il en se relevant, car je veux à tout prix disculper Votre Majesté d'une si abominable action.

— Eh bien, dites.

Le duc s'arrêta et attendit tranquillement.

Crillon se tenait derrière lui, le regardant de travers et secouant la tête.

— Sire, reprit Saint-Luc, cette nuit, on a fait tomber Bussy dans un piége : tandis qu'il rendait visite à une femme dont il était aimé, le mari, prévenu par un traître, est rentré chez lui avec des assassins; il y en avait partout, dans la rue, dans la cour et jusque dans le jardin.

Si tout n'eût pas été fermé, comme nous l'avons dit, dans la chambre du roi, on eût pu voir, malgré sa puissance sur lui-même, pâlir le prince à ces dernières paroles.

— Bussy s'est défendu comme un lion, sire; mais le nombre l'a emporté, et...

— Et il est mort, interrompit le roi, et mort justement; car je ne vengerai certes pas un adultère

— Sire, je n'ai pas fini mon récit, reprit Saint-Luc. Le malheureux, après s'être défendu près d'une demi-heure dans la chambre, après avoir triomphé de ses ennemis, le malheureux se sauvait blessé, sanglant, mutilé; il ne s'agissait plus que de lui tendre une main secourable, que je lui eusse tendue, moi, si je n'eusse été arrêté, avec la femme qu'il m'avait confiée, par ses assassins; si je n'eusse été garrotté, bâillonné. Malheureusement on avait oublié de m'ôter la vue comme on m'avait ôté la parole, et j'ai vu, sire, j'ai vu deux hommes s'approcher du malheureux Bussy, suspendu par la cuisse aux lances d'une grille de fer; j'ai entendu le blessé leur demander secours, car, dans ces deux hommes, il avait le droit de voir deux amis. Eh bien, l'un, sire, — c'est horrible à raconter, mais, croyez-le, c'était encore bien plus horrible à voir et à entendre, — l'une a ordonné de faire feu, et l'autre a obéi.

Crillon serra les poings et fronça le sourcil.

— Et vous connaissez l'assassin? demanda le roi, ému malgré lui.

— Oui, dit Saint-Luc.

Et, se retournant vers le prince en chargeant sa parole et son geste de toute sa haine si longtemps contenue :

— C'est monseigneur! dit-il; l'assassin, c'est le prince! l'assassin, c'est l'ami!

Le roi s'attendait à ce coup. Le duc le supporta sans sourciller.

— Oui, dit-il tranquillement; oui, M. de Saint-Luc a bien vu et bien entendu : c'est moi qui ai fait tuer M. de Bussy, et Votre Majesté appréciera cette action, car M. de Bussy était mon serviteur, c'est vrai; mais, ce matin, quelque chose que j'aie pu lui dire, M. de Bussy devait porter les armes contre Votre Majesté.

— Tu mens, assassin! tu mens! s'écria Saint-Luc : Bussy percé de coups, Bussy la main hachée de coups d'épée, l'épaule brisée d'une balle, Bussy pendant accroché par la cuisse au treillis de fer, Bussy n'était plus bon qu'à inspirer de la pitié à ses plus cruels ennemis, et ses plus cruels ennemis l'eussent secouru. Mais toi, toi, l'assassin de la Mole et de Coconnas, tu as tué Bussy comme, les uns après les autres, tous tes amis; tu as tué Bussy, non parce qu'il était l'ennemi de ton frère, mais parce qu'il était le confident de tes secrets. Ah! Monsoreau savait bien, lui, pourquoi tu faisais ce crime.

— Cordieu, murmura Crillon, que ne suis-je le roi!

— On m'insulte chez vous, mon frère, dit le duc, blême de terreur, car, entre la main convulsive de Crillon et le regard sanglant de Saint-Luc, il ne se sentait pas en sûreté.

— Sortez! Crillon, dit le roi.

Crillon sortit.

— Justice, sire! justice! continua de crier Saint-Luc.

— Sire, dit le duc, punissez-moi d'avoir sauvé, ce matin, les amis de Votre Majesté, et d'avoir donné une éclatante justice à votre cause, qui est la mienne.

— Et moi, reprit Saint-Luc, ne se possédant plus, je te dis que la cause dont tu es est une cause maudite, et qu'où tu passes doit s'abattre sur tes pas la colère de Dieu! Sire! sire! votre frère a protégé nos amis : malheur à eux!

Le roi sentit passer en lui comme un frisson de terreur.

En ce moment même, on entendit au dehors une vague rumeur, puis des pas précipités, puis des interrogatoires empressés.

Il se fit un grand, un profond silence.

Au milieu de ce silence, et comme si une voix du ciel venait donner raison à Saint-Luc, trois

coups, frappés avec lenteur et solennité, ébran-
lèrent la porte sous le poing vigoureux de
Crillon.

Une sueur froide inonda les tempes de Henri et
bouleversa les traits de son visage.

— Vaincus! s'écria-t-il; mes pauvres amis
vaincus!

— Que vous disais-je, sire? s'écria Saint-
Luc.

Le duc joignit les mains avec terreur.

— Vois-tu, lâche! s'écria le jeune homme avec
un superbe effort, voilà comme les assassinats
sauvent l'honneur des princes! Viens donc m'é-
gorger aussi, je n'ai pas d'épée!

Et il lança son gant de soie au visage du
duc.

François poussa un cri de rage et devint livide.

Mais le roi ne vit rien, n'entendit rien :
il avait laissé tomber son front entre ses
mains.

— Oh! murmura-t-il, mes pauvres amis, ils
sont vaincus, blessés! Oh! qui me donnera d'eux
des nouvelles certaines?

— Moi, sire, dit Chicot.

Le roi reconnut cette voix amie, et tendit ses
bras en avant.

— Eh bien? dit-il.

— Deux sont déjà morts, et le troisième va
rendre le dernier soupir.

— Quel est ce troisième qui n'est pas encore
mort?

— Quélus, sire.

— Et où est-il?

— A l'hôtel Boissy, où je l'ai fait transporter.

Le roi n'en écouta point davantage, et s'élança
hors de l'appartement en poussant des cris la-
mentables.

Saint-Luc avait conduit Diane chez son amie,
Jeanne de Brissac, de là son retard à se présenter
au Louvre.

Jeanne passa trois jours et trois nuits à veiller
la malheureuse femme, en proie au plus atroce
délire.

Le quatrième jour, Jeanne, brisée de fatigue, alla prendre un peu de repos; mais, lorsqu'elle rentra, deux heures après, dans la

chambre de son amie, elle ne la trouva plus (1).

On sait que Quélus, le seul des trois combattants défenseurs de la cause du roi qui ait sur-
vécu à dix-neuf blessures, mourut dans ce même
hôtel de Boissy, où Chicot l'avait fait transporter,
après une agonie de trente jours, et entre les
bras du roi.

Henri fut inconsolable. Il fit faire à ses trois
amis de magnifiques tombeaux, où ils étaient
taillés en marbre et dans leur grandeur naturelle.

Il fonda des messes à leur intention, les re-
commanda aux prières des prêtres, et ajouta
à ses oraisons habituelles ce distique, qu'il répéta toute sa vie après ses prières du matin et
du soir :

> Que Dieu reçoive en son giron
> Quélus, Schomberg et Maugiron,

Pendant près de trois mois. Crillon garda à
vue le duc d'Anjou, que le roi avait pris dans
une haine profonde, et auquel il ne pardonna
jamais.

On atteignit ainsi le mois de septembre, époque à laquelle Chicot, qui ne quittait pas son
maître, et qui eût consolé Henri, si Henri eût pu
être consolé, reçut la lettre suivante. datée du
prieuré de Beaume. Elle était écrite de la main
d'un clerc.

« Cher seigneur Chicot,

« L'air est doux dans notre pays, et les vendanges promettent d'être belles en Bourgogne,
cette année.

On dit que le roi, notre sire, à qui j'ai sauvé
la vie, à ce qu'il paraît, a toujours beaucoup de chagrin; amenez-le au prieuré, cher
monsieur Chicot, nous lui ferons boire d'un vin
de 1550, que j'ai découvert dans mon cellier, et
qui est capable de faire oublier les plus grandes
douleurs; cela le réjouira, je n'en doute point,
car j'ai trouvé, dans les livres saints, cette
phrase admirable : « Le bon vin réjouit le cœur de
l'homme! » C'est très-beau en latin; je vous le
ferai lire. Venez donc, cher monsieur Chicot, ve-

---

¹ Peut-être l'auteur nous racontera-t-il ce qu'elle était devenue dans son prochain roman intitulé les *Quarante-Cinq*,
où nous retrouverons une partie des personnages qui ont pris
part à l'intrigue de la *Dame de Monsoreau*.

(*Note de l'éditeur.*)

nez avec le roi, venez avec M. d'Épernon, venez avec M. de Saint-Luc; et **vous** verrez que nous engraisserons tous.

« Le révérend prieur DOM GORENFLOT, qui se dit votre humble serviteur et ami

« P. S. Vous direz au roi que je n'ai pas en-core eu le temps de prier pour l'âme de ses amis, comme il me l'avait recommandé, à cause des embarras que m'a donnés mon installation; mais, aussitôt les vendanges faites, je m'occuperai certainement d'eux. »

— *Amen!* dit Chicot, voilà de pauvres diables bien recommandés à Dieu!

TABLE DES MATIÈRES

--◦◦◊◦◦--

www.ingramcontent.com/pod-product-compliance
Lightning Source LLC
Chambersburg PA
CBHW050006100426
42739CB00011B/2530